国家社科基金一般项目（18BXW063）、复旦大学新闻学院科研创新项目成果，复旦大学新闻学院高峰学科建设经费资助出版

信息赋能乡村振兴：
传播机制与精准模式研究

Information Empowerment for Rural Revitalization:
Research on Communication Mechanisms and Precision Models

陶建杰 尹子伊 林晶珂 著

上海交通大学出版社
SHANGHAI JIAO TONG UNIVERSITY PRESS

图书在版编目(CIP)数据

信息赋能乡村振兴：传播机制与精准模式研究 / 陶
建杰，尹子伊，林晶珂著. -- 上海：上海交通大学出版
社，2025.6. -- ISBN 978 - 7 - 313 - 32816 - 8

Ⅰ. F320.3 - 39

中国国家版本馆 CIP 数据核字第 20257EC675 号

信息赋能乡村振兴：传播机制与精准模式研究

XINXI FUNENG XIANGCUN ZHENXING: CHUANBO JIZHI YU JINGZHUN MOSHI YANJIU

著　　者：陶建杰　尹子伊　林晶珂			
出版发行：上海交通大学出版社	地　　址：上海市番禺路 951 号		
邮政编码：200030	电　　话：021 - 64071208		
印　　制：浙江天地海印刷有限公司	经　　销：全国新华书店		
开　　本：710 mm×1000 mm　1/16	印　　张：16.5		
字　　数：257 千字			
版　　次：2025 年 6 月第 1 版	印　　次：2025 年 6 月第 1 次印刷		
书　　号：ISBN 978 - 7 - 313 - 32816 - 8			
定　　价：68.00 元			

序
PREFACE

信息赋能乡村振兴的传播学探索与突破

　　复旦大学新闻学院陶建杰教授的新作《信息赋能乡村振兴：传播机制与精准模式研究》即将付梓，作为长期关注他成长的老师，我深感欣慰与振奋。建杰带领学术团队倾力而为的这部著作，不仅是他多年来深耕乡村传播领域的学术结晶，更是新闻传播学回应国家战略、服务社会发展的重要成果。在乡村振兴战略全面推进的关键时期，此书的出版恰逢其时，为我们理解信息时代乡村发展的内在逻辑提供了崭新的传播学视角。

　　乡村振兴是新时代"三农"工作的总抓手，而信息赋能则是破解城乡数字鸿沟、激活乡村发展动能的关键路径。建杰率领团队以传播学为切入点，聚焦"信息如何赋能乡村振兴"这一核心问题，展现出强烈的学术使命感与现实关怀。书中指出，在脱贫攻坚取得全面胜利后，农村地区的信息贫困已从绝对贫困转向相对贫困，并呈现出多维特征。这种对时代命题的敏锐捕捉，源于作者多年来对乡村现实的深入体察。

　　早在建杰求学期间，就对发展传播有着浓厚的兴趣并愿意付出大量时间精力钻研，他的硕士论文《城市农民工信息传播研究——以上海为例》可以说是我国较早聚焦信息时代乡村发展议题的专论。这篇高质量的论文荣获了"上海市研究生优秀成果（学位论文）"，备受学界关注。博士期间，建杰又深度参加过我主持的吐鲁番、鄯善、安吉、郑州等多地涉及城市形象建构、发展传播等领域的课题，他对中国基层社会的认知与见识远超同龄人，令我印象深刻，甚至刮目相看。博士毕业后，建杰虽然研究的领域大为拓展，肩负了学科建设重担，但他依然执着于信息时代乡村发展领域的深耕，先后完成了与此相关的两项国家社科基金项目，发表了20多篇高质量研究论文。作为他的硕士和博士阶段导师，我为建杰取得的这些成绩感到由衷的欣慰。

多年来，建杰在乡村观察中，经常与我交流各种心得。记得 2019 年，他带领研究团队深入中西部农村开展调研时，曾多次与我分享田野调查中的见闻：一些偏远乡村的老人仍靠村广播获取政策信息，智能手机在他们手中更多是娱乐工具；年轻村民虽能熟练使用社交软件，却难以从海量信息中筛选出实用的农业技术知识。这些鲜活的案例促使他们思考：信息传播机制的不畅如何制约着乡村发展？传播学理论又该如何为信息赋能乡村提供解决方案？

基于上述问题与思考，书中构建了"精准靶向互动传播模式"，以"可行信息能力"理论为基础，强调从信息认知、获取、利用等维度精准识别乡村信息需求，通过多元主体协同、多渠道融合的传播机制，实现信息与乡村发展需求的精准对接。这种将学术研究与国家战略紧密结合的探索，彰显了新闻传播学的学科价值与社会担当。

全书的突出特点在于其跨学科的研究视野与方法论创新。作者突破了单一学科的局限，将传播学、社会学、信息管理学的理论工具有机融合，构建了"理论建构—实证测评—模式设计—对策建议"的完整研究链条。这种特点与风格，恰恰也是建杰治学特点的体现，这也与我倡导多年的"超学科研究"不谋而合。他对新闻传播学、社会学、教育学、经济学，甚至交通运输工程等学科都有广泛的涉猎与研究。

在理论层面，该书基于阿马蒂亚·森的"能力贫困"理论，提出"可行信息能力"概念，这一理论创新为理解农村信息贫困的本质提供了新框架。实证研究中，团队采用量化与质化相结合的方法，通过构建信息多维贫困指标体系，精准测度了农村居民的信息贫困现状。同时，深度访谈与参与式观察的质性研究，又为量化结果提供了丰富的个案支撑。书中对"精英俘获"现象的研究尤为深入。作者以惠农政策传播为例，揭示了农村信息传播中权力与资本对信息资源的支配机制。这种基于实证数据的研究和区域比较分析，打破了以往对农村信息传播的笼统认知，为差异化信息赋能策略提供了科学依据。

学术研究的价值最终要体现在实践应用上。本书没有停留在理论分析层面，而是立足乡村实际，提出了具有可操作性的信息赋能传播模式与对策体系。"精准靶向互动传播模式"的设计颇具匠心。该模式以政府、专业媒体、乡村意见领袖、企业等多元主体为支撑，构建了"顶层设计—中层谋划—基层操作"的三级实施框架。在顶层，强调国家层面的信息基础设施统筹规划；中层注重县域融媒体中心与乡村信息服务站的协同联动;基层则激活乡村意见领袖的传播枢纽作用。这种分层设计既考虑了政策执行的系统性,又兼顾了乡村传播的灵活性。

本书提出的对策建议更是充满真知灼见。针对农村居民信息素养差异,作者建议建立"分层培训体系",对老年人侧重基础数字技能培训,对青壮年开展电商运营、信息分析等进阶培训。在传播渠道建设方面,主张传统媒体与新媒体融合创新,比如利用短视频平台传播乡土文化,通过政务微信群精准推送惠农政策。这些建议既源于严谨的学术研究,也凝结了作者团队在多地调研中的实践智慧。

作为建杰的导师,我见证了他在学术道路上的成长与演进。从学生阶段开始对发展传播的关注,到如今系统探索信息赋能乡村振兴,他的研究始终围绕"三农"问题展开,体现了新闻传播学者的责任担当。建杰此前与我多次交流过,表达了自己不追随"热点",根据自己的研究兴趣长期专注一到两个领域深入研究的想法。建杰作为一名新闻传播学科的教授、博导,是一名真正"把论文写在中国大地"的优秀践行者。这无论是对于大力推进中国式现代化,还是对于锤炼传播学者科学实践精神,在今天都显得格外重要,极为可贵。本书的完成,是建杰学术生涯的重要里程碑。我相信,该书不仅会为学界提供新的研究范式,也将为政府部门制定乡村信息政策、企业开展数字乡村建设提供重要参考。

信息赋能乡村振兴是一个动态发展的过程,随着 AI 数智技术的迅猛发展,乡村信息传播的格局也在不断演变。书中对短视频、直播等新兴传播形态的探讨,虽已有所涉及,但仍有深入拓展的空间。期待建杰带领他的学术团队在未来的研究中,持续追踪数智时代乡村社会的传播生态变迁,而这也恰恰是建杰长期以来的研究旨趣与不懈追求,更是其学术风格的体现。

乡村振兴是国家发展中极其重要的议题,多元维度也为传播学研究提供了广阔空间。希望本书能成为一个新的起点,昭示和吸引更多优秀学者加入乡村传播研究的队伍,共同构建具有中国特色的乡村传播学理论体系。

是为序。

孟建

2025 年 7 月于复旦大学

孟建,复旦大学新闻学院教授,博士生导师,复旦大学国家文化创新研究中心主任。

目录
CONTENTS

绪　论

第一节　研　究　背　景

2020年11月23日,贵州省人民政府宣布,紫云苗族布依族自治县等9县退出贫困县序列。至此,国务院扶贫办(2021年,国家乡村振兴局挂牌,"国务院扶贫开发办公室"牌子摘下)2014年确定的涉及中西部22省区832个贫困县全部脱贫摘帽,我国消除了绝对贫困——以现行的贫困标准计,农民家庭人均纯收入都已经超过了2 300元(2010年不变价)。2021年2月25日,习近平总书记在全国脱贫攻坚总结表彰大会上庄严宣告:"我国脱贫攻坚战取得了全面胜利,现行标准下9 899万农村贫困人口全部脱贫……区域性整体贫困得到解决,完成了消除绝对贫困的艰巨任务。"[①]党的二十大报告指出:"十年来,我们经历了对党和人民事业具有重大现实意义和深远历史意义的三件大事:一是迎来中国共产党成立一百周年,二是中国特色社会主义进入新时代,三是完成脱贫攻坚、全面建成小康社会的历史任务,实现第一个百年奋斗目标。"可见,脱贫攻坚战取得全面胜利,对于全党、全国人民具有极其重大的意义。

由此,中国"三农"工作重心也实现了历史性转移——从集中力量脱贫攻坚转向全面推进乡村振兴。党的二十大报告要求"全面推进乡村振兴",明确指出"全面建设社会主义现代化国家,最艰巨最繁重的任务仍然在农村。"报告提出了乡村振兴的总要求和总目标为"加快建设农业强国,扎实推动乡村产业、人才、文化、生态、组织振兴",同时把"巩固拓展脱贫攻坚成果,增强脱贫地区和脱

[①] 新华社.习近平庄严宣告:我国脱贫攻坚战取得了全面胜利[EB/OL].(2020 - 02 - 25)[2025 - 02 - 15]. https://www.gov.cn/xinwen/2021 - 02/25/content_5588768.htm?ivk_sa = 1023197a.

贫群众内生发展动力"作为主要任务。可以说,乡村不振兴,脱贫攻坚就不可能巩固。党的二十届三中全会提出了"坚持农业农村优先发展",完善乡村振兴投入机制的要求,强调"完善覆盖农村人口的常态化防止返贫致贫机制,建立农村低收入人口和欠发达地区分层分类帮扶制度。健全脱贫攻坚国家投入形成资产的长效管理机制。运用'千万工程'经验,健全推动乡村全面振兴长效机制"。

2022 年 2 月 22 日,《中共中央、国务院关于做好 2022 年全面推进乡村振兴重点工作的意见》发布,为做好"三农"工作,全面推进乡村振兴提供了行动指南。意见所强调的要牢牢守住的"两条底线"之一就是"不发生规模性返贫"。这表明,尽管我国已经消除了区域性整体贫困和绝对贫困,但相对贫困现象将长期存在并应该得到重视。相对贫困指"在基本生存需求解决后,与其他社会成员相比或维持当时社会通行的某种生活标准而言的一种相对缺乏或不足的状态,其标准也必将随着经济的发展、收入水平以及社会环境的变化而变化,表现出动态性的特点"。[①] "绝对贫困"消除后,通过相对收入、健康、教育、生活标准等多维度反映的"相对贫困"治理是一项复杂的系统工程。

其中,"信息贫困"是互联网时代凸显的一种新型相对贫困类型。信息是当代社会的核心生产要素之一,在生产生活、资源配置、社会治理中发挥着基础性作用,但不同地区、群体的信息分配并不均匀,严重的已经演变成"信息鸿沟"。尤其是中西部农村地区,长期以来受制于信息基础设施建设薄弱、信息资源开发滞后、信息技术推广和更新能力不足,加上农村居民对信息重要性的认知淡薄,信息贫困现象较为突出。学界认为,信息贫困既是经济问题,也是信息获取能力和传播问题,更是公民权利问题。[②] 如果农村地区的信息贫困问题得不到重视和干预,不仅会影响乡村振兴战略的实施,还可能引发其他类型的相对贫困,进而动摇来之不易的脱贫攻坚成果。

显然,国家层面也已经意识到"信息赋能"在乡村振兴中的作用。2018 年 1 月印发的《中共中央、国务院关于实施乡村振兴战略的意见》明确提出:"实施数字乡村战略,做好整体规划设计,加快农村地区宽带网络和第四代移动通信网络覆盖步伐,开发适应'三农'特点的信息技术、产品、应用和服务,推动远程

---

① 黄承伟丛书主编；庄天慧、杨浩、蓝红星本册著作.多维贫困与贫困治理[M].长沙：湖南人民出版社,2018：22.
② 谢会昌.国内信息贫困研究述评[J].安徽农业科学,2018,46(34)：186—189.

医疗、远程教育等应用普及,弥合城乡数字鸿沟。"2019 年 5 月,中共中央办公厅、国务院办公厅印发了《数字乡村发展战略纲要》,分别提出了 2020 年、2025年、2035 年的战略目标,"到本世纪中叶,全面建成数字乡村,助力乡村全面振兴,全面实现农业强、农村美、农民富。""推动网络扶贫向纵深发展"作为十大重点任务之一,要"巩固和提升网络扶贫成效。打赢脱贫攻坚战后,保持过渡期的政策稳定,继续开展网络扶志和扶智,不断提升贫困群众生产经营技能,激发贫困人口内生动力。"2021 年 6 月 1 日正式施行的《中华人民共和国乡村振兴促进法》也以法律形式规定:"国家健全乡村便民服务体系,提升乡村公共服务数字化智能化水平,支持完善村级综合服务设施和综合信息平台,培育服务机构和服务类社会组织,完善服务运行机制,促进公共服务与自我服务有效衔接,增强生产生活服务功能。"

2022 年 2 月 22 日,《中共中央、国务院关于做好 2022 年全面推进乡村振兴重点工作的意见》要求:"以数字技术赋能乡村公共服务,推动'互联网＋政务服务'向乡村延伸覆盖。着眼解决实际问题,拓展农业农村大数据应用场景。加快推动数字乡村标准化建设,研究制定发展评价指标体系,持续开展数字乡村试点。加强农村信息基础设施建设。"同年 4 月由中央网信办、中华人民共和国农业农村部、国家发展改革委、工业和信息化部、住房和城乡建设部、商务部、国家市场监督管理总局、国家广电总局、国家乡村振兴局联合印发的《2022 年数字乡村发展工作要点》中,提出了"到 2022 年底,数字乡村建设取得新的更大进展。数字技术有力支撑农业基本盘更加稳固,脱贫攻坚成果进一步夯实。乡村数字基础设施建设持续推进,5G 网络实现重点乡镇和部分重点行政村覆盖,农村地区互联网普及率超过 60%。乡村数字经济加速发展,农业生产信息化水平稳步提升,农产品电商网络零售额突破 4 300 亿元。乡村数字化治理体系不断完善,信息惠民服务持续深化,农民数字素养与技能有效提升,数字乡村试点建设初见成效"的工作目标。

此后,每年的中央一号文件,都要对数字乡村建设进行部署。2023 年在《中共中央、国务院关于做好 2023 年全面推进乡村振兴重点工作的意见》中明确要求:"深入实施数字乡村发展行动,推动数字化应用场景研发推广。加快农业农村大数据应用,推进智慧农业发展。"2024 年《中共中央、国务院关于学习运用"千村示范、万村整治"工程经验有力有效推进乡村全面振兴的意见》指出:

"持续实施数字乡村发展行动,发展智慧农业,缩小城乡'数字鸿沟'。实施智慧广电乡村工程。鼓励有条件的省份统筹建设区域性大数据平台,加强农业生产经营、农村社会管理等涉农信息协同共享。"2025 年《中共中央、国务院关于进一步深化农村改革　扎实推进乡村全面振兴的意见》提出了"实施数字乡村强农惠农富农专项行动"。

目标催人奋进,现实依然严峻。长期以来,农民对各种社会资源的占有和使用都远不及市民,信息方面亦然。以互联网为例,第 55 次《中国互联网络发展状况统计报告》显示,截至 2024 年 12 月,我国农村地区互联网普及率为 67.4%,农村网民规模 3.13 亿,占网民整体的 28.2%。城镇地区互联网普及率为 85.3%,网民规模 7.95 亿,占网民整体的 71.8%。在全国 3.01 亿非网民中,农村地区非网民占 54.4%,高于全国农村人口比例 20.6%。非网民仍以农村地区为主,该群体在出行、消费、就医、办事等日常生活中遇到不便,无法充分享受智能化服务带来的便利。数据显示,非网民认为不上网带来的各类生活不便中,首先是买东西不方便,所占比例为 7.6%;其次,看病、挂号、买药难,很难和家人朋友联系,以及办事、缴费很困难等不便捷原因相差不多,所占比例均在 6%—7% 之间;很难打到车,很难买到火车票、飞机票等特定需求不便,占比在 5%—6% 之间。使用技能缺乏、文化程度限制、设备不足和年龄因素是非网民不上网的主要原因。[①]

信息与农村基层治理、产业发展、农民科学文化素质的提高紧密相连,是国家乡村振兴战略的重要抓手,让信息通信技术惠及农村地区,提高农村居民的信息素养,向农村居民提供有效的信息服务是缓解农村贫困问题、促进乡村发展的重要举措。农村信息传播是一个复杂的体系。从传播形式看,既有专业新闻机构(报纸、广播、电视、网络、基层融媒体等)主导的大众传播,也有各级政府主导的组织传播,更有传统的人际传播,还有其他各类组织参与的传播形式。互联网的兴起、人口的流动,使物理空间、网络空间、心理空间等多维空间进一步融合,缩小城乡"数字鸿沟"成为可能。国家层面的高度重视,伴随着现实中各种新的情况和现象不断涌现,使"农村/乡村信息

[①] 中国互联网络信息中心.《第 55 次中国互联网络发展状况统计报告》[EB/OL].(2025 - 01 - 17)[2025 - 05 - 30]. https://www.cnnic.net.cn/NMediaFile/2025/0428/MAIN17458061595875K4FP1NEUO.pdf.

传播"议题近年来越来越得到新闻传播学、社会学、政治学、信息管理学等相关学科研究者的关注。其中,不仅是中国学者,也有很多外国学者关注这个具有全球发展性的领域。通过梳理发现,现有研究主要集中在以下四个方面。

一是农村地区信息需求。涉及信息需求类型、信息选择和识别、信息获取方式和渠道等。大致分为农业生产信息(气象、科技、市场、政策等)需求和农村生活信息(教育、医疗、养老等)需求;生产信息主要来自政府,生活信息主要来自大众传媒(电视)和人际传播。[①] 人口因素、社会影响、基础设施条件等是影响农民对信息技术接收及满意度的关键因素。[②]

二是农村地区信息供给。政府、市场主体及中介组织等是最主要的农村信息提供者。国外的研究发现,农村信息供给以政府主导为主,如菲律宾的"政府—渔民"模式、韩国的信息化村、西非的农民田间学校、日本的农业技术信息服务全国联机网络等。[③] 国内农村地区信息供给,分为以政府主导的公益型、

---

① 方晓红.大众传媒与农村[M].北京:中华书局,2002.

谭英.中国乡村传播实证研究[M].北京:社会科学文献出版社,2007.

仇学英.社会主义新农村发展传播模式论[M].北京:中国传媒大学出版社,2011.

岳琳.新媒体环境下提升农村信息传播有效性的途径与策略研究——基于8省区的实证调查[J].学习与实践,2012,(9):88—94.

Temba B A, Kajuna F K, Pango G S, et al. Accessibility and use of information and communication tools among farmers for improving chicken production in morogoro Municipality, Tanzania[J]. Livestock Research for Rural Development, 2016, 28 (1): Article #11.

Surabhi, Mittal, Mamta, et al. Socio-economic Factors Affecting Adoption of Modern Information and Communication Technology by Farmers in India: Analysis Using Multivariate Probit Model[J]. The Journal of Agricultural Education & Extension, 2015, 22 (2): 450 – 454.

② 彭爱东,姚娟.基于有序 Probit 模型的农村信息资源配置满意度影响因素研究——以江苏省为例[J]. 图书情报工作,2014,58(6):58—63.

崔凯,冯献.供需视角下的农村信息传播:国内外研究述评与展望[J].中国农村观察,2017,(1):127—139.

Regassa N, Rajan D S, Ketsela K. Access to, and Utilization of Information on Sanitation and Hygiene by Rural Households in Alaba Special District, Southern Ethiopia[J]. Journal of Human Ecology (Delhi, India), 2011, 33 (2): 101 – 112.

Tambotoh J J C, Manuputty A D, Banunaek F E. Socio-economics Factors and Information Technology Adoption in Rural Area[J]. Procedia Computer Science, 2015, 72: 178 – 185.

③ Knight, David, W., et al. Information dissemination-diffusion and marine protected area approval in the Philippines[J]. Ocean & Coastal Management, 2015, 113 (2): 38 – 46.

Zhong B, Yang F, Chen Y L. Information Empowers Vegetable Supply Chain: A Study of Information Needs and Sharing Strategies among Farmers and Vendors[J]. Computers and Electronics in Agriculture, 2015, 117: 81 – 90.

Ochiai Y, Yamazaki K. Impact of Information and Communication Technology on Crop Prices in India[J]. Journal of Economics & Business Administration, 2013, 207 (6): 35 – 51.

企业主导的市场型、合作社/协会主导的半公益型三种。① 信息服务效能低、信息供需不对称、信息供给主体缺失等，是农村信息传播失效的关键。随着手机、电脑、互联网的兴起和普及，信息供给渠道日益丰富，新媒体在农村信息传播中的作用越来越重要。②

三是农村信息传播有效性评估。从信息渠道、信息产品、受众、信息传播环境四方面；③认知效果、态度效果、行为效果三方面；④农业生产服务、居民生活服务、生态休闲服务、科技示范四方面；⑤信息化环境、信息化服务、信息化应用三方面⑥等提出了不同的评估方案，但多为指标体系设计，实证测评不多见。

四是农村信息传播改进策略。国外研究认为，需要从信息基础设施完善、农民信息素养提升、信息沟通反馈机制建立、吸引社会力量参与等方面加以改进。⑦ 国内学者提出的改进策略主要有：以农民为核心，构建信息传播主体与

---

① 仲菊,万学道.多元模式在济南市农业信息服务中的应用研究[J].湖北农业科学,2013,52(8)：1950—1952.
　袁野,曾剑秋,赵鸿运,等.农村信息化服务模式研究——以云南省"数字乡村"为例[J].北京邮电大学学报(社会科学版),2014,16(1)：73—78.
　员立亭.基于农民需求视角下的农业信息供给问题研究[J].现代情报,2015,35(10)：27—31.
② 闫阳.西部农村政策信息传播有效性的影响因素分析[J].新闻界,2014,(11)：17—21.
　操瑞青.近十年来农村新媒体传播研究述评[J].重庆社会科学,2014,(3)：100—107.
　蒋旭峰.农村社区化服务体系创新研究[M].杭州：浙江大学出版社,2017.
③ 黄丹.农村信息传播有效性评估模型：农民视角[J].理论与改革,2013,(3)：112—114.
④ 段忠贤.农村科技信息传播模式及传播效果评价[J].社会科学家,2013,(5)：66—68.
⑤ 冯献,李瑾,郭美荣."互联网＋"背景下农村信息服务模式创新与效果评价[J].图书情报知识,2016,(6)：4—15.
⑥ 李钢,乔海程.扶贫背景下农村贫困地区信息贫困度测评指标体系研究[J].农业技术经济,2017,(5)：120—128.
⑦ Tiepoh M G N, Reimer B. Social Capital, Information Flows, and Income Creation in Rural Canada: A Cross-Community Analysis[J]. The Journal of Socio-Economics, 2004, 33 (4)：427-448.
　Pigg K E, Crank L D. Do Information Communication Technologies Promote Rural Economic Development? [J]. Journal of the Community Development Society, 2005, 36 (1)：65-76.
　Jung M C, Park S, Lee J Y. Information Network Villages: A Community-Focused Digital Divide Reduction Policy in Rural Korea[J]. Journal of Telecommunications and the Digital Economy, 2014, 2 (1)：1-21.
　Tambotoh J J C, Manuputty A D, Banunaek F E. Socio-economics Factors and Information Technology Adoption in Rural Area[J]. Procedia Computer Science, 2015, 72：178-185.
　Senthilkumar S, Chander M, Pandian A S S, et al. Factors Associated with Utilization Of ICT Enabled Village Information Centres By The Dairy Farmers in India: the Case of Tamil Nadu[J]. Computers and Electronics in Agriculture, 2013, 98：81-84.

受众之间的双向反馈机制;① 以需求为导向,建立多方参与的信息传播机制;② 整合各种信息渠道,创新农村信息传播模式。③

具体到信息贫困议题,总体数量不多。有限的研究大致围绕两方面展开:第一,信息贫困成因。研究发现农民信息意识弱、信息产品供给不足、信息基础设施薄弱、信息利用能力低是主因。④ 第二,解决信息贫困对策。通过注重关联,从信息化人才培养、组织信息生产、政府支持、乡村图书馆建设、多元信息服务体系建立等方面入手。⑤

前人的研究都给本书提供了启发与借鉴。但也存在明显不足:研究内容上,对农村居民信息贫困现象的整体关注度相对较低,未能充分揭示这一问题的全貌。研究视角上,大多是从政府、企业及城市的外部视角展开分析,而来自农村自身的内部视角则较为匮乏,这在一定程度上影响了对农村信息贫困问题本质的深入理解。研究方法上,偏重理论分析,而较少采用调查法、访谈法、观察法等实证研究方法,导致研究结论的实证支撑不够有力。对策建议上,基本未曾涉及如何解决农村地区信息贫困问题,以及通过信息赋能巩固拓展脱贫攻坚成果并进一步服务于数字乡村建设等具体建议。鉴于此,有必要开展更为深入和完善的研究,以弥补这些不足,为农村信息贫困问题的解决提供更具针对性和可操作性的理论支持与实

① 张新红,于凤霞,唐斯斯.中国农村信息化需求调查研究报告[J].电子政务,2013,(2):2—25.
② 刘晶,陈世华.城乡传播新关系:发展传播学的视角[J].南昌大学学报(人文社会科学版),2015,46(2):112—117.
　魏学宏,朱立芸.西北地区农户信息需求的表现及再选择——以甘肃景泰县调查为例[J].开发研究,2015,(1):53—56.
③ 郑欣.对农传播:基于受众的实证分析与对策探讨[M].杭州:浙江大学出版社,2011.
　董丽荣,许金普,王伟然.农业科技信息传播效果的影响因素探析[J].陕西农业科学,2014,60(4):85—87.
④ 孙贵珍,王栓军.基于农村信息贫困的河北农民信息素质调查分析[J].中国农学通报,2009,(24):588—591.
　罗阳富,崔庆鹤.农村信息贫困成因及对策研究[J].人民论坛,2013,(32):128—130.
　丁建军,赵奇钊.农村信息贫困的成因与减贫对策——以武陵山片区为例[J].图书情报工作,2014,(2):75—78.
⑤ 冉明仙.关联:农村实用信息扶贫效果提升的支点[J].现代传播(中国传媒大学学报),2014,(1):57—60.
　王冬放.我国中西部地区信息贫困现状与对策[J].工业经济论坛,2015,(2):145—154.
　吴炯丽,张磊磊,王新哲.基于农村信息贫困的反贫困难点与对策研究[J].农业网络信息,2015,(5):9—11.
　李红艳.如何建设媒介扶贫信息传播的新话语[J].中国记者,2016,(4):75—76.

践指导。

　　本书着重致力于解决前文所述的不足之处。研究始于 2018 年末，彼时脱贫攻坚任务尚未圆满完成，待研究推进至 2020 年底时，脱贫攻坚战已然取得全面胜利，区域性贫困问题得到有效解决，我国也成功实现了绝对贫困的消除。而当研究于 2025 年初结束时，乡村振兴战略以及数字乡村建设正蓬勃开展，如何实现巩固拓展脱贫攻坚成果与乡村振兴的有效衔接，成为新的重要议题。信息贫困作为一种"相对贫困"，随着农村居民生活水平的提升以及信息能力的进阶，他们对于信息的数量和质量将会产生新的、更高的需求，相应地，也会出现新的"信息贫困"现象。[①] 因此，将脱贫攻坚与乡村振兴两个阶段作为一个整体进行贯穿分析，对"信息贫困"现象及"信息赋能"工作予以系统性考察，这本身就是对如何实现巩固拓展脱贫攻坚成果同乡村振兴有效衔接问题的深度探索。

第二节　研究内容与框架

　　本书的核心问题是：进入乡村振兴阶段，农村居民信息贫困的现状、表征和影响因素是什么？从传播主体、传播对象、传播渠道等方面，要实现信息赋能效果，如何精准分析农村地区的信息传播机制？乡村振兴战略实施中，应该设计怎样的信息赋能传播模式？

　　针对上述问题，除去绪论和文献综述部分，本书的主体分为三个模块。模块一是"农村居民信息贫困的现状与表征"，模块二是"农村地区的信息传播机制分析"，模块三是"信息赋能乡村振兴的传播模式研究"。三个模块的逻辑关系是：模块一所呈现的农村居民信息贫困的基本现状与特点，既是信息赋能乡村振兴所面临的客观现实，也是要解决的关键性问题。相关政策设计，必须根据这些具体情况有针对性展开。模块二从传播主体、传播对象、传播渠道、影响传播效果的精英俘获等关键性环节入手，分析农村地区信息传播机制，为后续信息赋能的精准传播模式设计提供基础。基于模块一和模块二的研究发现，模

---

① 颜德如,张玉强.脱贫攻坚与乡村振兴的逻辑关系及其衔接[J].社会科学战线,2021,(8)：167—175.

块三旨在解决问题——比较分析了现有四种信息赋能模式后，提出信息赋能乡村振兴的"精准靶向互动传播模式"，并从理论支持、基本内容、多元主体、关键性实施环节、运行保障等方面进行详细阐释，同时提出具体的对策建议。

本书具体的章节安排如下。

绪论分析研究背景、提出研究问题，说明研究方法和研究框架，阐明研究意义。

第一章是理论、文献综述与核心概念。以信息贫困理论为基础，梳理了农村地区信息贫困、农村地区信息传播、信息赋能等方面的研究现状，并对本书的核心概念进行了界定。

第二章、第三章主要解决"是什么"的问题。通过量化和质化的实证材料，分析了农村居民信息贫困现状和表征，比较不同人群在信息贫困方面的差异，从个人特征、经济资本、社会资本和信息资本分析造成信息贫困的原因。

第四章至第七章主要解决"为什么"的问题。从传播主体、传播渠道、传播对象、影响传播效果的精英俘获现象等方面，集中讨论了"农村地区的信息传播机制"。试图通过对农村地区信息传播现状的多视角分析，发现影响农村地区信息传播效果的关键性环节，为后续信息赋能乡村振兴传播模式的提出奠定良好基础。

第八章至第十章主要解决"怎么办"的问题。第八章总结梳理了现有农村地区信息赋能的四种模式并提炼了各自特征；第九章提出了信息赋能乡村振兴的"精准靶向互动传播模式"，该模式以人为核心，进行了更精确的目标瞄准，并从理论支持、基本内容、多元主体、关键性实施环节、运行保障等方面进行了详细阐释。第十章，从顶层设计、中层谋划、基层操作三个层面，聚焦"精准靶向互动传播模式"实施中的关键点，提出具体对策建议。

全书的框架及各章之间的逻辑关系如图 0-1 所示。

绪论
●研究背景 ●研究方法与框架 ●研究设计与方法 ●研究意义

第一章 理论、文献综述与核心概念
●信息贫困理论 ●农村地区信息贫困 ●农村地区信息传播
●信息扶贫与信息赋能 ●本书的核心概念

农村居民信息贫困现状与表征

第二章 农村居民信息多维贫困的测评
●农村居民信息多维贫困指标体系构建
●农村居民信息多维贫困实证测评
●农村居民信息多维贫困影响因素分析
●结论与讨论

第三章 农村居民信息多维贫困的表征
●认知贫困　●能力贫困
●服务贫困　●硬件贫困
●意识贫困　●效用贫困

农村地区信息赋能传播机制

第四章 农村地区信息赋能的主体
●各级政府
●专业媒体机构
●乡村意见领袖
●其他多元主体

第五章 农村地区信息赋能的传播渠道
●数字乡村建设与农村居民的传播渠道
●农村居民传播渠道选择情况
●农村居民传播渠道选择的影响因素分析
●培育数字农民的政策启示

第六章 信息赋能中农村居民的信息行为主动性
●相关文献回顾
●研究设计
●农村居民信息搜寻行为主动性现状与比较
●农村居民信息搜寻行为主动性的影响因素
●结论与发现

第七章 农村地区信息赋能的"精英俘获"：以惠农政策为例
●相关文献回顾
●研究设计
●实证研究结果
●结论与讨论

信息赋能乡村振兴传播模式

第八章 现有信息赋能乡村发展的模式比较
●现有信息赋能乡村发展模式及其动力机制
●人情连接的"关系嵌入"模式
●政策供给的"公共服务"模式
●市场驱动的"产业集聚"模式
●信息协同的"数字中台"模式
●信息赋能四种模式的特征

第九章 信息赋能乡村振兴的传播模式设计
●理论支持
●"精准靶向互动传播模式"的内涵
●"精准靶向互动传播模式"的多元主体
●"精准靶向互动传播模式"键性实施环节
●"精准靶向互动传播模式"的运行保障

第十章 信息赋能乡村振兴的具体对策建议
●顶层设计
●中层谋划
●基层操作
●未来研究展望

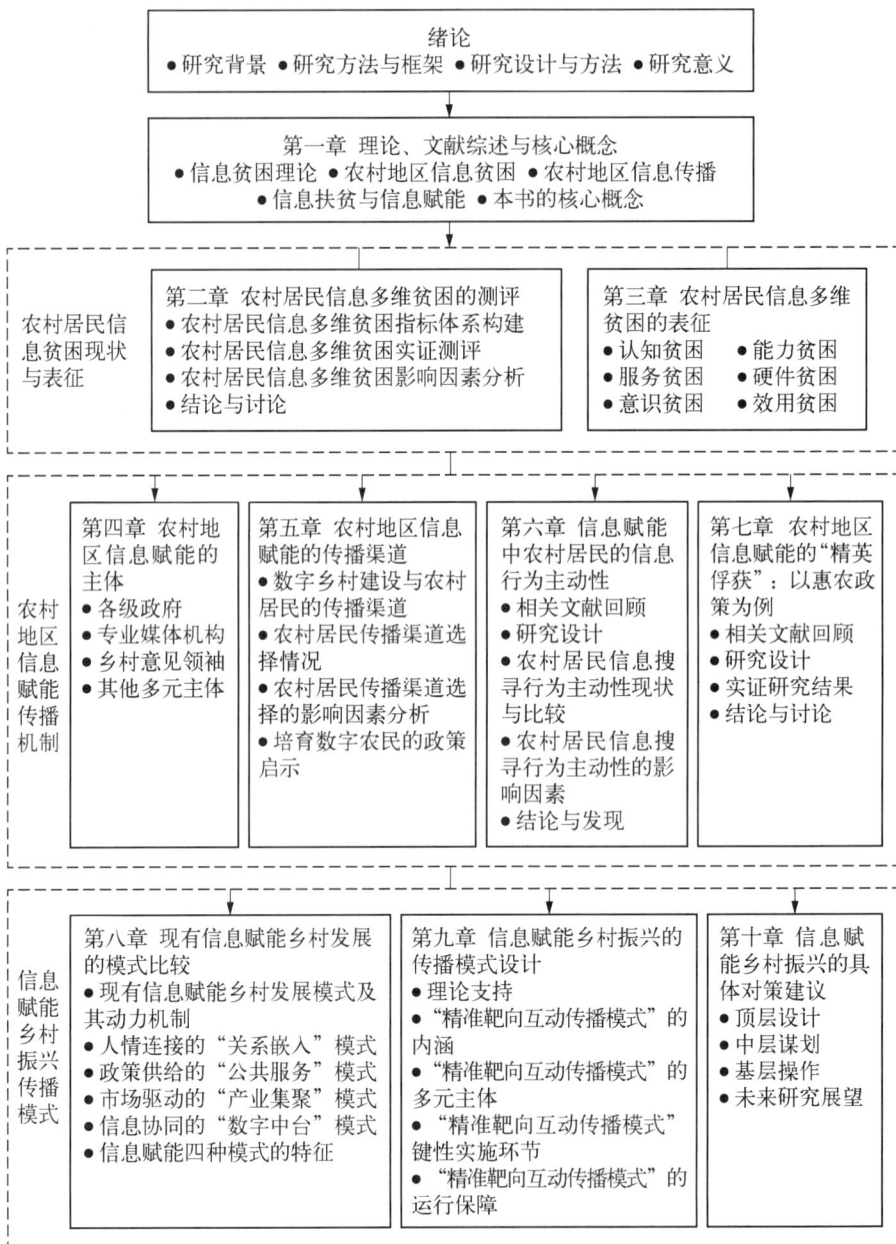

图 0-1　研究框架图

第三节　研究设计与方法

本书采用量化与质化相结合的方法,根据不同的问题需要采用各种具体的研究方法。

量化研究方法,主要采用问卷调查法。问卷调查旨在了解农村居民的信息意识、信息需求、信息能力、媒介使用行为、政策认知等情况。脱贫摘帽前,全国832个国家级贫困县,绝大多数位于中西部地区,且考虑到相比东部地区,中西部地区农村的信息贫困人口规模更大,贫困程度更深等情况,课题组确定问卷调查在中西部省份实施。2019年8月至2020年1月,课题组在湖南省衡阳市蒸湘区、常德市汉寿县和桃源县,安徽省六安市金寨县、黄山市歙县,河南省许昌市鄢陵县、南阳市方城县,宁夏回族自治区固原市原州区和西吉县,贵州省遵义市红花岗区,西藏自治区林芝市巴宜区的农村地区开展问卷调查(简称“六省11县调查”)。问卷主要以多阶段立意抽样的方式,在每个区县发放150～200份,和当地政府商定具体发放的乡镇、行政村,尽量做到人群的代表性和覆盖面。具体实施过程中,由在读研究生担任访问员进行一对一面访。按照最初计划,问卷发放地区和数量还会更大。但2020年,疫情突然来袭并持续长达三年之久,中断了原本计划的进一步数据采集工作。经过检核和数据整理,共回收有效问卷1 284份。其中,湖南、河南、安徽三个中部省份的问卷共729份,占56.78%,贵州、宁夏、西藏三个西部省份的问卷共555份,占43.22%。有效样本基本特征见表0-1。从有效样本的描述性统计看,性别、年龄、文化程度、婚姻状况、中西部分布等方面的比例分布都较为均衡,基本符合国家统计局相关统计结果。

表0-1　问卷调查的样本人口统计学特征

变　量	变量具体划分	频　数	百分比(%)
性别	男性	770	60.82
	女性	496	39.18

（续表）

变　　量	变量具体划分	频　数	百分比（%）
教育水平	小学及以下	257	20.36
	初中	466	36.93
	高中/中专/技校/职高	344	27.26
	大专及以上	195	15.45
婚姻情况	未婚	175	13.87
	已婚	1 035	82.01
	离异	32	2.54
	丧偶	20	1.58
年龄	18 岁以下	65	5.20
	18 岁至 30 岁	153	12.25
	31 岁至 40 岁	330	26.42
	41 岁至 50 岁	422	33.79
	51 岁至 60 岁	197	15.77
	61 岁及以上	82	6.57

　　由于通过一对一面访采集问卷数据，在问卷的同时，能结合受访者实际情况进行一定的访谈。此外，课题组还重点在湖南省衡阳市下辖农村进行了以参与式观察、深度访谈为主的质化研究。课题组还在衡阳市蒸湘区和衡阳县、河南省辉县、山东省曹县、浙江省嘉善县等地开展了实地调研。调研主要采用参与式观察和深度访谈的方式，对象涵盖农业农村局、乡村振兴局、乡镇政府、农资企业以及农村内部等。课题组与百余名政府工作人员、乡镇干部、村干部、返乡能人、农村居民等进行了面对面访谈，旨在了解各地在信息赋能乡村振兴、数字乡村建设等方面的情况。

第四节　研　究　意　义

从现实意义看,本书聚焦于乡村振兴进程中数字乡村战略以及信息赋能的关键议题,旨在呈现农村地区信息传播的现状与存在的问题,为国家在乡村振兴战略实施过程中制定农村地区"信息赋能"相关政策提供有益的参考与借鉴。学术意义上,研究者深入农村地区内部,分析农村居民信息贫困的现状和表征,以此为基础,分析农村地区信息传播机制,尝试设计有效果、有效率、有效益的信息赋能乡村振兴"精准靶向互动传播模式"。从研究设计和思路看,整个研究始终秉持"精准"理念,把"信息贫困的精准识别"作为研究的起点,通过对传播主体、传播对象、传播渠道等环节的系统分析,力求揭示农村地区信息传播机制;在此基础上,提出"精准靶向互动传播模式"这一解决方案,从理论支持、基本内容、多元主体、关键性实施环节、运行保障等方面进行详细阐释,并从顶层设计、中层谋划、基层操作三个层面,提出信息赋能乡村振兴的具体传播对策建议。

在当下中国农村社会的语境中,互联网、大数据等技术的迅猛发展带来了新的挑战与机遇。基于此背景,本书提出了相对可行的信息赋能乡村振兴的传播方案与政策建议,旨在一定程度上破解农村地区信息不平衡、不充分的问题。这不仅是对中央乡村振兴战略中提出的"巩固好脱贫攻坚成果、巩固好小康社会成果,让脱贫群众收入水平、生活水平更上一层楼,为迈向共同富裕走稳坚实步伐奠定基础"要求的落实与执行,也为国家在乡村振兴阶段制定各种涉农信息传播政策提供了一定的实践参照。

第一章
—————
理论、文献综述与核心概念

    贫困问题是当今世界最严重的社会问题之一,消除贫困、改善生活是全人类的共同诉求。根据联合国发布的《2024年全球多维贫困指数报告》,调查所覆盖的112个国家和地区共63亿人中,从是否缺乏适当住房、卫生条件、供电供水、营养和入学率等指标分析,有11亿人处于多维贫困状态,其中4.55亿人生活在冲突的阴影之下。可见,即使在今天,贫困现象依然遍及全球,且各国内部的差异也很显著,所有发展中国家和地区都要采取针对性措施减少贫困。具体到中国,2020年底,我国脱贫攻坚战取得了全面胜利,现行标准下9 899万农村贫困人口全部脱贫,832个贫困县全部摘帽,12.8万个贫困村全部出列,区域性整体贫困得到解决,完成了消除绝对贫困的艰巨任务。但是,区域性整体贫困、绝对贫困消失后,巩固拓展脱贫攻坚成果、防止规模性返贫是一项复杂的系统性工程,要求国家和社会更全面地认识贫困现象及其治理。

    在治理贫困的过程中,人们对贫困的认识也更加成熟,意识到经济贫困只是贫困的一个面向,无论是成因还是表现形态,贫困都是立体、多维的,要想真正巩固拓展脱贫攻坚成果,就要对农村地区的贫困现象有更深刻、全面的认识。

    在贫困的诸多具体表现中,"信息贫困"是互联网时代凸显的一种新型贫困。信息是当代社会的核心生产要素之一,但不同地区、群体之间的信息分配并不均匀,尤其是中西部农村地区,如果不重视和干预信息贫困,不仅会影响后续乡村振兴战略的实施,还可能动摇来之不易的脱贫攻坚成果。

第一节 信息贫困理论

一、贫困理论与信息贫困

贫困是当今最受关注的社会问题之一,虽然社会的生产力水平和个体的生活水平都在不断提高,但群体间的收入和发展能力差距仍在不断拉大,消除贫困是全人类共同追求的目标。

传统贫困研究始于对工业社会贫困问题的关注,最早可以追溯到 1901 年英国经济学家朗特里(Rowntree)关于英国约克郡贫困问题的研究,他认为贫困是指家庭总收入水平无法满足食品、房租、衣着等维持身体正常功能的基本生存需求的状态,家庭的最低生活支出就是贫困线。[①] 后续研究也都延续了 Rowntree 的定义,将贫困看作一种"生存贫困",这种与收入及人的最低生理需要相联系的绝对贫困思想在 20 世纪 70 年代前占据主导地位,如奥珊斯基(Orshansky)在划分美国家庭贫困线时同样以家庭收入是否满足家庭的基本需求为标准,[②]绝对贫困是指"在一定的社会生产方式和生活方式下,个人或家庭依靠劳动所得和其他合法收入不能维持其基本生存需求时的一种贫困状况"。[③]

但绝对贫困思想也有明显的缺陷,对特定地区的特定群体,准确定义最低营养标准是困难的,同时把最低营养标准转换成最低食物标准量的商品组合并不明晰,确定非食物类物品的最低需要量也很困难。[④] 因此,一些学者提出了相对贫困思想。相对贫困思想的理论基础是相对剥夺,最早由斯托福(Stouffer)等人提出,[⑤]后被朗西曼(Runciman)详细解释,相对剥夺是指人们的收入只能满足基本的生活需要但并未达到社会平均水准,只能维持低于平均水

① Rowntree B S. Poverty: A Study of Town Life[M]. London: Macmillan, 1902: 103.
② Orshansky M. Counting the Poor: Another Look at the Poverty Profile[J]. Social Security Bulletin, 1988, (10): 25 - 51.
③ 《中国农村贫困标准》课题组.中国农村贫困标准研究[J].统计研究,1990,(6): 37—42.
④ [印] 阿马蒂亚·森.贫困与饥荒: 论权利与剥夺[M].王宇,王文玉,译.北京: 商务印书馆,2001: 20—21.
⑤ Stouffer S A, Suchman E A, Devinney L C, et al. The American Soldier: Adjustment During Army Life[J]. Social Service Review, 1949, (30): 154.

准的情况。① 维克托(Victor)明确提出了相对贫困的概念,他制定了相对贫困的标准,以社会平均生活水平来衡量一个人或一个家庭的生活状况,将美国的贫困线定为全部人口收入中值的 50%。汤森(Townsend)进一步发展了这一概念,他认为贫困不仅是基本生活物资的缺乏,还包括因缺乏资源而导致的享有常规生活水平、参与正常社会活动的机会缺失。②

后续学者的研究将贫困理论不断扩展,指出贫困现象的成因、表现和后果都很复杂,涵盖了多个领域。跟传统福利经济学的视角不同,阿马蒂亚·森(Amartya Sen)在改良贫困测度方法的基础上,首次通过基于私有制与市场经济体系的"权利方法"(Entitlement Approach)分析饥荒和贫穷的具体原因。③ 他认为一个人之所以挨饿,是因为他没有支配和控制食物的能力,包括生产机会、交易机会、国家赋予的权利,以及其他获得食物的方法,权利体制的不合理最终导致贫困和饥荒。他还提出了"能力贫困"(Capability Poverty)的概念,指出贫困不仅是收入低下的状态,还意味着基本可行能力的被剥夺,这一视角把研究贫困问题的注意力从手段转向人们追求的目标,再转向使这些目标得以实现的自由,即提高生活质量的可行能力。④ 他将贫困从收入贫困扩展到权利贫困和能力贫困,关心贫困者的生存状态和人与社会的自由发展,将贫困的成因从经济扩展到了政治、文化、制度、法律等领域。⑤

本书所讨论的信息贫困和传统贫困息息相关,传统贫困包括信息贫困,两者可能有相同的原因和结果,也可能互为原因和结果。在信息社会,信息资源是一种特殊资源,具有稀缺性,是促进经济发展必不可少的投入要素,可以作用于不同对象产生不同效果。信息资源和其他物质资源又有所不同,体现为它的非消耗性、可再生性和非排他性,通过信息共享,信息的价值会不断增加。⑥ 权利和能力视角是分析信息贫困的有效视角,这一视角关注人们是否平等地获取

① Burns R B T. Relative Deprivation and Social Justice: A Study of Attitudes to Social Inequality in Twentieth-Century England by W. G. Runciman[J]. British Journal of Sociology, 1966, (4): 430-434.
② Townsend P. Poverty in the United Kingdom: A Survey of Household Resources and Standards of Living[M]. Berkley, California: University of California Press, 1979: 50-53.
③ [印]阿马蒂亚·森.贫困与饥荒:论权利与剥夺[M].王宇,王文玉,译.北京:商务印书馆,2001:61.
④ [印]阿玛蒂亚·森.以自由看待发展[M].任赜,于真,译.北京:中国人民大学出版社,2002:85-88.
⑤ 马新文.阿玛蒂亚·森的权利贫困理论与方法述评[J].国外社会科学,2008,(2):69—74.
⑥ 相丽玲,牛丽慧.基于阿马蒂亚·森权利方法的信息贫困成因分析[J].情报科学,2016,(8):47—51.

信息,是否具备一定的能力和素养利用信息服务于自身发展。信息贫困是指被剥夺了获取信息的机会和能力的群体无法参与创造和分享以信息为基础的社会文明成果的状态,这些群体是信息社会的边缘者。① 卡根(Kagan)将这五类群体定义为信息穷人:发展中国家的居民、农村居民、文化与社会边缘群体、少数民族和宗教群体、残疾人。② 从信息资本的视角出发,信息贫困是信息穷人对有形的信息基础设施和无形的信息资源占有量的不足,个体信息意识的匮乏、信息技能的欠缺以及信息利用效率低下不仅会让贫困人口处于信息弱势地位,由于减贫信息的传播和采纳受阻,最终信息贫困和物质贫困的叠加会加剧落后习俗、文化等因素的负面影响,成为反贫工作的巨大阻力,带来贫困恶性循环的"怪圈",减贫效果难以持续,新的贫困可能再生。③

二、信息贫困概念辨析

信息贫困作为一个学术概念最早可以追溯到20世纪50年代,④到20世纪70年代中期,已有超过700篇文献讨论信息贫困问题,⑤相关研究主要来自情报学、图书馆学、信息管理学和传播学。信息贫困是信息分化带来的结果,信息分化(Information Differentiation)是社会分化从工业时代向信息时代的延伸,是不同信息主体在信息接触和拥有上的差距及这种差距不断生成和扩大的状态,是社会信息化过程中的一种社会分化现象,反映在社会各个层面。衡量信息分化最主要的标准是个体或群体在信息来源、传播渠道和技术物理意义上拥有或接入的差距。从全球范围看,信息分化普遍存在于国与国之间,从全国范围看,地区间和城乡间的信息分化情况也相当严重,信息上的贫富差距最终可能导致经济和社会发展上的贫富差距。⑥

---

① 周向红.从数字鸿沟到数字贫困:基本概念和研究框架[J].学海,2016,(4):154—157.
② Kagan, A. The Growing Gap between the Information Rich and the Information Poor Both within Countries and between Countries: A Composite Policy Paper[J]. IFLA Journal, 2000, (1): 28-33.
③ 郑素侠.反贫困语境下农村地区的信息贫困:致贫机理与信息援助对策[J].郑州大学学报(哲学社会科学版),2018,51(2):154—157.
④ Britz, J J. To Know or not to Know: A Moral Reflection on Information Poverty[J]. Journal of Information Science, 2004, (3): 192-204.
⑤ Childers T. The Information Poor in America[M]. New Jersey: Scarecrow Press, 1975: 82.
⑥ 谢俊贵.社会信息化过程中的信息分化与信息扶贫[J].情报科学,2003,(11):1138—1141.
　于良芝,谢海先.当代中国农民的信息获取机会——结构分析及其局限[J].中国图书馆学报,2013,39(6):9—26.

近年来,线程间通信(ICT)的发展使信息传播和获取方式发生了剧烈变化,信息贫困又有了新的面向,互联网被认为是当下信息富人和信息穷人之间最重要的分水岭,互联网接入的不平等也被定义为"数字鸿沟"(Digital Divide)。数字鸿沟最早由赫佩尔(Heppell)提出,他关注的是涉及信息技术的政策鸿沟给教育机构的多媒体技术采纳行为所带来的困难,[①]包括经济学、社会学、政治学和计算机学等学科的学者都在从事相关研究。[②] 数字鸿沟的概念与ICT紧密相连,它指向人们ICT使用机会和有效利用上的差距。

后来,有学者对"数字鸿沟"概念进行了改进,如卢克(Luke)提出了"数字不平等"(Digital Inequality),将技术接入的不平等和历史上的阶级斗争相勾连。基于数字鸿沟,还有学者提出了"数字贫困"(Digital Poverty),如卡塞雷斯(Cáceres)认为数字贫困最主要的特征是缺乏技术的可获得性,个人由于没有使用数字技术的知识或收入,从而导致的缺乏数字技术支持的信息交流状态。[③] 数字贫困群体包括低收入人群、没有能力使用信息技术的人群,还包括虽然经济状况良好但不具备使用ICT所需的最低能力从而导致没有数字需求的人群。闫慧认为数字贫困主体可以归纳为物质匮乏者、数字化文盲、脆弱的贫困者、懒惰的贫困者、抵触的贫困者、孤独的贫困者、徒劳无益者和数字化赤贫者这八类贫困人群。[④] 同传统贫困一样,数字贫困也会带来失业、生存困难、社会排斥等问题,还会加剧地区与国家之间的贫富差距,剥夺信息弱势群体参与互联网有关活动的权利及获取收益的机会。[⑤]

信息贫困、信息不平等、数字鸿沟、数字不平等和数字贫困都是用来解释信息分化现象的概念,都关注由于信息分配不均带来的社会不平等现象。但数字鸿沟、数字不平等和数字贫困只聚焦于ICT上的分化,是一个静态的概念,不能反映其他形态的信息分化所导致的社会问题。[⑥] 而信息贫困并不仅限于网

① Heppell S. Digital divide[J]. The Times Educational Supplement,1989,(57):11-24.
② Yu, L. Understanding Information Inequality:Making Sense of the Literature of the Information and Digital Divides[J]. Journal of Librarianship & Information Science,2006,38(4):229-252.
③ Cáceres R B. Digital Poverty:Concept and Measurement,with an Application to Peru[J]. Institute of Peruvian Studies Working Paper,2007,337.
④ 闫慧.农民数字化贫困的结构性成因分析[J].中国图书馆学报,2017,(2):24—39.
⑤ 周向红.从数字鸿沟到数字贫困:基本概念和研究框架[J].学海,2016,(4):154—157.
⑥ Couldry N. Digital Divide or Discursive Design? On the Emerging Ethics of Information Space[J]. Ethics and Information Technology,2003,(2):89-97.

络空间,而是一种更为复杂的现象,包括文化和语言多样性、教育水平、获取信息和使用信息的能力等问题,具体而言是指个人或群体在一定程度上缺乏必需的信息意识和物质手段,无法利用现代化的信息工具来有效地获取、解释、利用和分享信息的状态,他(他们)也无法利用信息帮助个人和社会的发展。此外,信息贫困不仅具有政治、经济和文化性质,还和人的基本自由、言论自由、公平获取信息和分配信息的权利等问题有关,是一个严肃的道德问题。① 总之,相较于其他概念,信息贫困的外延更广,更强调个体在能力和权利上被剥夺的状态。

三、信息贫困的理论内涵

关于信息贫困的理论内涵,学者们有不同解释。从静态视角看,斯威特兰(Sweetland)认为低收入者、老年人、残疾人等弱势群体是信息贫困者,他将信息贫困总结为以下三种类型:缺少信息获取、信息过载及遭受信息偏见,信息贫困是人与人之间信息交流的贫困,缺乏最基本的人际传播渠道是信息贫困的基本形式。② Yu认为信息贫困者在信息资源基础、信息实践和信息资产这三个要素上都处于不利状态。③

除了从静态视角理解信息贫困外,还有学者从经济贫困、信息行为、信息权利、信息供需等动态视角理解信息贫困。④ 经济实力与个体获取信息、接受相关技术培训的可能性相关,个体经济能力不足会影响他的信息使用能力,最终导致他无法应对生活中的危机和挑战。⑤ 从发展的视角看,信息贫困是一个动态的过程,不仅受当前信息获取与消费状态的影响,也取决于个体应对未知风险的能力。当信息环境发生变化,个体由于自身准备不足或缺乏应对压力的能

---

① Britz, Johannes J. To Know or not to Know: A Moral Reflection on Information Poverty[J]. Journal of Information Science, 2004, (3): 192-204.
② Sweetland J H. Information poverty—let me count the ways[J]. Database, 1993, (4): 8-10.
③ Yu L. How Poor Informationally are the Information Poor? Evidence from an Empirical Study of Daily and Regular Information Practices of Individuals[J]. Journal of Documentation, 2010, (6): 906-933.
④ 张小倩,张月琴,杨峰.国内外信息贫困研究进展:内涵阐释、研究设计及内容综述[J].图书馆论坛, 2018,(8): 24—32.
⑤ 周向红.从数字鸿沟到数字贫困:基本概念和研究框架[J].学海,2016,(4): 154—157.

力就有可能受到负面影响，无法保持平稳的信息消费。[①]

信息行为视角则关注个体或群体信息行为及产生行为的环境，将行为、环境和信息贫困联系起来。[②] 信息贫困通常被用来描述边缘群体的信息世界，社会条件和经济条件的不同会造成边缘群体和特权群体之间信息行为的深刻差异，[③]他们由于缺乏参与信息社会所需的基本能力最终可能陷入信息贫困。[④] 查特曼（Chatman）提出的小世界理论（Small World Theory）是这一视角的代表。[⑤] "小世界"可以理解为共享同一套文化和知识符号，拥有共同的价值观和社会规范，居住在边界清晰的地理空间中的小规模人群。小世界里的局内人与局外人的信息获取和信息分享行为之间有一道无形的屏障，最终，在小世界里的人要么信息越来越匮乏，无法满足他们的需求，要么信息量过载，使他们无法消化。具体而言，信息贫困表现为个体信息意识和信息能力的不足，信息意识不足指个体缺乏对信息重要性的认识以及主动获取、发布和接收信息的意识，信息能力不足指个体缺乏获取、利用和处理信息的能力。[⑥]

另一种表现维度是信息权利贫困。信息权利是人权的一部分，信息社会的权利现象也是权利的信息化，具体表现为人们自由获取、生产和传播信息的权利。如信息所有权指个体的信息资源禀赋，包括个体的信息能力、周边信息基础设施生产信息资源的数量、个体生产和交换信息的成本、个体共享信息的收益、个体能够享受的信息保障。信息所有权又会影响个体的信息交换权利，即信息市场经济中个体通过信息交换所获信息商品的集合。[⑦] 信息贫困不仅会影响主体的信息意识、权利意识和信息权利的形式，也会影响信息知情权、信息

① 刘博.农民信息贫困的"脆弱性"研究——黑龙江农村地区信息需求与消费状态调查[J].图书馆理论与实践,2017,(2):5—10.
② 张小倩,张月琴,杨峰.国内外信息贫困研究进展：内涵阐释、研究设计及内容综述[J].图书馆论坛,2018,(8):24—32.
③ Jessa, Lingel, Danah, et al. "Keep It Secret, Keep It Safe": Information Poverty, Information Norms, and Stigma[J]. Journal of the American Society for Information Science and Technology, 2013, (5): 981 - 991.
④ Barja G, Gigler B S. The Concept of Information Poverty and How to Measure It in the Latin American Context [C]. Hernan G, Judith M. Digital Poverty: Latin American and Caribbean Perspectives. Ottawa, Canada: International Development Research Centre, 2007: 11 - 28.
⑤ Chatman E A. The Impoverished Life-World of Outsiders[J]. Journal of the American Society for Information Science, Association for Information Science & Technology, 1996, i: (3): 193 - 206.
⑥ 孙贵珍,王栓军.基于农村信息贫困的河北农民信息素质调查分析[J].中国农学通报,2009,(24):588—591.
⑦ 相丽玲,牛丽慧.基于阿马蒂亚·森权利方法的信息贫困成因分析[J].情报科学,2016,(8):47—51.

传播权等权利内容的实现和信息权利客体的有无。[①]

　　信息供给是否满足信息需求也是衡量信息贫困的标准,从供需层面看,信息贫困是个人不能平等地获取高质量、充足的信息资源所造成的信息生态失衡现象,可以总结为以下四种类型:有需求,无供给;有供给,无传播;有传播,无利用;有利用,不匹配。[②] Yu 将个体素质纳入,她认为个体的信息需求受制于个体的信息行为和信息资产,这会影响贫弱群体自由地使用信息资源。[③] 布利兹(Britz)认为信息贫困是指个体或群体缺乏必要的技能、能力或物质手段来获取信息、解释信息和适当地应用信息的情况,信息贫困与个人的识字水平尤其是信息素养有关。[④] 赫斯伯格(Hersberger)的一项针对无家可归者的研究指出,信息需求与获取基本生活资源的需求相关,如果基本生活资源的供应不足,无家可归者也无法获得信息。[⑤] 对信息贫困者而言,由于没有获取信息的手段和能力,他们无法获得生活、工作等场景所需的信息,最终将影响他们生产、生活的质量,造成他们社会地位低下,在知识、财富上的贫乏。[⑥] 总之,这一视角要求学者不仅关注信息供求的量,还要关注质,同时将信息主体因素纳入考量。

第二节　农村地区信息贫困

一、相关研究路径

　　对农村信息贫困现状进行精准把握、测量和评价是提出信息贫困解决之道

① 王建,赵静,王玉平.西部农村的信息贫困及农民信息权利维护[J].图书情报工作,2007,(10):84—87.
② 赵奇钊,董坚峰,周彤.信息贫困视野下的偏远山区农业信息平台搭建研究[J].图书情报工作,2009,(23):81—85.
　丁建军,赵奇钊.农村信息贫困的成因与减贫对策——以武陵山片区为例[J].图书情报工作,2014,(2):75—78.
③ Yu L. How Poor Informationally are the Information Poor? Evidence from an Empirical Study of Daily and Regular Information Practices of Individuals[J]. Journal of Documentation, 2010,(6):906-933.
④ Britz J J. To Know or Not to Know: A Moral Reflection on Information Poverty[J]. Journal of Information Science, 2004, 30 (3):192-204.
⑤ Hersberger J A. Are the Economically Poor Information Poor? Does the Digital Divide Affect the Homeless and Access to Information? [J]. Canadian Journal of Information and Library Science, 2002, 27 (3):44-63.
⑥ 谢俊贵.社会信息化过程中的信息分化与信息扶贫[J].情报科学,2003,(11):1138—1141.

的前提和基础。在现有农村信息贫困的研究中,由访谈法和问卷调查法为主的田野调查是学者们最常用的数据收集方法。[①] 王栓军和孙贵珍通过对河北省564名农民进行问卷调查探究信息供给对农村信息贫困的影响。[②] 刘济群和闫慧通过个别访谈和焦点小组访谈的方法收集了一系列有关农村女性居民信息需求起因、类型、方式和运作的资料。[③] 还有学者采用了实验法、介入式观察和行动研究的方法,如闫慧和洪萍蟑通过对湖南湘西里耶镇村民进行电脑培训,观察社会资本对少数民族地区农民数字化脱贫的影响。[④]

在数据分析方法上,扎根理论分析法、内容分析法也常被各位学者采用。如闫慧在采用深度访谈、焦点小组访谈、问卷调查、参与观察法、行动研究等多种方法收集实证材料的基础上,通过扎根理论分析法和内容分析法界定了数字化贫困的定义和核心要素,归纳了农村数字化贫困主体的类型和影响数字贫困的结构化因素。[⑤] 余章馗等人的研究同样也是采用了扎根理论建构了少数民族地区农民的信息搜寻个体模型。[⑥] 于良芝在对40位城乡居民信息实践的访谈资料进行扎根理论分析后提出了"个人信息世界"这一概念,从个人角度界定和测量信息不平等的真实状态。[⑦] 她和谢海先的另一项研究则是采用结构分析的方法,基于现有的研究成果、统计资料和政策文本对我国农民的信息获取机会进行跨时、跨领域的考察。[⑧]

为了更准确地把握农村信息贫困的状况,许多学者通过构建指标体系评估农村信息贫困的水平。指标体系的测量有两种路径,第一种路径是通过客观数据评估某一地区的信息发展水平,如李钢和乔海程的研究以河南省两个国家级贫困

① 张小倩,张月琴,杨峰.国内外信息贫困研究进展:内涵阐释、研究设计及内容综述[J].图书馆论坛,2018,(8):24—32.
② 王栓军,孙贵珍.基于农民视角的河北省农村信息供给调查分析[J].中国农学通报,2010,26(22):393—398.
③ 刘济群,闫慧.农村女性居民信息搜寻行为研究——甘皖津三地的田野发现[J].图书情报知识,2015,(1):4—13.
④ 闫慧,洪萍蟑.社会资本对少数民族地区农村居民数字化脱贫的影响——湘西土家族苗族自治州里耶镇的田野研究报告[J].情报资料工作,2014,(3):89—93.
⑤ 闫慧.农民数字化贫困的结构性成因分析[J].中国图书馆学报,2017,43(2):24—39.
⑥ 余章馗,闫慧,张鑫灿,等.傈僳族乡村居民信息搜寻行为模式研究[J].文献与数据学报,2019,1(4):24—35.
⑦ 于良芝."个人信息世界"——一个信息不平等概念的发现及阐释[J].中国图书馆学报,2013,39(1):4—12.
⑧ 于良芝,谢海先.当代中国农民的信息获取机会——结构分析及其局限[J].中国图书馆学报,2013,39(6):9—26.

县作为样本,采用灰色关联分析法构建了包括 3 个一级指标和 18 个二级指标的农村信息赋能度测评指标体系,并通过专家评分法对指标进行赋值。[①] 刘世洪和许世卫也开发了一套评估农村信息化发展水平的指标体系,并采用综合指数法计算中国各省农村信息化发展水平的指数。[②] 胡鞍钢等构建了包括收入贫困、人类贫困、信息贫困及生态贫困的贫困综合指标体系,其中,用电视、广播、固定电话、移动电话和互联网用户的未普及率测量信息贫困。[③] 赵奇钊和彭耿的研究从电话、互联网、广播、电视的覆盖率和人均邮电业务量这五个维度出发,设计了一个衡量信息化发展水平的模型,用来评估武陵山片区的信息化发展水平,并通过和邻近地区以及全国平均水平进行比较衡量武陵山片区信息贫困的程度。[④]

另一种指标体系的测量路径是通过考察农民的主观认知和生活经验评估其信息贫困的程度,李静的研究结合了 112 名来自 3 个贵州国家级贫困县的农民的访谈资料和对村委会的调查,构建了一个测评体系用来评估电视在对农信息传播上的有效性。[⑤] 刘若熙和齐丹的研究开发了一个针对农民信息素养的评价指标体系,结合了层次分析法和熵值法对指标进行了赋权,并采用灰色关联法和理想解法确定评价方案、完成排序评价,在安徽省三个乡镇完成了实证数据的收集。[⑥]

综上所述,前人在信息基础设施、对农信息传播、农民信息素养等方面提出了不同的评估方案,但大部分研究仅关注了客观的信息发展水平"硬"指标,缺少对农民主观信息意识、信息素养的综合考察。同时,一些研究仅仅停留在指标体系的设计层面,缺少实证数据的检验和测评。

二、农村信息贫困的影响因素

农村的信息贫困具体表现为农民信息传播的渠道有限,得到的信息准确性

---

① 李钢,乔海程.扶贫背景下农村贫困地区信息贫困度测评指标体系研究[J].农业技术经济,2017,(5):120—128.
② 刘世洪,许世卫.中国农村信息化测评方法研究[J].中国农业科学,2008,(4):1012—1022.
③ 胡鞍钢,童旭光,诸丹丹.四类贫困的测量:以青海省减贫为例(1978—2007)[J].湖南社会科学,2009,(5):45—52.
④ 赵奇钊,彭耿.武陵山片区信息化发展水平评价与信息贫困研究[J].图书馆,2016,(1):65—68.
⑤ 李静.贫困地区对农信息传播有效性研究——对贵州国家级贫困县的调查[J].图书馆论坛,2016,36(11):1—9.
⑥ 刘若熙,齐丹.基于灰色关联理想解法的农民信息素养评价模型[J].情报探索,2016,(10):29—32.

差、严重失真和滞后，获取信息的成本较高等状态。[①] 信息本身具有二重性，不仅是个人的认知资源也是社会发展的战略资源，信息资源的生产、获取、传播和利用不仅受制于认知过程的特性和规律，也与社会资源的运动和分布规律有关，因此分析信息贫困问题要考虑不同层面的因素，以及因素之间的交互作用。农村信息贫困受到很多因素的影响，包括自然因素、信息环境因素、社会因素和个体因素等，具体总结如下。

在自然因素中，地域差距是导致不同地区信息发展水平产生差距的原因之一。[②] 在我国，从地理区位上看，中西部地区的信息发展水平落后于东部地区。从地形地貌来看，山区、高原地区的信息发展水平也常常受限，一些地区受土质、自然灾害的影响，经济发展水平落后，缺乏缓解信息贫困状态的内生动力。一项针对贵州农村的研究发现，特殊的自然条件是造成当地信息贫困的直接原因。由于贵州大部分面积是山地和丘陵，同时喀斯特碳酸盐岩分布广泛，各种自然灾害频繁，因此贵州通信网络基础设施的建造难度大，投入和维护的成本也很高，但回报率较低。[③]

从信息环境的角度看，信息基础设施建设不足、媒介单一、缺乏信息市场也会影响信息传播的时效性，贬损信息价值，影响农民理解、利用、反馈和表达信息。信息产品作为一种具有非竞争性和非排他性的"准公共产品"，生产具有一定的风险，私人供给也受限制，难以形成规模经济效应，这些因素都会导致农村信息产品的供给不足。[④] 农村信息产品供给的有效性、时效性和针对性不足，信息供给形式单一、信息人员缺乏、信息市场发育不健全、信息市场供给的激励机制缺失等外部环境因素都是造成农村信息贫困的重要成因。[⑤]

① 王建,赵静,王玉平.西部农村的信息贫困及农民信息权利维护[J].图书情报工作,2007,(10)：84—87.
② Gabe T M, Abel J R. Deployment of Advanced Telecommunications Infrastructure in Rural America: Measuring the Digital Divide[J]. American Journal of Agricultural Economics, 2002, (5): 1246-1252.
　　汪明峰.互联网使用与中国城市化——"数字鸿沟"的空间层面[J].社会学研究,2005,(6)：112—135.
③ He J, Li O, Cai M. The Research and Analysis of Rural Information Poverty in Guizhou[C]// International Conference on Social Science & Higher Education. 2015: 110-114.
④ 丁建军,赵奇钊.农村信息贫困的成因与减贫对策——以武陵山片区为例[J].图书情报工作,2014,58(2)：75—78.
⑤ 王栓军,孙贵珍.基于农民视角的河北省农村信息供给调查分析[J].中国农学通报,2010,26(22)：393—398.

　　社会因素中,经济因素是造成农村信息贫困的直接因素之一。低经济水平使农村居民的生产生活方式相近,难以接受现代经营理念。[①] 宏观上看,经济政策和制度变迁会影响农村信息设施、服务和资源的发展水平,国家意志及其决定的市场架构和权力关系是导致农民信息获取机会处于劣势的结构性因素。[②] 一项研究从公共利益的角度探索了 20 世纪末至 21 世纪初中国电视和互联网系统的演变,发现运营商、政府部门和城市人口的利益会限制建设信息基础设施的资本从城市流向农村。[③] 在农村,公共信息服务的供给不足不仅源于城乡经济文化发展水平的差距、农村不发达的市场经济和农民较低的收入水平等经济因素,也和农村信息服务缺乏竞争机制有关。[④] 闫慧聚焦于农村居民对数字化核心要素的接入和使用情况,认为农村的数字化贫困本质是一种结构性贫困(Structural Poverty),稳定状况高,是由经济、政治、文化和社会四类资本导致的。[⑤] 中国农村社会是熟人社会,往往依赖于高度同质性的内部社会资本行事,就连农民的手机使用都具有强烈的乡土社会色彩,他们往往基于原有的熟人社会关系网络获取信息,陌生的信息关系难以获得农村人际关系的信任,这使得农民处于社会信息传播系统的弱势。[⑥]

　　除了结构性成因外,个体成因也是分析贫困问题的有效视角。个人因素聚焦个体行为的本质和逻辑,关系着个体摆脱贫困的内在动力。[⑦] 影响信息贫困的个人经济因素包括个人的信息资产、信息购买力、信息消费水平等。[⑧] 低收入人群往往难以负担电话费、通信费和有线电视等专业的信息服务所需的费

① He J, Li O, Cai M. The Research and Analysis of Rural Information Poverty in Guizhou[C]// International Conference on Social Science & Higher Education. 2015: 110 - 114.
② 于良芝,谢海先.当代中国农民的信息获取机会——结构分析及其局限[J].中国图书馆学报,2013, 39(6): 9—26.
③ Zhao, Yuezhi. Caught in the Web: the Public Interest and the Battle for Control of China's Information Superhighway[J]. Info, 2000, (1): 41 - 66.
④ 杨秀平.农村公共信息服务与农民信息素养培育问题研究——以西北农村调查为例[J].农业图书情报学刊,2016,28(9): 5—8.
⑤ 闫慧.农民数字化贫困的结构性成因分析[J].中国图书馆学报,2017,43(2): 24—29.
⑥ 李红艳,牛畅,汪璐蒙.网络时代农民的信息获取与信息实践——基于对北京市郊区农民培训的调研[J].新闻与传播研究,2019,26(4): 45—61.
⑦ Beeghley L. Individual and Structural Explanations of Poverty[J]. Population Research and Policy Review, 1988, (3): 201 - 222.
⑧ 张小倩,张月琴,杨峰.国内外信息贫困研究进展:内涵阐释、研究设计及内容综述[J].图书馆论坛, 2018,(8): 24—32.

用。① 农民的经济收入和文化程度会约束其信息需求,从而影响信息供给的
效果。② 教育、收入和其他家庭属性的差异可以解释城乡地区家庭互联网接
入的差异。③ 社会化媒体在农村的应用已成为常态,年龄和教育程度是影响
农民网络使用的重要因素。④ 从个体信息技能的角度看,农民信息贫困源于
农民信息能力有效性的不足,是农民的传统信息渠道和他们对现代信息接受
能力之间的张力造成的结果。⑤ 从信息权利的角度看,信息贫困的成因包括
直接信息权利和贸易信息权利的失败,直接信息权利失败指信息基础设施落
后和个人信息素养不足,贸易信息权利失败指信息交换权力不对等导致的信
息资源分配不平等。⑥ 此外,影响不同设备接入的因素不同,信息基础设施
对农民电视、电话接入的影响更大,收入和教育水平更能影响农民电脑和互
联网的接入。⑦

　　在个体观念层面,除了年龄、职业、受教育程度和外部社会情境等影响农
民数字化贫困的基础成因外,农村数字化贫困群体的信息意识也会影响他们
的 ICT 接受行为。⑧ 个体的信息素质也直接关系着农民对信息需求的认知
和表达。信息素质的核心是信息意识和信息能力。农民信息意识和信息能
力不足是农村信息贫困的重要内因。农民群体信息"自贫困"情况严
重。⑨ 信息表达、甄别和选择能力的欠缺导致他们难以发挥信息资源的实际
价值。⑩

① He J, Li O, Cai M. The Research and Analysis of Rural Information Poverty in Guizhou[C]//
International Conference on Social Science & Higher Education. 2015：110 - 114.
② 王栓军,孙贵珍.基于农民视角的河北省农村信息供给调查分析[J].中国农学通报,2010,(22)：393—
398.
③ Mills B F, Whitacre B E. Understanding the Non-Metropolitan-Metropolitan Digital Divide[J].
Growth and Change, 2003, 26(2)：219 - 243.
④ 李红艳,牛畅,汪璐蒙.网络时代农民的信息获取与信息实践——基于对北京市郊区农民培训的调研
[J].新闻与传播研究,2019,(4)：45—61.
⑤ 胡军,王继新.有效需求视角下的农民"信息贫困"问题[J].甘肃社会科学,2014,(5)：19—22.
⑥ 相丽玲,牛丽慧.基于阿马蒂亚·森权利方法的信息贫困成因分析[J].情报科学,2016,(8)：47—51.
⑦ 丁建军,赵奇钊.农村信息贫困的成因与减贫对策——以武陵山片区为例[J].图书情报工作,2014,
58(2)：75—78.
⑧ 闫慧,刘济群.农村数字化贫困群体的 ICT 接受行为研究——中国六省市田野调查报告[J].中国图书
馆学报,2016,42(3)：74—90.
⑨ 孙贵珍,王栓军.基于农村信息贫困的河北农民信息素质调查分析[J].中国农学通报,2009,25(24)：
588—591.
⑩ 孙红蕾,钱鹏,郑建明.信息生态视域下新市民信息贫困成因及应对策略[J].图书与情报,2016,(1)：
23—28.

三、农村信息贫困的治理

如何解决信息贫困,提高农村信息化水平,学者们从不同角度提出了多项建议。从农民的角度看,学者们提出的改进措施包括:在帮扶上,要以农民为主体,重视不同群体的特点和需求。① 通过建立信息互动平台让扶贫专家、技术人员为贫困人口提供帮助,积极举办各类讲座培训提升贫困人口的信息素养,用"参与式扶贫"调动各个扶贫主体和客体的积极性。② 政府还可以通过信息教育提高农民的权利意识,通过信息公开、提供信息服务等方式保障例如知情权等农民信息权利的落实。③ 新媒体出现后,媒介不再只是农民获取信息的工具,农民可以使用新媒体进行自我赋权,各种媒介在农民工作、生活中应用的场景不断拓宽,微信、微博、抖音等社交软件成为农民自主表达、寻求社会认同、传播乡村亚文化的工具。④ 通过提高教育水平,更多地赋予农民获取新技术的机会和能力,有可能改变信息结构不平等,使农民不再处于信息传播系统中的弱势地位。⑤

宏观上看,农村公共信息资源的均等化主要依赖于政府的公共财政投入,政府需要改善服务方式、手段、体系、体制和基础设施。⑥ 此外,由于信息产品有多重属性,既是"公共产品",也是"私人产品",还是两者之间的"准公共信息产品",因此需要调动政府、第三方组织和企业等多类主体的供给积极性。总之,要积极动员社会力量,在硬件层面和软件层面满足农民的多种需求,构建多方参与的农村信息传播模式。

综上所述,在信息贫困的理论内涵、农村信息贫困的现状评估和影响因素、解决之道方面,已经引起了很多学者的关注,并产生了一批有相当意义和价值

① 张新红,于凤霞,唐斯斯.中国农村信息化需求调查研究报告[J].电子政务,2013,(2):2—25.
② 郑素侠.反贫困语境下农村地区的信息贫困:致贫机理与信息援助对策[J].郑州大学学报(哲学社会科学版),2018,58(2):154—157.
③ 王建,赵静,王玉平.西部农村的信息贫困及农民信息权利维护[J].图书情报工作,2007,(10):84—87.
④ 李红艳,冉学平.乡村社会的另一种"凸显"——基于抖音短视频的思考[J].新闻大学,2020,(2):94—101.
⑤ 李红艳,牛畅,汪璐蒙.网络时代农民的信息获取与信息实践——基于对北京市郊区农民培训的调研[J].新闻与传播研究,2019,26(4):45—61.
⑥ 杨秀平.农村公共信息服务与农民信息素养培育问题研究——以西北农村调查为例[J].农业图书情报学刊,2016,28(9):5—8.

的学术成果。信息环境、信息行为和信息供需是较为常见的解释信息贫困的视角,但是,这些研究多从政府、企业、第三方组织的角度出发考察信息贫困的成因,较少研究从农民自身角度出发。同时,大部分研究只关注了某一层面的影响因素,并未探究这些影响因素之间的关系,还有许多研究只是停留在概念层面,缺乏实证材料的支撑。这些都有待于后续的研究进一步完善。

第三节　农村地区信息传播

农村传播是指信息在农村生产、传播、交流、接受和反馈的流动和利用过程,[1]是"农村社会内部以及与之相连接的外界传播系统的传播现象的社会体系"。[2] 国内外现阶段的农村传播研究主要集中在这几个层面:从供需关系看,信息需求包括农民获取信息的渠道、[3]农民信息获取行为的特征[4]和信息采纳过程的影响因素等。[5] 信息供给包括农村信息供给模式的特点[6]和信息供给主体的研究等。[7] 按照传播形态划分,相关研究包括农民的媒介认知[8]和媒介接触行为[9]、大众传媒在农村的政治功能[10]和文化功能[11]、农村组织传播的特点[12]、

① 崔凯,冯献.供需视角下的农村信息传播:国内外研究述评与展望[J].中国农村观察,2017,(1):127—139.
② 李红艳,左停.乡村传播意义下的农村发展[J].新闻界,2007,(6):38—40.
③ Mittal S, Mehar M. Socio-economic Factors Affecting Adoption of Modern Information and Communication Technology by Farmers in India: Analysis Using Multivariate Probit Model[J]. The Journal of Agricultural Education & Extension, 2015,(2):450 - 454.
④ 李红艳,牛畅,汪璐蒙.网络时代农民的信息获取与信息实践——基于对北京市郊区农民培训的调研[J].新闻与传播研究,2019,26(4):45—61.
⑤ Tambotoh J, Manuputty A D, Banunaek F E. Socio-economics Factors and Information Technology Adoption in Rural Area[J]. Procedia Computer Science, 2015, 72:178 - 185.
⑥ Zhong, Bu, Fan Yang, Yen-Lin Chen. Information Empowers Vegetable Supply Chain: A Study of Information Needs and Sharing Strategies among Farmers and Vendors[J]. Computers & Electronics in Agriculture, 2015, 117:81 - 90.
⑦ 陈娉婷,罗治情,官波,等.湖北省交互式农业信息服务模式研究[J].安徽农业科学,2015,43(20):372—375.
⑧ 叶明睿.互联网在农村地区的人际扩散——基于认同理论的实证研究[J].当代传播,2015,(4):87—89.
⑨ 王玲宁,张国良.我国农村受众媒介接触行为调查分析[J].新闻记者,2003,(11):52—54.
⑩ 谭华.大众传媒在少数民族地区农村政治生活中的作用[J].东南传播,2007,(10):34—36.
⑪ 谭华.大众传播与少数民族社区的文化建构——对现代媒介影响下的村落变迁的反思[J].湖北民族学院学报(哲学社会科学版),2007,(1):107—112.
⑫ 蒋旭峰.乡村治理中的精英传播及其模式探讨[J].理论探讨,2012,(4):159—163.

农民日常人际传播的特点及其社会功能等。[①] 下文将根据农村信息传播的三种基本形态对农村信息传播的相关研究进行综述。

一、农村人际传播研究

从人际传播的主体出发,农村传播的传者可以分为内部传者和外部传者。内部传者以农村居民为主。外部传者主要是农村精英和走出农村的务工人员,他们也可以看作是介于农村社会内部和外部之间的中介群体。[②] 多个研究发现,人际传播是村民获取信息的首要渠道。村民倾向于向邻居、亲朋好友、技术人员等获取信息上的帮助。[③] 对农村的特殊群体而言,如文盲,人际传播比大众传播有更好的传播效果。[④] 人际传播对村民的观念变迁和交往格局的影响也更大。[⑤] 家庭子女、本地教师、外出务工者在互联网人际扩散中发挥着重要作用。[⑥]

在人际传播的过程中,有意义的传播是建立人际关系的关键,能促进村民和社区的情感联系。村民的公共参与、农村公共空间的形成,甚至是公共利益的维护都离不开人际传播。[⑦] 虽然互联网技术和大众媒介在一定程度上挤占了人际传播空间,[⑧]市场经济的发展也改变了农村的经济结构和生产方式,弱化了传统农村社会的观念和习俗,使农村社会从"熟人社会"向"弱熟人社会"发

---

① 费爱华.乡村社会日常人际传播及其社会功能[J].湖南农业大学学报(社会科学版),2016,17(4):35—41.

② 李红艳.乡村传播学[M].北京:北京大学出版社,2014:41.

③ Temba B A, Kajuna F K, Pango G S, et al. Accessibility and Use of Information and Communication Tools among Farmers for Improving Chicken Production in Morogoro Municipality, Tanzania[J]. Livestock Research for Rural Development,2016,28(1):Article #11.
Amusat A S, Ademola A O. Information Needs of Kenaf Farmers in Ogbomoso Zone of Oyo State, Nigeria[J]. American Journal of Experimental Agriculture, 2014,(12):1625-1636.

④ Masud A S, Shamim H M, Moktadir K, et al. Conventional or Interpersonal Communication:Which Works Best in Disseminating Malaria Information in an Endemic Rural Bangladeshi Community?[J]. Plos One,2014,9(3):e90711.

⑤ 顾炜程,朱娇娇.社会转型中农村的传播媒介与观念变迁、交往格局的关系研究——以青浦农村家庭调查为例[J].新闻大学,2007,(2):70—74.

⑥ 叶明睿.互联网在农村地区的人际扩散——基于认同理论的实证研究[J].当代传播,2015,(4):87—89.

⑦ 费爱华.乡村社会日常人际传播及其社会功能[J].湖南农业大学学报(社会科学版),2016,17(4):35—41.

⑧ 廖云路,肖尧中.社会资本视野下的乡村传播结构研究——基于拉萨市曲水县R村的调查[J].新闻界,2017,(8):53—59.

展,社会关系也从亲缘、血缘关系向业缘、机缘和地缘关系扩张,但人际传播仍然是农村信息流动最频繁、最主要的方式之一。

二、农村组织传播研究

组织传播是农民获取信息的重要渠道。政府、合作社、市场主体、中介组织和民间组织等是农村最主要的信息供给主体。其中,政府主导型信息供给模式在各国较为常见,在信息化基础设施建设、农业信息服务、智能应用的普及上发挥着重要的作用。[①] 针对我国农村的信息供给模式,有研究发现,相比于私人企业,农民更信任地方政府提供的信息。[②] 政府通过提供信息基础设施、组织服务体系等在农业信息供给中占据主导地位,由于投入与收益失衡,企业在农业信息供给中往往缺位。[③] 和私营部门相比,政府等公共部门组织传播关系到政府和社会的权力格局,带来的影响更大。除了村委会外,农村专业技术协会、农产品销售协会、良种推广站等也是重要的组织传播主体,这些组织经常通过统一培训、走访入户等方式向农民传播技术、科学和市场知识。

在我国农村,代表性的政府组织传播方式有文件、会议、标语口号和广播等。文件在广大农民眼中极具权威性,是国家的象征,各种和农村有关的重要政策都以文件的形式传播,如聚焦于"三农"问题的"中央一号文件"。文件的传播也依托于会议。会议通过发挥政治仪式的功能可以制造一种遵循共同规范的情境,通过各层级会议的召开,文件的重要性和影响力也得以扩散。[④] 此外,标语口号也是我国农村的一种特色组织传播形式。一项针对红色标语传播的研究指出,在革命时期,标语和组织的生存息息相关,标语传播的队伍成员各司

① 崔凯,冯献.供需视角下的农村信息传播:国内外研究述评与展望[J].中国农村观察,2017,(1):127—139.

　　Knight,David,W.,et al. Information Dissemination-diffusion and Marine Protected Area Approval in the Philippines[J]. Ocean & Coastal Management,2015,(113):38-46.

　　Villamil M B, Alexander M, Silvis A H, et al. Producer Perceptions and Information Needs Regarding Their Adoption of Bioenergy Crops[J]. Renewable and Sustainable Energy Reviews, 2012, 16(6):3604-3612.

② Yang, Fan, Chen, et al. Information Empowers Vegetable Supply Chain:A Study of Information Needs and Sharing Strategies among Farmers and Vendors[J]. Computers & Electronics in Agriculture, 2015, 117:81-90.

③ 员立亭.基于农民需求视角下的农业信息供给问题研究[J].现代情报,2015,35(10):27—31.

④ 王越,费爱华.从组织传播到大众传播:国家治理乡村社会的策略演进[J].南京社会科学,2012,(4):117—123.

其职,互相协作,体现了组织传播规范和严密的特点,标语营造的氛围和动员的效果往往是其他传播渠道难以替代的。[①] 在中国农村社会,标语已经融入了农民生活和生产的环境,潜移默化地引导农民的观念和国家意志相一致。

还有一种特殊的组织传播方式——农村广播。广播虽然是一种大众媒介,但在我国它是基层政府组织传播的方式之一,作为国家在农村的信息基础设施,能发挥高效的媒介动员作用。[②] 组织传播和大众传播是相互渗透的,虽然组织内部的传播往往借助大众传播的手段,但传播的受众明确指向组织内的受众,同时依赖于组织的系统强制力。这类组织主导的传播即使借助了大众传播媒介也属于组织传播的范畴。[③] 农村广播具有强制性和渗透性的特点,它安装、播放的主体都是政府,在传播内容上,也以政府的方针政策、农业生产信息为主。[④] 面对突发事件,基层组织不仅能动用报纸、广播等"外源性媒介",还能动用高音喇叭、公告栏、黑板报等"内生性媒介"。农村广播被赋予了"政权建设"的内涵,比如在疫情期间,农村广播代表组织传达了国家意志,也起到了动员基层群众的作用。[⑤]

在农民流向城市的过程中,组织传播也一直发挥着作用。农村的传播结构和社会结构一直是互相嵌入的关系,农村人口流动性的增强,也使农村社会的组织化程度逐渐降低,农村社区本身难以支撑农民的"再组织化"。互联网经济的崛起、新媒体的发展也逐渐改变了农村的社会结构。一些农民通过学习信息技术实现自我赋权成为"新农民阶层"。新的民间组织和网络虚拟组织也不断涌现。[⑥] 互联网与移动设备也推动了农民的自组织化。这些组织大多自发成立、自主运行和自行管理,虽然组织往往没有设立进入的门槛,但是组织内成员的表达仍要遵循基本的组织文化和规则。有学者通过对云南大理石龙村白族村民的微信对歌群进行研究后发现,技术被收编入白族村民的文化传统和日常

① 陈信凌.江西苏区标语的传播学分析[J].新闻与传播研究,2005,(4):35—39.
② 潘佼佼.乡村变革中的信息与文化技术——中国农村广播网的历史研究[D].北京大学,2019:73.
③ 尹敬媛,苏林森.组织传播与大众传播的区别与联系[J].现代传播(中国传媒大学学报),2007,(1):160—162.
④ 王越,费爱华.从组织传播到大众传播:国家治理乡村社会的策略演进[J].南京社会科学,2012,(4):117—123.
⑤ 刘庆华,吕艳丹.疫情期间乡村媒介动员的双重结构——中部A村的田野考察[J].现代传播(中国传媒大学学报),2020,42(7):73—77.
⑥ 冯广圣.互嵌与协同:社会结构变迁语境下乡村传播结构演变及其影响[J].南京林业大学学报(人文社会科学版),2020,20(2):91—101.

生活中，微信群组成为一个新的交往空间，在这个群组内也有特定的规则限制着成员的行为。①

在回顾现有研究后发现，传播主体、传播方式和传播功能是中国农村组织传播研究的重点。总的来说，组织传播仍然是农村社会中重要的传播渠道，一定程度上能满足农民的信息需求，同时服务于行政能力在农村的提升和行政组织系统的运转。

三、农村大众传播研究

农村大众传播的研究视角大致可以分为两种。一种是媒介对农村的呈现，如影视作品中农民和农村形象的建构、乡村题材影视作品的文化意义、农民和农村的媒介形象等。② 近年来，自媒体提高了农民的主体性，"三农"形象在短视频平台非常活跃。从主题上看，"三农"短视频涵盖了农业生产、农村文化、农民生活等多种主题，直播和视频带货等形式发挥了产业扶贫、宣传区域形象的作用。通过短视频，农民的意识和生活环境在内容生产、传播格局和文化意义上得以自主呈现。③

另一种研究视角是农民的媒介使用行为。农村媒介指农民所拥有的媒介环境发展情况和媒介终端使用情况，还包括媒介对农村的运行规则和过程的影响。④ 相关研究包括农民对大众传播媒介的接触情况、评价和心理期待，农民的媒介使用特征等。在互联网出现之前，电视是农民接触频率最高的媒介，农民信任中央级的媒体，肯定媒体的舆论监督功能，希望媒体在未来能维护他们的权利，他们对媒体的娱乐功能并没有很大的期望。⑤ 但新媒体出现后，媒介不再只是农民获取信息的工具，随着移动互联网在农村的普及，

① 孙信茹，王东林.微信对歌中的互动、交往与意义生成——对石龙村微信山歌群的田野考察[J].现代传播（中国传媒大学学报），2019，(10)：19—25.
② 漆亚林，仲呈祥.中国电视剧农村女性形象的框架研究——以 1983—2015 年获"飞天奖"农村题材剧为研究对象[J].现代传播（中国传媒大学学报），2016，38(9)：76—81.
孟君.一个波峰和两种传统：中国乡村电影的空间书写[J].现代传播（中国传媒大学学报），2016，38(4)：81—86.
③ 栾轶玫，苏悦."热呈现"与"冷遮蔽"——短视频中的中国新时代"三农"形象[J].编辑之友，2019，(10)：38—48.
④ 段京肃，段雪雯.乡村媒介、媒介乡村和社会发展——关于大众传播媒介与中国乡村的几个概念的理解[J].现代传播（中国传媒大学学报），2010，(8)：22—27.
⑤ 傅海.中国农民对大众媒介的接触、评价和期待[J].新闻与传播研究，2011，18(6)：25—35.

各种媒介在农民工作、生活中能应用的场景不断拓宽,微信、微博、抖音等社交软件成为他们自主表达,寻求社会认同,传播乡村亚文化的工具。他们不仅利用媒介获取信息,还能利用媒介发布信息,与他人沟通交流。① 但新媒体给乡村社会带来的影响也不全是积极、乐观的。有学者研究发现,短视频构建了一个想象型的乡村社会,虽然有利于乡村文化的传播,但有可能在受众和数据导向下破坏正常的城乡一体化过程,加剧城乡的对抗,甚至挑战原有的乡村文明。②

由于互联网技术和大众媒介在农村的影响越来越大,不同传播形态之间的边界也越来越模糊。以微信为例,在农民获取信息的场景中,它是大众传播媒介;在农民和他人沟通交流的过程中,它是人际传播媒介;当基层政府的干部在政务微信群中向农民下达文件、告知重要信息时,它又是组织传播的媒介。总之,农村的社会环境、媒介环境和传播形态都和以往有所不同。

第四节　信息扶贫与信息赋能

在脱贫攻坚胜利完成前,信息赋能多以"信息扶贫"的提法出现。中国政府真正意义上的扶贫工作开始于1986年。这一年,我国实施公开的、正式的、系统的农村贫困专项扶贫,实现了从救济式扶贫向开发式扶贫的转变。③ 信息扶贫作为系统性扶贫的一个分支,也从那个时候开始,逐步进入国家、学者和公众的视野。总体上,这方面的研究仍相对薄弱。

一、信息扶贫的含义

从资料检索的情况看,在1995年邵建功主编的《工会法全书》中,出现了对信息扶贫的定义。"信息扶贫是扶持贫困户劳动致富的方法之一。国家、集体

---

① 冉明仙,潘昊杨.返乡创业农民微信使用特征、问题及对策分析——基于广西平果县的田野考察[J].现代传播(中国传媒大学学报),2019,41(7):155—158.
② 李红艳,冉学平.乡村社会的另一种"凸显"——基于抖音短视频的思考[J].新闻大学,2020,(2):94—101.
③ 胡兴东,杨林.中国扶贫模式研究[M].北京:人民出版社,2018:57.

等扶贫部门,以及群众通过及时向贫困户或贫困地区传递有关信息,提高劳动生产率,发展商品生产,使其生产适销对路,经营得法,产品畅销,从而增加收入,加速脱贫步伐。"① 在他的定义中,信息包括生产信息、市场信息、科技信息等。此后,不同学者根据各自理解,相继提出了信息扶贫的概念。汤爱民认为,信息扶贫是以信息资源的输入为契机,改进人力资本和生产、生活条件,打破贫困的恶性循环,从而达到脱贫的可持续性。② 谢阳群等认为,信息扶贫是将信息技能的传递视为扶贫的主体,通过提高贫困人口的信息能力来增加他们自我"造血"的能力,使他们从被动发展到主动地捕捉和运用市场信息。③ 雷香花提出,信息扶贫就是指有扶贫义务并有信息赋能能力的科研院所、文教系统的单位,对贫困地区,主要是贫困地区农民提供的一种无偿的信息服务。④ 上述界定,分别强调了信息输入、信息技能、信息扶贫主体等不同重点,体现了不同学者对信息扶贫的差异化认知。

　　2003 年,谢俊贵提出的信息扶贫定义是相对规范和完整的。他认为,"信息扶贫是指政府和社会借助于信息技术的推广和信息活动开展来解决信息贫困者的信息贫困以及由此而形成的经济贫困问题的一种特殊的扶贫方式。"⑤ 此后的研究,基本在谢俊贵的概念上进一步完善。李锦认为,信息扶贫是指政府和社会借助于信息技术的推广和信息活动的开展来解决信息贫困者的信息贫困及其由此而形成的经济贫困问题的一种特殊的扶贫方式。⑥ 乔海程认为,信息扶贫是全社会各方(包括政府、社会组织和农民)参与的,通过完善信息基础设施建设,信息资源开发,提升信息技术和信息资源的应用水平等来消除信息贫困现象,推动信息贫困地区经济社会发展的一种相对于传统的扶贫方式。⑦ 乔的定义,将信息扶贫的主体从政府进一步扩大到社会各界和个人。

　　随着脱贫攻坚战取得全面胜利,农村进入乡村振兴战略全面推进阶段,尤其是"数字乡村"概念的提出,信息赋能乡村发展的重要性越来越被重视。国家层面,2019 年 5 月颁布的《数字乡村发展战略纲要》,对数字乡村有了明确的界

---

① 邵建功.工会法全书[M].北京:经济日报出版社,1995:545.
② 汤爱民.大整合:21 世纪中国综合发展战略建言[M].北京:中国经济出版社,2000:438.
③ 谢阳群,汪传雷.数字鸿沟与信息扶贫[J].情报理论与实践,2001,(6):426—430.
④ 雷香花.信息扶贫浅谈[J].中国图书馆学报,2003,(1):97—98.
⑤ 谢俊贵.社会信息化过程中的信息分化与信息扶贫[J].情报科学,2003,(11):1138—1141.
⑥ 李锦.数字鸿沟与信息扶贫[J].现代情报,2006,(3):36—38.
⑦ 乔海程.农村贫困地区信息扶贫问题研究[D].北京邮电大学,2017:7.

定:"数字乡村是伴随网络化、信息化和数字化在农业农村经济社会发展中的应用,以及农民现代信息技能的提高而内生的农业农村现代化发展和转型进程,既是乡村振兴的战略方向,也是建设数字中国的重要内容。"同时,其布置了"加快乡村信息基础设施建设""发展农村数字经济""建设智慧绿色乡村""深化信息惠民服务""激发乡村振兴内在动力""推动网络扶贫向纵深发展""强化农业农村科技创新供给""繁荣发展乡村网络文化""推进乡村治理能力现代化""统筹推动城乡信息化融合发展"等重点任务。数字乡村强调以数字经济的发展为基础,将现代信息网络作为重要的载体,借助现代信息技术的推动,重构乡村经济发展的一种手段、状态和过程。① 信息技术是数字乡村的重要基础,是数字乡村建设的主要推动力。但是,技术并非构成数字乡村的唯一因素,还需要其他各要素、各主体的协调配合。"数字"不应被简单地"移植"进乡村社会,更应在"扶智"过程中提升农民运用"数字"的能力,从而带动更多数字要素的协同发展。②

二、信息赋能存在的问题和改进措施

随着社会深度媒介化和数字乡村建设的推进,数字媒介以物理介质和价值观念渗透的方式嵌入乡土社会运行各个环节,成为影响乡村信息传播和社群连接的关键媒介和新型基础设施。③ 国内学者多从下述方面开展研究:政治层面,聚焦基层政府如何利用信息赋能提升政策传播效能,创新社会治理方式。经济层面,关注信息赋能如何推动农村产业升级转型、培育新型农民职业群体。④ 文化层面,探讨数字媒介的盛行如何维系乡村文化传统,加大公共文化资源供给,重构文化生活新秩序。⑤ 其他研究也日益兴盛,如信息传播手段和

① 王胜,余娜,付锐.数字乡村建设:作用机理、现实挑战与实施策略[J].改革,2021,(4):45—59.
② 武嘉瑄,范森杰,孟亦茹.关于我国数字乡村研究的文献综述[J].农村经济与科技,2023,34(13):174—177.
③ 李树,王胤琦.乡村振兴中数字媒介技术实践价值与路径[J].中国出版,2022,(24):33—37.
④ 吕永岽.直播助农初级模式及其升级路径探析[J].当代电视,2021,(9):26—29.
李练军.互联网嵌入、资源获取与新农人创业成长绩效[J].华南农业大学学报(社会科学版),2024,23(1):76—87.
⑤ 刘天元,王志章.稀缺、数字赋权与农村文化生活新秩序——基于农民热衷观看短视频的田野调查[J].中国农村观察,2021,(3):114—127.
王鸣捷,白汶龙.乡村体育文化的新媒体传播与治理——基于"村超"的田野考察[J].现代传播(中国传媒大学学报),2024,(1):161—168.

工具如何对乡村信息流动的特征、模式及效果产生影响,①从实践层面探究农民如何利用数字媒介维系社会资本、促进互惠交换、获取公共服务、参与社区活动等。②

　　在媒介化逻辑驱动下,政治核心功能越发依赖媒介,学界开始探讨现代政治秩序运行中媒介对治理策略和范式的影响,两者互构催生了"媒介化治理"的概念,即媒介能作为元力量和行动者,依据公共价值在深度媒介化时代参与国家治理现代化进程,推动构建社会治理共同体。③ 主体视角关注信息赋能如何重建多元主体的可沟通关系,建设性化解主体矛盾,让弱势群体获得新的社会角色与身份,激发主体内生动力,破除群体区隔,重构社会认同。④ 技术视角聚焦信息传播技术重建乡村部落场景的技术逻辑,以及乡村数字治理中涌现的技术主义倾向和认识误区。⑤ 功能视角探讨数字媒介变革如何重构乡村治理秩序和乡土公共性,强化村民之间的社会关联,通过培育网络公共空间促使村民以媒介协商方式参与公共事务,型塑合作治理格局,⑥驱动乡村治理体系网络化建设,保障乡村流动人口的治理权,凸显乡村治理的包容性。⑦

① Rusten G, Skerratt S. Information and Communication Technologies in Rural Society［M］. Routledge, 2007.
② Thompson J. Watching together: Local Media and Rural Civic Engagement［J］. Rural Sociologist, 2021, 86(4): 938 - 967.
　　Mehmet M, Roberts R, Nayeem T. Using Digital and Social Media for Health Promotion: A Social Marketing Approach for Addressing Co-morbid Physical and Mental Health［J］. Australian Journal of Rural Health, 2020, (2): 149 - 158.
③ Mazzoleni G, Schulz W. "Mediatization" of Politics: A Challenge for Democracy? ［J］. Political Communication, 1999, (3): 247 - 261.
　　侯迎忠,玉昌林.媒介共治:媒介化治理的学理脉络、本土演进与研究空间［J］.现代传播(中国传媒大学学报),2024,46(1):84—91.
④ 刘锦程,王渝志.新媒体赋权与城乡分化的重塑——基于尚村"快手下乡"的个案分析［J］.新闻与传播评论,2020,73(5):46—54.
　　沙垚.可沟通关系:化解乡村振兴多元主体关系的内在张力——基于 A 县的田野观察［J］.新闻与传播研究,2023,30(8):80—95.
⑤ 郑素侠,杨家明.云端的连接:信息传播技术与乡村社会的"重新部落化"［J］.现代传播(中国传媒大学学报),2021,43(5):20—26.
　　张雅勤.乡村数字治理中技术主义倾向:浮现与防范［J］.南京农业大学学报(社会科学版),2023,23(3):73—83.
⑥ 李红艳,韩芸.以"一"贯之:社会化媒体视野下乡村治理秩序的重构［J］.现代传播(中国传媒大学学报),2020,42(3):52—58.
　　牛耀红.媒介化协商共治:一种成长中的全过程人民民主实践路径［J］.新闻与传播研究,2023,30(11):5—22.
⑦ 何阳,汤志伟.互联网驱动的"三治合一"乡村治理体系网络化建设［J］.中国行政管理,2019,(11):69—74.

　　尽管信息扶贫以及随后提出的信息赋能理念近年来逐渐受到重视,但仍存在不少问题,如主体单一,过分依赖于政府,其他社会力量参与不足;忽视信息资源建设和农民信息能力的提高;政策评估制度不完善等。[①] 目前,各级图书馆承担了很多具体工作。但从实践情况看,其管理体系尚未明确,主要是参与乡村文化建设,通过捐赠报纸杂志图书、帮助扩改建农家书屋、村文化活动室,捐赠电脑、多媒体等设备等,忽视乡村信息人才的培养等问题。同时,缺少资金也是很多图书馆进行相关工作时遇到的现实问题,再加上精力有限,无法精准区分受众,大大限制了图书馆功能的发挥。[②]

　　针对这些问题,学者们提出了各自的解决方案。早期的对策关注农民信息意识和信息能力的提升、农村信息网络建设以及各种实用信息资源的搜集发布。有学者建议政府加强对企业竞争情报工作的引导、增强农业信息化投入、科技信息机构开展有针对性的服务以及重视信息人才的培训和引进。[③] 此后,随着信息技术的发展,有学者提出除了要进一步提高信息基础设施利用率和信息资源建设水平、加强群众对信息供给方式转变的认识、提升信息素养外,也要结合电商扶贫等新形式开展,[④]呼吁要高度重视和大力促进电子商务。[⑤] 郑素侠等针对农村居民"小世界"的特征,提出利用代际传播促进贫困家庭的数字反哺,强化村里"能人"的信息传播能力和重视广播在信息扶贫中的传播效果。[⑥] 她还建议信息化部门与扶贫部门通力合作,绘制信息贫困地图,为信息贫困的精准识别和分类施策提供决策依据。[⑦] 乔海程认为,解决农村贫困地区的信息缺失,需要多管齐下,包括改善优化信息化建设环境,积极提升贫困地区经济发展水平;健全扶农惠农信息服务体系,提升信息化服务能力,加强培训引导,转变农民发展观念等。[⑧] 也有学者受"精准扶贫"启发,提出在信息扶贫中

① 迪莉娅.我国信息扶贫政策问题及对策研究[J].兰台世界,2010,(10):30—31.
② 李林.高职高专院校图书馆参与信息扶贫的现状与发展[J].科技创新与生产力,2021,(8):63—66.
③ 张继泽.贵州信息年鉴2006[M].贵阳:贵州科技出版社,2006:235—236.
④ 熊凌.贵州省黔东南州台江县信息贫困现状与信息扶贫策略研究[D].云南大学,2020:46—48.
⑤ 汪向东,王昕天.电子商务与信息扶贫:互联网时代扶贫工作的新特点[J].西北农林科技大学学报(社会科学版),2015,15(4):98—104.
⑥ 郑素侠,张天娇."小世界"中的信息贫困与信息扶贫策略——基于国家级贫困县民权县的田野调查[J].当代传播,2019,(4):49—53.
⑦ 郑素侠,宋杨.空间视野下我国信息贫困的分布特征与政策启示[J].现代传播(中国传媒大学学报),2019,41(7):21—27.
⑧ 乔海程.农村贫困地区信息扶贫问题研究[D].北京邮电大学,2017:34—38.

同样要贯穿"精准"的思路,从是否贫困人群、文化程度两个维度出发,区分了四种信息扶贫对象,要结合他们的信息意识,采用多样化的信息扶贫方式,应用大数据和"互联网＋"助力扶贫产业发展。[①]

通过文献梳理可以看出,尽管在信息扶贫/信息赋能领域,学者们取得了一定的成果,为后续研究提供了诸多启发,但仍存在一些不足。主要有:第一,系统性研究较少。除了李静等以秦巴山区为对象的公共信息扶贫联动机制研究专著外,目前尚未见到其他集中讨论信息扶贫/信息赋能基本理论、驱动因素和实现途径的系统性研究。第二,缺少实证材料。大部分研究以学者的经验为主,部分研究尽管有实证材料,但仍存在相当的局限,有部分研究以硕士论文的形式呈现,研究的深度和广度需要进一步提升。第三,大部分研究过于粗糙。现有研究对农村地区信息贫困现在的特点和表征呈现不够精确,对农村地区信息传播机制的分析不够细致,所提出的信息扶贫、信息赋能乡村振兴方案不够具体。第四,现有研究多从某个视角来研究信息扶贫/信息赋能,所提出的对策建议缺乏整体性思维和顶层设计,更没有尝试为相关工作设计统一的模式。第五,信息与传播密不可分。信息扶贫/信息赋能的过程,也是信息传播的过程,对其传播主体、传播对象、传播渠道、影响传播效果的因素等研究不够。上述不足都需要后续研究进行完善。

第五节　本书的核心概念

一、信息贫困

从前文综述可知,信息贫困的内涵存在着多种理解。信息行为角度认为信息贫困是个体信息行为导致的一种贫困生活情境,重点关注环境、行为和信息贫困三者之间的关系。[②] 信息供给需求角度认为信息贫困是信息供给匮乏、信息需求不满足导致的个体或群体无法平等地获取充足的、高质量的信息的状态,[③]不

① 李林.高职高专院校图书馆参与信息扶贫的现状与发展[J].科技创新与生产力,2021,(8):63—66.
② 张小倩,张月琴,杨峰.国内外信息贫困研究进展:内涵阐释、研究设计及内容综述[J].图书馆论坛,2018,(8):24—32.
③ Shen L. Out of Information Poverty: Library Services for Urban Marginalized Immigrants[J]. Urban Library Journal, 2013, 19(1): 1 - 12.

仅关注信息的量,还强调其质。^① 这一视角的研究同时关注信息主体,发现信息贫困与个人的识字水平、信息素养等内因有关。^② 经济贫困角度则将信息贫困视为经济贫困的产物,认为信息贫困是人们受经济贫困影响无法占有信息资源且无法利用信息技术设备来满足自身发展的一种信息边缘化状态。^③

综合上述观点,本书认为农村居民的信息贫困是指,个人或群体受制于自身和外部因素,缺乏足够的信息意识和信息能力,无法使用现代化的信息工具来有效地获取、解释、利用和分享信息的状态,致使信息实践活动受阻,信息资本缺失,处于信息边缘化状态。信息贫困是人的基本可行信息能力的被剥夺。

二、农村地区信息赋能

文献梳理发现,信息贫困不仅由外部信息环境造成,也和个人的信息意识、信息能力息息相关。因此,信息赋能,除了外部的各种帮扶所形成的"拉力"外,更需要来自帮扶者的内生性"推力",需要赋能对象与赋能主体共同分享信息赋能资源的配置、使用的决策过程,形成较好的过程合作和分享机制。这个理念,与扶贫领域的"参与式扶贫"理念较为接近。

根据上述理念,结合前人研究,本书认为,农村地区的信息赋能是政府和社会在精准研判农村居民特点基础上,通过完善乡村信息基础设施、提供丰富的信息资源、推广信息技术以及开展各种针对性的信息活动,激发农村居民的可行信息能力^④,利用数字化手段来改善他们的生活状态和提升生产效率的过程。这是以提升农村居民的信息意识和信息能力为核心目标的发展方式。

---

① Akhtar S, Melesse M. Africa, Information and Development: IDRC's Experience[J]. Journal of Information Science, 1994, 20(5): 314 - 322.
② Britz J J. To Know or Not to Know: A Moral Reflection on Information Poverty[J]. Journal of information science, 2004, 30(3): 192 - 204.
③ 孙贵珍.河北省农村信息贫困问题研究[D].河北农业大学,2010:15.
④ 可行信息能力概念见第二章 P38。

第二章
农村居民信息多维贫困的测评

上一章介绍了信息贫困相关理论,对农村地区信息贫困、农村地区信息传播、信息扶贫等核心概念进行了文献综述。信息赋能的前提是精准识别出各类信息群体,尤其是信息贫困人群。本章将以多维相对贫困理论为依托,聚焦信息贫困的精准识别和测量,设计一套高质量的农村居民信息多维贫困指标体系并完成实证测评,把握中西部地区农村居民信息贫困现状,比较不同人群在信息贫困方面的差异,从个人特征、经济资本、社会资本和信息资本分析造成信息贫困的原因。

第一节　农村居民信息多维贫困
指标体系构建

阿马蒂亚·森提出的能力贫困理论强调发展对个人的重要性。可行能力是人们实现各种可能的功能性活动组合的实质自由,而贫困是对基本可行能力的剥夺。[①] 樊振佳等基于可行能力途径、信息能力和个人信息世界等理论,关注信息效用和自由,提出"可行信息能力",其指信息主体满足自身信息需求的实质自由。可行信息能力包括信息感知、获取、甄别、利用等方面的功能性活动,和个体的信息意识、信息技能、可用资本密切相关。[②] 可行信息能

---

① ［印］阿玛蒂亚·森.以自由看待发展[M].任赜,于真,译.北京:中国人民大学出版社,2002:85—88.
② 樊振佳,程乐天.可行信息能力:一个信息分化问题学术概念的构建与阐释[J].图书情报工作,2017,(13):19—30.

力是信息贫困理论同多维贫困理论的结合点,有助于从相对贫困的视角理解信息贫困。

基于我国农村的现实情况,从"可行信息能力"出发,充分考虑代表性、全面性、可获得性、独立性、经济性等原则,本书设计了一套测量农村居民信息多维贫困的指标体系,反映农村居民在个人与社会,内部支持与外部支持的交互作用下,在信息实践中所能体现的实质性自由。该指标体系共有四个维度:其内部支持层面,信息认知和信息能力体现了农村居民理解、获取和利用信息的能动性;其外部支持层面,信息服务和信息硬件反映了农村居民享有农村社会环境和信息环境所提供的信息支持的可能性。每个维度有三个指标,具体如下。

维度一:信息认知贫困,体现为农村居民在知晓、理解各类信息方面存在的不足。其具体含三个指标:①"政策信息认知"指受访者认为自己对国家近年来颁布的支持农村发展、改善农村环境、提高农民收入和生活水平的各种倾斜和优惠政策的理解水平。②"生产信息认知"指受访者认为自己对农业生产经营信息的理解水平。③"生活信息认知"(以健康类信息为例),指受访者认为自己对生活场景中和农村居民关联度最紧密的信息的理解水平。问卷用五点李克特量表测量。指标的临界值方面,在"完全不同意、比较不同意、一般、比较同意、完全同意"五项中,如果受访者选择"完全不同意、比较不同意、一般"这三项,则说明他在某一类信息的认知水平较低,在该指标上处于贫困状态。

维度二:信息能力贫困,体现为农村居民在获取和利用信息的能力方面存在的不足。其具体含三个指标:①"信息渠道利用能力"反映了受访者获取信息的渠道多样性,提供了报纸杂志、电视广播、手机/网络、亲朋好友、村委村干部等多种信息渠道。如果受访者获取信息的渠道越多,他就更可能接收到高质量的信息。指标的临界值,如果受访者日常仅从一种渠道获取信息,那么他在该指标上处于贫困状态。②"信息检索能力"反映了受访者查询和获取信息的能力。当前,互联网是应用范围最广的检索工具。指标的临界值,如果受访者不具备基本的互联网检索能力,则无法在互联网上查询到他们想了解的信息,在该指标上处于贫困状态。③"数字公共服务能力"反映了受访者利用互联网办理公共服务事项的能力,如申请补助、办证件等,如果受访者不具备这项能力,则在该指标上处于贫困状态。

维度三:信息服务贫困,体现为农村居民和对农传播主体的社交联系、社群联系以及享有信息服务方面存在的不足。农村最主要的传播主体是基层服务人员,该维度含三个指标:① "信息人员联系"反映了农村居民和对农传播人员之间的联系。② "信息社群联系"反映了农村居民从外部社群可能获取的信息支持。考虑到当前农村居民除了面对面交谈外最常用的联系工具就是微信,以微信为代表的社会化媒体嵌入农村社会后,在原有的"实体型公共空间"外开辟了基于移动互联网形成的"虚拟型公共空间"。① 因此通过"是否添加村组干部、扶贫干部微信""是否加入村务群、扶贫微信群"测量该指标,如果没有,则说明他在该指标上处于贫困状态。③ "信息机构服务"反映了农村居民所生活的村庄向他们提供信息服务的能力,如果周边信息机构没有向受访者提供信息服务,则说明他在该指标上处于贫困状态。

维度四:信息硬件贫困,体现为农村居民的家庭及所处村庄的信息基础设施所存在的不足。该维度含三个指标:① "移动信息设备"反映了农村居民家庭信息设备的情况。与电脑相比,手机是农村居民更为常用的信息设备,采用户均移动电话的数量测量受访者家庭移动信息设备拥有的情况。根据国家统计局 2019 年发布的《新中国成立 70 周年经济社会发展成就报告》,2018 年我国农村居民每百户拥有的移动电话数量为 257 部,② 即户均 2.57 部,问卷的收集时间为 2019 年至 2020 年,因此以 2.57 部作为该指标的临界值,低于 2.57 部则意味着处于贫困状态。② "网络基础设施"用"家庭是否接入宽带"衡量,如果受访者家中没有接入宽带,则在该指标上处于贫困状态。③ "信息机构规模"用来测量受访者所处村庄的信息机构发展程度,如果受访者周边信息机构不完备,他认为没有任何信息机构向他提供服务,则在该指标上处于贫困状态。

指标体系结合了"双重场景"——生活场景和生产场景、线上场景与线下场景,从主体贫困和环境贫困两个视角出发,既包括了作为内部信息支持的信息

---

① 郭明.虚拟型公共空间与乡村共同体再造[J].华南农业大学学报(社会科学版),2019,(6):130—138.

② 国家统计局.农村经济持续发展　乡村振兴迈出大步——新中国成立 70 周年经济社会发展成就系列报告之十三[EB/OL].(2019 - 08 - 07)[2022 - 07 - 23]. http://www.stats.gov.cn/sj/zxfb/202302/t20230203_1900407.html.

认知和信息能力,也包括了作为外部支持的信息服务和信息硬件,能够较为全面地测量受访者的信息多维贫困情况。

在测量设计中常用的赋权方法有等权重法、主成分分析法、熵值法等,不同赋权方法各有长短。就本书而言,首先,在测评过程中,所有指标都转换为 0 或 1 的虚拟变量,熵值法主要用来判断维度或指标间的离散程度,故该赋权法不适用于本书。在计算指标间的相关系数后发现,各指标间的相关性较小,不少指标间的相关系数低于 0.1,如表 2-1 所示,而主成分分析法的前提条件就是维度或指标间的相关系数较大,因此,主成分分析法也不适用于本书。最后,虽然等权重法的弊端在于默认各维度或各指标对指数的影响效应相同,但由于本书拟采用的双临界值法的突出优势在于它对权重并不敏感,结合数据的实际情况并参考其他学者的相关研究,本书最终采用等权重法为各指标赋权。等权重法又可分为等指标权重法和等维度权重法,考虑到本书中各个维度的指标数一样,[①]采用等指标权重法,赋予每个指标同样的权重 1/12,最终设计的农村居民信息多维贫困指标体系如表 2-2 所示。

表 2-1　农村居民信息多维贫困指标相关系数检验

指标	I1	I2	I3	I4	I5	I6	I7	I8	I9	I10	I11
I2	0.473										
I3	0.462	0.421									
I4	−0.008	0.019	0.057								
I5	−0.046	−0.026	0.006	0.088							
I6	0.020	0.053	0.069	0.102	0.261						
I7	0.232	0.197	0.236	0.083	0.120	0.093					
I8	0.237	0.209	0.262	0.076	0.096	0.102	0.637				

① 彭继权.新型城镇化背景下农民工多维贫困动态性研究[M].北京:中国财政经济出版社,2021:49—50.

（续表）

指标	I1	I2	I3	I4	I5	I6	I7	I8	I9	I10	I11
I9	0.179	0.178	0.138	0.101	0.027	0.034	0.226	0.237			
I10	0.081	0.062	0.006	0.025	0.087	0.115	0.163	0.101	0.042		
I11	0.111	0.099	0.084	−0.013	0.173	0.099	0.225	0.170	0.079	0.257	
I12	0.174	0.190	0.200	0.030	0.051	0.032	0.235	0.233	0.265	0.092	0.146

表 2－2　农村居民信息多维贫困指标体系

维度	指　　标	定　义　和　临　界　值	权重
认知	I1. 政策信息认知	对各项惠农政策的了解程度,无法或难以理解赋值为1,其他为0	1/12
	I2. 生产信息认知	对农业生产信息的了解程度,无法或难以理解赋值为1,其他为0	1/12
	I3. 生活信息认知	对生活类信息的了解程度,无法或难以理解赋值为1,其他为0	1/12
能力	I4. 信息渠道利用能力	利用多信息渠道的能力,仅从单渠道获取信息赋值为1,否则为0	1/12
	I5. 信息检索能力	通过互联网检索信息的能力,不具备赋值为1,其他为0	1/12
	I6. 数字公共服务能力	通过互联网办理政务服务的能力,不具备赋值为1,其他为0	1/12
服务	I7. 信息人员服务	对农传播人员的服务情况,未添加干部微信赋值为1,其他为0	1/12
	I8. 信息社群服务	对农传播社群的服务情况,未进入村政微信群赋值为1,其他为0	1/12
	I9. 信息机构服务	周边信息机构提供信息服务情况,未提供赋值为1,其他为0	1/12

（续表）

维度	指　标	定　义　和　临　界　值	权重
硬件	I10. 家庭移动设备	户均移动电话的数量,低于 2.57 部/户赋值为 1,其他为 0	1/12
	I11. 家庭网络设施	家庭接入互联网的情况,没有接入宽带赋值为 1,其他为 0	1/12
	I12. 信息机构规模	村庄信息机构的建设情况,无任何信息机构赋值为 1,其他为 0	1/12

第二节　农村居民信息多维贫困实证测评

一、测评方法：双临界值法

贫困研究是一个相对成熟的领域,科学的贫困测度方法要符合贫困公理,这些贫困公理互相独立,并且可以互相推导。与单维贫困相比,多维贫困的贫困公理更为完善,包括聚焦性公理、标准化公理、复制不变性公理、对称性公理等。多维贫困的测量方法分为非公理化方法和公理化方法：人类发展指数（Human Development Index,HDI）和人类贫困指数（Human Poverty Index,HPI）是通过非公理化方法测量的贫困指数,Watts 多维贫困指数、Tsui 贫困综合指数、多维贫困指数（Multidimensional Poverty Index,MPI）是通过公理化方法测量的贫困指数。[1] 其中,牛津贫困与人类发展中心的阿尔基尔（Sabina Alkire）和福斯特（James Foster）提出的"双临界值多维贫困测评法"（简称"A-F法"）是多维贫困测量的主流方法,在经济学、社会学的贫困研究中得到广泛应用。[2] 在信息贫困研究中,刘宇等人用 A-F 法测量了秦巴山区科技信息多

---

[1] 庄天慧,杨浩,蓝红星.多维贫困与贫困治理[M].长沙：湖南人民出版社,2018：78—79.
[2] Alkire S, Foster J. Counting and Multidimensional Poverty Measurement [J]. Journal of Public Economics, 2007, (7-8)：476-487.

维贫困的情况。[①]

A-F法是在双重维度和双重临界值的基础上识别贫困。多维贫困指标体系有多个维度：基于维度内各指标的临界值，研究者可以识别个体在各个贫困指标上是否处于贫困状态；基于维度外的综合临界值，研究者可以基于计算的多维贫困指数进一步判断个体是否处于多维贫困状态，在何种程度上"被剥夺"。A-F法的优点有三点。第一，在贫困识别和指数合成上，程序更加简单明确，便于研究者和读者理解。第二，指标的选择更为灵活，对指标权重并不敏感，这样能尽可能避免由于指标权重设置不合理带来的负面影响，使结果更为稳健。第三，基于双临界值识别的多维贫困指数对贫困剥夺的联合分布更为敏感，多维贫困指数能根据维度、指标、主体特征进行分解，有助于更为精准地把握贫困的多元特征，找到解决贫困问题的"短板"。[②] 具体过程如下。

第一步，构建观测矩阵并识别指标贫困状态。$X_{n \times m}$ 为所有样本值构成的观测矩阵，n 为样本个数，m 为指标个数。对于个体 i，当其在某一指标上的取值小于临界值时，意味着个体 i 在该指标上处于贫困状态，最终观测矩阵将被重新定义为各元素为 0 或 1 的剥夺矩阵。

第二步，识别总体多维贫困状态。通过公式 $C_i = \sum_{j=1}^{m} w_j g_{ij}$ 计算个体 i 的总剥夺得分，临界值为 k，如果 $C_i \geqslant k$，则个体 i 是信息多维贫困者，此时总剥夺得分为 C_i，如果 $C_i < k$，说明该个体在临界值 k 上不是信息多维贫困者，此时总剥夺得分为 0。

第三步，计算信息多维贫困发生率、平均剥夺份额、信息多维贫困指数。信息贫困发生率（H）为信息多维贫困总人数（q）占样本总人数（n）的比重 $H = q/n$，能够衡量信息贫困的广度。平均剥夺份额（A）通过所有样本在水平 k 上的总剥夺得分之和除以信息多维贫困总人数计算，用来衡量信息贫困的深度。信息多维贫困指数 M_0 是由信息贫困广度与深度共同构成的综合指数：

$$M_0 = \frac{q}{n} \times \frac{\sum_{i=1}^{n} C_i(k)}{q},$$

① 刘宇,杨志萍,陈漪红,等.我国科技信息多维贫困测度指标与实证研究[J].图书情报工作,2021,(4)：3—12.
② 庄天慧,杨浩,蓝红星.多维贫困与贫困治理[M].长沙：湖南人民出版社,2018：78—79.

第四步,进行维度(指标)、样本属性的分解。P_j 用来衡量指标 j 对总体信息多维贫困指数的贡献,公式为 $P_j = \dfrac{M_{0j}}{M_0} = \dfrac{q_j \times w_j}{n \times M_0}$,$q_j$ 指在临界值 k 上处于信息多维贫困状态的个体中,在维度 j 上处于贫困状态的人数,w_j 是指标 j 的权重。

A—F法符合子群可分性公理,因此还可以计算不同个体特征的群体对总体信息多维贫困指数的贡献。贡献不仅取决于不同群体的人数占比,还取决于该群体的贫困程度高低。[①] 如按照个体特征将样本划分为两个不同的矩阵 a 和 b,则:

$$M(a, b; z) = \frac{n(a)}{n(a, b)} M(a; z) + \frac{n(b)}{n(a, b)} M(b; z)$$

以组别 a 为例,组别 a 在临界值 k 上对信息多维贫困指数的贡献为:$P_a = \dfrac{n_a}{n} \times \dfrac{M_a(k)}{M(k)}$。

二、数据来源及基本情况

郑素侠和宋杨在分析国家信息中心发布的信息社会发展测评数据后发现,在我国,信息贫困和物质贫困的空间分布规律基本一致,集中在中西部地区。[②] 2019 年 8 月至 2020 年 1 月,课题组在湖南省衡阳市蒸湘区、常德市汉寿县和桃源县,安徽省六安市金寨县、黄山市歙县,河南省许昌市鄢陵县,南阳市方城县,宁夏回族自治区固原市原州区和西吉县,贵州省遵义市红花岗区,西藏自治区林芝市巴宜区的农村地区开展问卷调查,即"六省 11 县调查",具体的调查实施过程参见绪论。"六省 11 县调查"的 1 284 份有效样本中,除去部分缺失值,最终有 1 047 份样本在上述所有指标上的数据完整,可以用于信息多维贫困测评。其中,三个中部省份的问卷占 60.36%,三个西部省份的问卷占39.64%;男性占 60.35%,女性占 39.65%;学历为小学及以下占 19.67%,初中占 36.82%,高中/中专/技校/职高占 27.03%,大专及以上占 16.47%。调查时,尚有 11.97% 的受访者家庭未建档立卡贫困户,8.45% 的受访者家庭曾是贫困

① 张全红,周强.中国农村多维贫困的动态变化:1991—2011[J].财贸研究,2015,(6):22—29.
② 郑素侠,宋杨.空间视野下我国信息贫困的分布特征与政策启示[J].现代传播(中国传媒大学学报),2019,(7):21—27.

户但已脱贫,两者合计20.42%。

三、各指标贫困发生率情况

(一)总体情况

表2-3为全部样本在各指标上的贫困发生率。贫困发生率较高的指标有"数字公共服务能力""信息机构服务""信息社群服务""信息人员服务"4项,都超过了50%。其中"数字公共服务能力"的贫困发生率最高,为79.27%,样本中仅有20.73%的农村居民有能力办理网络政务服务。服务维度的3个指标中,"信息机构服务"的贫困发生率也很高,达到了71.63%,说明在农村居民周边的信息机构中,向他们提供信息服务的机构不多。"信息社群服务"和"信息人员服务"的贫困发生率分别为58.64%和53.30%,意味着仍有大部分农村居民没有加入对农信息传播的互联网社群,也没有和主要传播者在社会化媒体上建立紧密联系。排名第5至第10的指标依次为"政策信息认知"(47.56%)、"信息机构规模"(39.45%)、"生产信息认知"(38.68%)、"信息检索能力"(38.11%)、"生活信息认知"(36.49%)、"家庭移动设备"(33.14%),以上指标的贫困发生率均超过了三成。贫困发生率在30%以下的指标分别是"家庭网络设施"和"信息渠道利用能力",分别为27.51%和21.01%,说明农村居民对网络和多元信息渠道有较高的可及性。

表2-3　农村居民信息多维贫困各指标贫困发生率

维　度	指　标	总体(%)	排　序
认知	政策信息认知	47.56	5
	生产信息认知	38.68	7
	生活信息认知	36.49	9
能力	信息渠道利用能力	21.01	12
	信息检索能力	38.11	8
	数字公共服务能力	79.27	1

（续表）

维 度	指 标	总体(%)	排 序
服务	信息人员服务	53.30	4
	信息社群服务	58.64	3
	信息机构服务	71.63	2
硬件	家庭移动设备	33.14	10
	家庭网络设施	27.51	11
	信息机构规模	39.45	6

（二）地区比较

表 2-4 是分地区比较结果。研究发现，不同地区农村居民在各指标上的贫困发生率差异较大。分地区看，西部地区，有 7 个指标的贫困发生率都在 50% 以上，由高到低分别是"数字公共服务能力"（80.48%）、"信息机构服务"（78.07%）、"信息人员服务"（67.47%）、"信息社群服务"（67.23%）、"政策信息认知"（64.10%）、"信息机构规模"（59.52%）、"生产信息认知"（54.46%），其中"数字公共服务能力"和"信息机构服务"的贫困发生率都超过了 75%，说明超四分之三的西部受访者在这两个指标上处于贫困状态。"家庭移动设备"（46.99%）、"生活信息认知"（45.54%）、"信息检索能力"（40.72%）、"家庭网络设施"（40.72%）的贫困发生率也超过了 40%，只有"信息渠道利用能力"的贫困

表 2-4 不同地区农村居民信息多维贫困各指标贫困发生率及比较

维度	指 标	西部(%)	排序	中部(%)	排序	西部－中部(%)
认知	政策信息认知	64.10	5	36.71	5	27.39
	生产信息认知	54.46	7	28.32	8	26.14
	生活信息认知	45.54	9	30.54	7	15.00

（续表）

维度	指　标	西部(%)	排序	中部(%)	排序	西部—中部(%)
能力	信息渠道利用能力	16.39	12	24.05	10	−7.66
	信息检索能力	40.72	10	36.39	6	4.33
	数字公共服务能力	80.48	1	78.48	1	2.00
服务	信息人员服务	67.47	3	43.99	4	23.48
	信息社群服务	67.23	4	53.01	3	14.22
	信息机构服务	78.07	2	67.41	2	10.66
硬件	家庭移动设备	46.99	8	24.05	10	22.94
	家庭网络设施	40.00	11	19.30	12	20.70
	信息机构规模	59.52	6	26.27	9	33.25

发生率较低,为16.39%。中部地区的情况好于西部地区,"数字公共服务能力"(78.48%)、"信息机构服务"(67.41%)、"信息社群服务"(53.01%)3个指标的贫困发生率高于50%,大部分指标的贫困发生率在20%~40%之间。和西部地区不同,中部地区贫困发生率最低的指标是"家庭网络设施",贫困发生率为19.30%。

　　对比中西部地区数据后发现,只有在"信息渠道利用能力"这个指标上,中部地区的贫困发生率高于西部地区,其他11个指标都呈现了"西高中低"的特征。分维度看,硬件和认知维度指标间的差值较大,能力维度的差值较小。其中,西部农村居民在大部分指标上的贫困发生率都高于中部农村居民20%以上,"信息机构规模"(33.25%)、"政策信息认知"(27.39%)、"生产信息认知"(26.14%)3项指标的差值较突出。

四、不同个体特征农村居民信息多维贫困各指标贫困发生率

（一）性别比较

　　表2−5为不同性别农村居民信息多维贫困各指标的贫困发生率及比

较结果。从整体上看,女性农村居民有更多指标的贫困发生率高于男性农村居民。分群体看,女性农村居民中,有 5 个指标的贫困发生率在 50% 以上,由高到低分别是"数字公共服务能力"(78.40%)、"信息机构服务"(76.46%)、"信息社群服务"(65.78%)、"信息人员服务"(59.95%)、"政策信息认知"(57.04%),其中超四分之三的女性受访者在"数字公共服务能力"和"信息机构服务"2 个指标上处于贫困状态。"生活信息认知"(44.17%)、"生产信息认知"(41.99%)、"信息机构规模"(41.75%)、"信息检索能力"(33.50%)、"家庭移动设备"(32.52%)、"家庭网络设施"(25.73%)的贫困发生率都在 25%～50% 之间。"信息渠道利用能力"的贫困发生率最低,为 16.75%。男性农村居民中,"数字公共服务能力"(79.59%)、"信息机构服务"(68.58%)、"信息社群服务"(53.91%)3 个指标的贫困发生率高于 50%,其余指标的贫困发生率低于 50%。和女性群体一样,男性群体贫困发生率最低的指标也是"信息渠道利用能力",为23.60%。

表 2-5　不同性别农村居民信息多维贫困
各指标贫困发生率及比较

维度	指　　标	女性(%)	排序	男性(%)	排序	女性—男性(%)
认知	政策信息认知	57.04	5	41.31	5	15.73
	生产信息认知	41.99	7	36.20	8	5.79
	生活信息认知	44.17	6	31.26	10	12.91
能力	信息渠道利用能力	16.75	12	23.60	12	−6.85
	信息检索能力	33.50	9	40.67	6	−7.17
	数字公共服务能力	78.40	1	79.59	1	−1.19
服务	信息人员服务	59.95	4	48.80	4	11.15
	信息社群服务	65.78	3	53.91	3	11.87
	信息机构服务	76.46	2	68.58	2	7.88

（续表）

维度	指　　标	女性(%)	排序	男性(%)	排序	女性－男性(%)
硬件	家庭移动设备	32.52	10	33.49	9	－0.97
	家庭网络设施	25.73	11	28.55	11	－2.82
	信息机构规模	41.75	8	37.96	7	3.79

对比不同性别的农村居民后发现，有7个指标呈现了"女高男低"的特征，包括认知和服务维度的所有指标。其中，"政策信息认知"（15.73%）、"生活信息认知"（12.91%）、"信息社群服务"（11.87%）、"信息人员服务"（11.15%）4个指标的差值相对较大，都超过了10%，硬件维度的"信息机构规模"差值最小，女性高于男性3.79%。另外，有5个指标呈现了"男高女低"的特征，包括能力维度的所有指标，指标差值都低于10%，其中"信息检索能力"的差值最大，为7.17%，"家庭移动设备"的差值最小，仅有0.97%。

（二）婚姻状况比较

表2-6为不同婚姻状况农村居民信息多维贫困各指标的贫困发生率及比较结果。从整体上看，未婚农村居民有更多指标的贫困发生率高于已婚农村居民。未婚人群中，大部分指标的贫困发生率都在50%以上，由高到低分别是"信息机构服务"（82.14%）、"信息社群服务"（72.14%）、"数字公共服务能力"（67.14%）、"政策信息认知"（65.00%）、"信息人员服务"（65.00%）、"生活信息认知"（56.43%）、"生产信息认知"（52.14%）。另外，"信息渠道利用能力"（23.57%）、"信息检索能力"（18.57%）、"家庭移动设备"（16.43%）这3个指标的情况相对较好，贫困发生率低于25%。和未婚群体相比，已婚群体中贫困发生率高于50%的指标数量更少，有以下4个："数字公共服务能力"（81.12%）、"信息机构服务"（69.83%）、"信息社群服务"（56.42%）、"信息人员服务"（51.51%）。另有7个指标的贫困发生率为25%～50%，"信息渠道利用能力"的贫困发生率最低，为20.45%。

表 2 − 6　不同婚姻状况农村居民信息多维
贫困各指标贫困发生率及比较

维度	指　　标	未婚(%)	排名	已婚(%)	排名	未婚—已婚(%)
认知	政策信息认知	65.00	4	45.14	5	19.86
	生产信息认知	52.14	7	36.98	8	15.16
	生活信息认知	56.43	6	33.52	10	22.91
能力	信息渠道利用能力	23.57	10	20.45	12	3.12
	信息检索能力	18.57	11	41.34	6	−22.77
	数字公共服务能力	67.14	3	81.12	1	−13.98
服务	信息人员服务	65.00	4	51.51	4	13.49
	信息社群服务	72.14	2	56.42	3	15.72
	信息机构服务	82.14	1	69.83	2	12.31
硬件	家庭移动设备	16.43	12	35.53	9	−19.10
	家庭网络设施	32.14	9	26.70	11	5.44
	信息机构规模	45.00	8	38.44	7	6.56

对比不同婚姻状况的农村居民后发现,有 9 个指标呈现了"未婚高于已婚"的特征,包括认知和服务维度的所有指标,且这两个维度所有指标差值的绝对值都超过了 10%。在"信息渠道利用能力"上的差值最小,为 3.12%。另外,有3 个指标呈现了"已婚高于未婚"的特征,这 3 个指标贫困发生率的差值都大于10%,其中"信息检索能力"的差值最大,为 22.77%,"数字公共服务能力"的差值最小,为 13.97%。

（三）年龄比较

表 2 − 7 为不同年龄段农村居民信息多维贫困各指标的贫困发生率,所有样本的年龄均值 41.7 岁,以此为界,将样本分为低龄组和高龄组。从整体上看,低

龄组的农村居民有更多指标的贫困发生率高于高龄组的农村居民。低龄组中,有
5个指标的贫困发生率在50%以上,由高至低分别是"信息机构服务"(77.73%)、
"数字公共服务能力"(73.16%)、"信息社群服务"(65.21%)、"信息人员服务"
(58.65%)、"政策信息认知"(57.26%)。"信息机构规模"(46.12%)、"生产信息认
知"(45.73%)、"生活信息认知"(43.74%)、"家庭移动设备"(36.18%)、"家庭网络
设施"(26.84%)、"信息检索能力"(26.04%),贫困发生率都在25%~50%之间。
"信息渠道利用能力"(22.27%)的贫困发生率最低。高龄组中,贫困发生率在
50%以上的指标更少,只有以下3个:"数字公共服务能力"(84.87%)、"信息机构
服务"(65.52%)、"信息社群服务"(51.72%)。另有8个指标的贫困发生率在
25%~50%之间。"信息渠道利用能力"的贫困发生率最低,为20.50%。

表 2 - 7　不同年龄段农村居民信息多维贫困
各指标贫困发生率及比较

维度	指　　标	低龄组(%)	排名	高龄组(%)	排名	低龄—高龄(%)
认知	政策信息认知	57.26	5	37.93	6	19.33
	生产信息认知	45.73	7	30.84	8	14.89
	生活信息认知	43.74	8	28.74	10	15.00
能力	信息渠道利用能力	22.27	12	20.50	12	1.77
	信息检索能力	26.04	11	48.85	4	−22.81
	数字公共服务能力	73.16	2	84.87	1	−11.71
服务	信息人员服务	58.65	4	47.32	5	11.33
	信息社群服务	65.21	3	51.72	3	13.49
	信息机构服务	77.73	1	65.52	2	12.21
硬件	家庭移动设备	36.18	9	30.27	9	5.91
	家庭网络设施	26.84	10	27.59	11	−0.75
	信息机构规模	46.12	6	32.76	7	13.36

比较不同年龄组的农村居民后发现,有9个指标呈现了"低龄组高于高龄组"的特征,包括了认知和服务维度的所有指标,其中,认知维度指标的差值排名前三,由高到低分别为"政策信息认知"(19.33%)、"生活信息认知"(15.00%)、"生产信息认知"(14.88%)。另外,有3个指标呈现了"高龄组高于低龄组"的特征,其中"信息检索能力"的差值最大,为22.81%,"家庭网络设施"的差值最小,仅有0.75%。

（四）家庭主要职业类型比较

表2-8为不同家庭主要职业类型农村居民信息多维贫困各指标的贫困发生率及比较结果。研究发现,整体上看,家庭主要职业为务农的农村居民有更多指标的贫困发生率高于其他职业的农村居民。农户中,有4个指标的贫困发生率都在50%以上,由高到低分别是"数字公共服务能力"(82.80%)、"信息机构服务"(70.12%)、"信息社群服务"(59.43%)、"信息人员服务"(55.43%)。另有7个指标的贫困发生率在25%~50%之间,"信息渠道利用能力"的贫困发生率较低,为19.87%。家庭主要职业不是务农的农村居民中,同样也有4个指标的贫困发生率在50%以上,这4个指标的类型及其排序与家庭主要职业为务农的农村居民一样,另有6个指标的贫困发生率在25%~50%之间,从高到低分别为:"政策信息认知"(47.49%)、"信息机构规模"(42.00%)、"生产信息认知"(38.66%)、"生活信息认知"(36.75%)、"信息检索能力"(27.92%)、"家庭移动设备"(27.21%)。"信息渠道利用能力"(22.20%)和"家庭网络设施"(20.29%)的贫困发生率低于25%。

表2-8　不同家庭主要职业农村居民信息多维
贫困各指标贫困发生率及比较

维度	指　　标	农户(%)	排名	非农户(%)	排名	农户—非农户(%)
认知	政策信息认知	47.75	5	47.49	5	0.26
	生产信息认知	39.40	7	38.66	7	0.74
	生活信息认知	36.06	10	36.75	8	—0.69

（续表）

维度	指　标	农户（%）	排名	非农户（%）	排名	农户—非农户（%）
能力	信息渠道利用能力	19.87	12	22.20	11	−2.33
	信息检索能力	45.24	6	27.92	9	17.32
	数字公共服务能力	82.80	1	74.22	1	8.58
服务	信息人员服务	55.43	4	51.55	4	3.88
	信息社群服务	59.43	3	57.76	3	1.67
	信息机构服务	70.12	2	73.75	2	−3.63
硬件	家庭移动设备	36.73	9	27.21	10	9.52
	家庭网络设施	32.39	11	20.29	12	12.10
	信息机构规模	38.06	8	42.00	6	−3.94

对比农户和非农户后发现，有8个指标呈现了"农户高于非农户"的特征，其中，大部分指标的差值都低于10%，"信息检索能力"（17.32%）和"家庭网络设施"（12.10%）的差值相对较高。另外有4个指标呈现了"非农户高于农户"的特征，这4个指标都分属于不同的维度，所有差值都低于5%。

五、农村居民信息多维贫困指数测评结果

表2-9为全部样本信息多维贫困指数测度的结果及分布地区的情况，前人研究大多以$k=0.3$作为划分多维贫困状态与非多维贫困状态的标准，如前文提到的联合国开发计划署的多维贫困指数测量研究。[①] 本书采用均值得分上的概念，考虑到$0.1 \leqslant k \leqslant 0.2$区间内的变动不足以反映信息贫困的"多维"特征，$0.9 \leqslant k \leqslant 1$时，几乎不存在处于信息多维贫困情况的样本，因此，本书主要计算了$0.3 \leqslant k \leqslant 0.8$时的测度结果，同时将$0.3 \leqslant k \leqslant 0.4$区间划分为轻度多维

---

① United Nations Development Programme. Human Development Report 2010: The Real Wealth of Nations: Pathways to Human Development [EB/OL]. (2010 – 05 – 01) [2022 – 12 – 02]. http://hdr. undp.org/en/content/human-development-report-2010.

贫困,0.5≤k≤0.6 区间划分为中度多维贫困,0.7≤k≤0.8 区间划分为重度多维贫困。

表 2-9　农村居民信息多维贫困指数测度结果及分地区情况

地区	信息多维贫困测量值	k 值					
		0.3	0.4	0.5	0.6	0.7	0.8
全部	贫困发生率(H,单位:%)	73.16	63.80	51.86	23.88	12.80	5.64
	平均剥夺份额(A)	0.558	0.591	0.631	0.735	0.795	0.852
	多维贫困指数(M_0)	0.408	0.377	0.327	0.176	0.102	0.048
西部	贫困发生率(H,单位:%)	88.67	82.41	71.33	36.87	20.96	10.12
	平均剥夺份额(A)	0.596	0.616	0.647	0.743	0.801	0.855
	多维贫困指数(M_0)	0.529	0.508	0.461	0.274	0.168	0.087
中部	贫困发生率(H,单位:%)	62.97	51.58	39.08	15.35	7.44	2.69
	平均剥夺份额(A)	0.522	0.564	0.611	0.723	0.784	0.843
	多维贫困指数(M_0)	0.329	0.291	0.239	0.111	0.058	0.023

　　总体上看,k 取不同值时,农村居民信息多维贫困指数测度结果差异较大。如图 2-1 所示,随着 k 值增加,贫困发生率和多维贫困指数都逐步上升,平均剥夺份额逐步下降。当 0.3≤k≤0.5 时,贫困发生率均超过 50%,多维贫困指数介于 0.327～0.408 之间。当 k=0.3 时,贫困发生率为 73.16%,平均剥夺份额为 0.558,多维贫困指数为 0.408。当 k=0.4 时,贫困发生率为 63.80%,平均剥夺份额为 0.591,多维贫困指数为 0.377。当 k=0.5 时,贫困发生率为 51.86%,平均剥夺份额为 0.631,多维贫困指数为 0.327。可见,在全部样本中,轻度和中度信息多维贫困情况非常突出。当 k=0.6 时,贫困发生率急剧下降,从 k=0.5 时的 51.86% 下降至 23.88%,平均剥夺份额为 0.735,多维贫困指数为 0.176。当 k=0.7 时,贫困发生率继续下降至 12.80%,平均剥夺份额为 0.795,多维贫困指数为 0.102。当 k=0.8 时,贫困

发生率为 5.64%，平均剥夺份额为 0.852，多维贫困指数仅有 0.048，可见重度信息多维贫困的情况相对少一些。总体上看，中西部地区农村居民信息多维贫困的情况并不乐观。

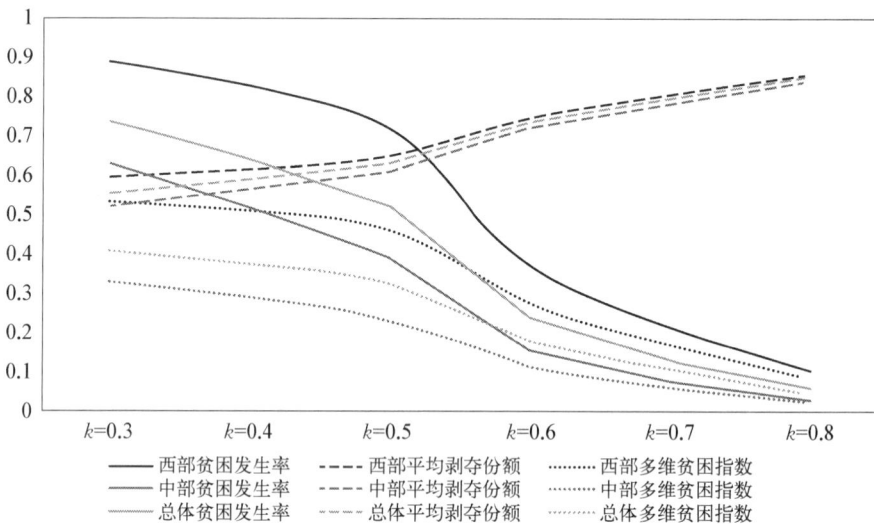

图 2-1 农村居民信息多维贫困指数的变化情况及地区比较

分地区来看，横向对比，随着 k 值增加，西部地区和中部地区农村居民的贫困发生率和多维贫困指数都逐步下降，平均剥夺份额逐步上升。纵向对比，各 k 值下，西部地区农村居民的贫困发生率、贫困剥夺份额、多维贫困指数都要大于中部地区和总体的情况，说明西部地区农村居民信息贫困的程度更高。当 $0.3 \leqslant k \leqslant 0.5$ 时，西部地区农村居民的贫困发生率均超过 70%，信息多维贫困指数介于 0.461～0.529 之间，多维贫困情况非常突出。当 $k=0.3$ 时，贫困发生率为 88.67%，平均剥夺份额为 0.596，多维贫困指数为 0.529。当 $k=0.4$ 时，贫困发生率为 82.41%，平均剥夺份额为 0.616，多维贫困指数为 0.508。当 $k=0.5$ 时，贫困发生率为 71.33%，平均剥夺份额为 0.647，多维贫困指数为 0.461。而中部地区农村居民在 $k=0.3$ 时的贫困程度比西部地区农村居民在 $k=0.5$ 时的贫困程度还低。当 $k=0.3$ 时，贫困发生率为 62.97%，平均剥夺份额为 0.522，多维贫困指数为 0.329。当 $k=0.4$ 时，贫困发生率为 51.58%，平均剥夺份额为 0.564，多维贫困指数为 0.291。当 $k=0.5$ 时，贫困发生率为 39.08%，平均剥夺份额为 0.611，多维贫困指数为 0.239。

与总体趋势相近,从 $k=0.6$ 起,西部地区和中部地区农村居民的贫困发生率都呈现了急剧下降的特点,当 $k=0.6$ 时,西部地区农村居民的贫困发生率为 36.87%,相比 $k=0.5$ 时下降了 34.46%,中部地区农村居民的贫困发生率为 15.35%,相比 $k=0.5$ 时下降了 23.73%。分地区看,当 k 分别为 0.6、0.7、0.8 时,西部地区农村居民的贫困发生率分别为 36.87%、20.96%、10.12%,平均剥夺份额分别为 0.743、0.801、0.855,多维贫困指数分别为 0.274、0.168、0.087,中部地区农村居民的贫困发生率分别为 15.35%、7.44%、2.69%,平均剥夺份额分别为 0.723、0.784、0.843,多维贫困指数分别为 0.111、0.058、0.023。由此发现,西部地区仍有一定比例的受访者处于重度信息多维贫困状态,而中部地区受访者的重度信息多维贫困情况相对缓和。

六、农村居民信息多维贫困指数分解

下文将基于信息多维贫困指数的测评结果,通过指标分解探究各指标对农村居民信息多维贫困指数的贡献情况。

(一) 按指标分解

表 2-10 是 $0.3 \leqslant k \leqslant 0.8$ 时农村居民信息多维贫困指数的指标贡献率分解结果。各维度(指标)在不同 k 值水平下的贡献率存在差异,研究以 $k=0.3$、0.5、0.7 时的情况分别代表轻度、中度和重度信息多维贫困的情况。在理想情况下,当 12 个指标对多维贫困指数的贡献一样时,每个指标的贡献率平均为 8.33%。现实情况是,当 $k=0.3$ 时,有 5 个指标的贡献率超过了 8.33%,分别是"数字公共服务能力"(12.80%)、"信息机构服务"(12.33%)、"信息社群服务"(11.20%)、"信息人员服务"(10.45%)、"政策信息认知"(9.07%),其包含了服务维度的所有指标。其余指标的贡献率低于均值,"信息机构规模""生产信息认知""生活信息认知""信息检索能力""家庭移动设备""家庭网络设施""信息渠道利用能力"的贡献率分别为 7.61%、7.57%、7.14%、6.75%、5.95%、5.36%、3.78%。当 $k=0.5$ 时,指标贡献率的排序和 $k=0.3$ 时完全一致,同样 5 个指标的贡献率超过了 8.33%。当 $k=0.7$ 时,指标贡献率的排序有所不同,除了前文提到的 5 个指标外,"生活信息认知"(9.08%)和"生产信息认知"(9.08%)的贡献率也超过了 8.33%。

表 2 - 10   不同 k 值水平下各指标对农村居民信息
多维贫困指数的贡献率   （单位：％）

维度	指 标	k 值						均值	均值排名
		0.3	0.4	0.5	0.6	0.7	0.8		
认知	政策信息认知	9.07	9.19	9.27	9.25	9.62	9.29	9.28	5
	生产信息认知	7.57	7.65	7.81	8.48	8.76	9.12	8.23	6
	生活信息认知	7.14	7.33	7.69	8.48	9.08	8.96	8.11	7
能力	信息渠道利用能力	3.78	3.74	3.67	4.13	4.30	4.98	4.10	12
	信息检索能力	6.75	6.72	6.52	6.89	6.96	7.46	6.88	9
	数字公共服务能力	12.80	12.23	11.73	10.88	10.17	9.78	11.26	1
服务	信息人员服务	10.45	10.64	10.66	10.29	10.02	9.29	10.22	4
	信息社群服务	11.20	11.21	11.27	10.52	10.17	9.45	10.64	3
	信息机构服务	12.33	12.02	11.53	10.43	10.02	9.62	10.99	2
硬件	家庭移动设备	5.95	5.96	6.13	6.75	6.89	7.30	6.50	10
	家庭网络设施	5.36	5.60	5.84	6.07	6.03	7.13	6.01	11
	信息机构规模	7.61	7.73	7.88	7.84	7.98	7.63	7.78	8

对各指标在6个 k 值上指标贡献率的均值进行排序后发现，贡献率前五位的指标由高至低分别是"数字公共服务能力"（11.26％）、"信息机构服务"（10.99％）、"信息社群服务"（10.64％）、"信息人员服务"（10.22％）、"政策信息认知"（9.28％），均超过8.33％，说明这5个指标是缓解信息多维贫困的重点指标。在维度间进行比较后发现，服务维度指标的贡献率更为突出，硬件维度指标的贡献率相对更小。

（二）按地区分解

表2-11是 $0.3 \leqslant k \leqslant 0.8$ 时中西部地区对总体信息多维贫困指数的贡献率分解结果。总体上看，在不同 k 值水平上，都呈现了"西部高于中部"的特征，且西部地区的贡献率始终超过半数，随着 k 值的增加，地区间贡献率的差值也越来越大。轻度多维贫困情况下，地区间贫困贡献率的差值不超过10％，当 $k=0.3$ 时，西部

地区对总体信息多维贫困指数的贡献率为 51.34%,中部地区为 48.66%,地区间差值为 2.68%;当 $k=0.4$ 时,西部地区和中部地区的贡献率分别为 53.39% 和 46.61%,地区间差值为 6.78%。中度多维贫困情况下,地区间贫困贡献率的差距逐渐拉大,当 $k=0.5$ 时,西部地区和中部地区的贫困贡献率分别为 55.91% 和 44.09%,地区间差值为 11.82%;当 $k=0.6$ 时,西部地区和中部地区的贫困贡献率分别为 61.83% 和 38.17%,地区间差值为 23.66%。重度多维贫困情况下,西部地区的贫困贡献率是中部地区的两倍左右,当 $k=0.7$ 时,西部地区和中部地区的贫困贡献率分别为 65.41% 和 34.59%,地区间差值为 30.82%;当 $k=0.8$ 时,西部地区和中部地区的贫困贡献率分别为 71.48% 和 28.52%,西部地区约为中部地区的 2.51 倍,说明西部地区对总体重度多维贫困的贡献也更为突出。

表 2 - 11　不同 k 值水平下中西部地区对农村居民
信息多维贫困指数的贡献率　　　　（单位：%）

地区	k 值					
	0.3	0.4	0.5	0.6	0.7	0.8
西部	51.34	53.39	55.91	61.83	65.41	71.48
中部	48.66	46.61	44.09	38.17	34.59	28.52
差值	2.68	6.78	11.82	23.66	30.82	42.96

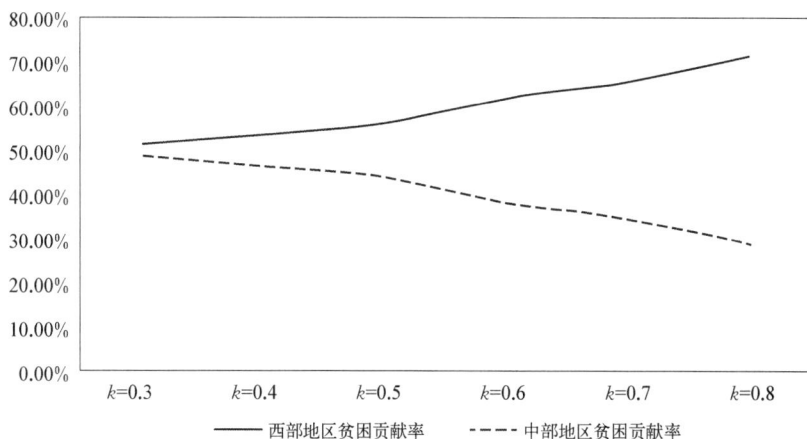

图 2 - 2　不同 k 值水平下农村居民信息多维贫困指数的地区分解情况

（三）分地区按指标分解

为进一步了解中西部地区农村居民信息多维贫困的具体情况，比较中西部地区间的差异，计算了中西部地区各指标的贫困贡献率，表 2-12 为西部地区的分解结果，表 2-13 为中部地区的分解结果。

表 2-12　不同 k 值水平下各指标对西部地区农村
居民信息多维贫困指数的贡献率　　（单位：%）

维度	指　　标	k 值						均值	排名
		0.3	0.4	0.5	0.6	0.7	0.8		
认知	政策信息认知	9.80	9.65	9.66	9.31	9.45	9.05	9.49	5
	生产信息认知	8.36	8.35	8.36	8.94	9.09	9.05	8.69	7
	生活信息认知	6.99	7.12	7.44	8.21	8.85	9.05	7.94	8
能力	信息渠道利用能力	2.55	2.53	2.57	2.93	2.99	3.71	2.88	12
	信息检索能力	6.19	6.25	6.31	6.96	7.06	7.42	6.70	10
	数字公共服务能力	11.66	11.47	11.31	10.70	10.05	9.74	10.82	1
服务	信息人员服务	10.45	10.48	10.23	10.04	10.05	9.51	10.13	3
	信息社群服务	10.26	10.28	10.36	10.04	10.05	9.51	10.08	4
	信息机构服务	11.63	11.59	11.27	10.12	10.05	9.51	10.69	2
硬件	家庭移动设备	6.88	6.92	7.09	7.62	7.42	7.66	7.27	9
	家庭网络设施	6.19	6.25	6.40	6.23	6.10	7.42	6.43	11
	信息机构规模	9.04	9.10	9.01	8.87	8.85	8.35	8.87	6

表 2-13　不同 k 值水平下各指标对中部地区农村
居民信息多维贫困指数的贡献率　　（单位：%）

维度	指　　标	k 值						均值	排名
		0.3	0.4	0.5	0.6	0.7	0.8		
认知	政策信息认知	8.30	8.65	8.77	9.14	9.95	9.88	9.12	5
	生产信息认知	6.73	6.84	7.12	7.72	8.14	9.30	7.64	7
	生活信息认知	7.29	7.57	8.00	8.91	9.50	8.72	8.33	6

维度	指　　标	k 值						均值	排名
		0.3	0.4	0.5	0.6	0.7	0.8		
能力	信息渠道利用能力	5.09	5.12	5.08	6.06	6.79	8.14	6.05	10
	信息检索能力	7.33	7.25	6.79	6.77	6.79	7.56	7.08	8
	数字公共服务能力	13.99	13.09	12.25	11.16	10.41	9.88	11.80	1
服务	信息人员服务	10.46	10.83	11.20	10.69	9.95	8.72	10.31	4
	信息社群服务	12.18	12.28	12.42	11.28	10.41	9.30	11.31	3
	信息机构服务	13.07	12.51	11.87	10.93	9.95	9.88	11.37	2
硬件	家庭移动设备	4.97	4.85	4.91	5.34	5.88	6.40	5.39	12
	家庭网络设施	4.49	4.85	5.13	5.82	5.88	6.40	5.43	11
	信息机构规模	6.09	6.16	6.46	6.18	6.33	5.81	6.17	9

　　以 $k=0.3$、0.5、0.7 时的情况分别代表轻度、中度和重度信息多维贫困的情况。地区内比较发现，在西部地区，$k=0.3$ 时，有 7 个指标的贫困贡献率超过了指标均值 8.33％，由高至低分别是"数字公共服务能力"（11.66％）、"信息机构服务"（11.63％）、"信息人员服务"（10.45％）、"信息社群服务"（10.26％）、"政策信息认知"（9.80％）、"信息机构规模"（9.04％）、"生产信息认知"（8.36％），其余 5 个指标的贫困贡献率低于指标均值，其中"信息检索能力"和"家庭网络设施"的贫困贡献率均为 6.19％。当 $k=0.5$ 时，同样是上述 7 个指标的贫困贡献率超过了指标均值，略有不同之处在于"信息社群服务"（10.36％）高于"信息人员服务"（10.23％）。贫困贡献率低于指标均值的五个指标中，和 $k=0.3$ 时不同，"家庭网络设施"（6.40％）高于"信息检索能力"（6.31％）。当 $k=0.7$ 时，有 8 个指标的贫困贡献率超过了指标均值，其中"数字公共服务能力""信息人员服务""信息社群服务""信息机构服务"的贫困贡献率均为 10.05％，"生活信息认知"和"信息机构规模"的贫困贡献率均为 8.85％。值得一提的是，"信息渠道利用能力"在各个 k 值时的贫困贡献率都最小，明显低于其他指标。

　　在中部地区，当 $k=0.3$ 时，有 4 个指标的贫困贡献率超过了指标均值 8.33％，分别是"数字公共服务能力"（13.99％）、"信息机构服务"（13.07％）、"信息社群服务"（12.18％）、"信息人员服务"（10.46％），其余 8 个指标的贫困贡献率低于指标均值。$k=0.5$ 时，贫困贡献率超过指标均值的指标数有 5 个，除了前面 4 个指标外，还有"政策信息认知"，为 8.77％。$k=0.7$ 时，贫困贡献率超过指标均值的指标数有 6 个，"数字公共服务能力"和"信息社群服务"的贫困贡献率最高，均为 10.41％，"政策信息认知""信息人员服务""信息机构服务"的贫困贡献率次之，均为 9.95％，另外，"生活信息认知"的贡献率也超过了指标均值，为 9.50％。

地区间经比较后发现，中部地区和西部地区的相同之处在于，随着贫困程度的加深，各指标贫困贡献率间的差距都在逐渐缩小，在各个 k 值水平上，认知维度的"政策信息认知"、服务维度的所有指标、能力维度的"数字公共服务能力"对信息多维贫困指数的贫困贡献率都很高。不同之处在于，西部地区超过指标均值的指标数量在各个 k 值水平上皆大于中部地区。"生产信息认知"和"信息机构规模"在西部地区的贫困贡献率很高，"信息渠道利用能力"在中部地区的贫困贡献率更高。另外，同一维度横向比较后发现，认知维度和服务维度的指标在不同地区贡献率的差值不大，但能力维度的指标在中部地区的贫困贡献率更突出，硬件维度的指标在西部地区的贫困贡献率更突出。

第三节　农村居民信息多维贫困影响因素分析

一、变量选取和模型构建

信息多维贫困指数的测量指标都是基于"实然"的客观呈现，影响因素分析的重点则放在"人的主动性"上。前人研究发现，经济资本①和社会资本②会影响农村居民的认知和观念。信息获取和利用是主动的过程，获取信息、利用信息渠道、感知和评价信息处理效果的综合能力——信息资本也会影响农村居民

---

① He J，Li O，Cai M. The Research and Analysis of Rural Information Poverty in Guizhou[C]// International Conference on Social Science & Higher Education.2015：110 - 114.
② 朱庆莹,陈银蓉,胡伟艳,等.社会资本、耕地价值认知与农户耕地保护支付意愿——基于一个有调节的中介效应模型的实证[J].中国人口·资源与环境,2019,29(11)：120—131.

的意愿和行动,[①]信息资本不足使他们对信息环境的变动存在高敏感性、低适应力和弱抗逆性,容易受到风险冲击,可能导致信息贫困。[②] 因此,下文从经济、社会和信息资本三个方面选择自变量,将性别、婚姻等个人特征作为控制变量一并纳入统计模型,具体如下。

第一,在经济资本方面,收入和职业是影响农村居民信息分化、数字化技能水平的重要因素,[③]因此本书将这两个变量放入模型。职业类型很多,如果将每种职业类型都转换为虚拟变量放入模型,最终效果可能并不理想,因此简化了职业变量的类型,将家庭主要职业分为普通农户和非普通农户,农业是农村最为重要的产业,这里的普通农户是指以自然物为生产对象,家庭主要从事种植业、林业、畜牧业等广义农业产业的农村居民。

第二,在社会资本特征变量方面。社会资本从行动者外在的社会关系中产生,是一种存在于个体社会网络中的资源,有助于行动者获取更多的社会资源,[④]社会资本也可能影响农村居民获取信息资源。我们从现实社会资本和网络社会资本两个方面考察农村居民的社会资本水平。现实社会资本我们用“是否是村干部”测量。一方面,村干部是国家政权在基层的代理人,无论是从社会结构还是信息传播结构,他们都处于农村地区的重要位置,[⑤]侯向娟等人在分析农民职业化意愿的影响因素时,也使用了“是否是村干部”这一变量测量社会资本并发现,和没有担任村干部的农户相比,是村干部的农户有更丰富的社会资源,有更多获取技术信息、市场信息的渠道。[⑥] 综上所述,本书认为这一变量能体现农村居民在获取信息时可以动用的现实社会资本。

另一方面,传统意义的社会关系主要体现为人际交往的广度,如韦惠兰等

① 司瑞石,陆迁,谭永风.信息资本对农户水土流失治理投入意愿的影响研究——基于黄土高原区 1048 户农户的数据[J].干旱区资源与环境,2018,32(11):41—46.
② 刘博.农民信息贫困的“脆弱性”研究——黑龙江农村地区信息需求与消费状态调查[J].图书馆理论与实践,2017,(2):5—10.
③ Chatman E A. Theory of Life in The Round[J]. Journal of the American Society for Information Science,1999,(3):207 - 217.
④ 郭如良,刘子玉,肖嘉琳,等.社会资本、政策认知与农民职业化意愿——基于江西省“一村一名大学生工程”调查数据的实证[J].农林经济管理学报,2019,(3):337—346.
⑤ 熊顺聪.乡村人际传播中的村干部形象[J].新闻界,2013,(4):30—34.
⑥ 侯向娟,申潞玲,任红燕.山西省农民职业化意愿影响因素及对策建议[J].中国农学通报,2015,31(32):284—290.

在分析农户家庭收入的影响因素时就通过亲戚朋友的数量反映农户的社会关系。[1] 步入互联网时代后,农村居民的人际交往逐渐基于社交媒体和互联网通信软件开展,前人研究和课题组的实地调查结果都显示,微信是当前农村地区应用范围最广的互联网媒介,发挥着社交和娱乐的双重功能,[2]因此采用"微信好友数量"这一变量指代受访者的网络社会资本,不仅能体现受访者的社会交往广度,也更契合互联网时代人们的社会交往习惯。

　　第三,信息资本方面的变量信息重要性感知、信息消费意愿、信息使用能力、数字化努力、互联网技能水平方面。首先,意识层面的信息资本包括信息重要性感知与信息消费意愿。信息重要性感知表现为受访者对各种信息在其生活、工作中所体现的重要性的评价,如果受访者认为信息对他而言非常重要,就更有可能去主动获取信息。信息消费意愿指购买各种获取信息的工具以及购买信息本身的意愿,和信息重要性感知相比,能在更高层次上体现农村居民的信息意识,一个人如果愿意为信息进行金钱上的投入,则说明他有很强烈的信息意愿,其信息贫困程度可能更低。

　　信息使用能力、数字化能力、互联网技能水平则属于行动层面的信息资本。信息使用能力体现了受访者对信息的综合利用水平,越能提炼信息要点的农村居民陷入信息贫困的概率可能更低。另外,时间也是一个重要的变量,在一件事上投入的时间越多,相应的也就可能有更多的收获。在互联网时代,如果农村居民的上网时间越长,他接触更多有用信息的可能性也就越高,信息贫困程度可能越低。国家统计局在 2018 年开展的时间利用调查显示,农村居民互联网使用时间均值为 1 小时 38 分/天,我们以此为标准,如果农村居民每天的上网时间低于 1 小时 38 分钟,则为低时间投入,高于这一标准则为高时间投入。另外,综合性的互联网技能也能反映数字时代农村居民掌握的信息资本,在问卷中,我们提供了 8 种互联网技能,如果受访者掌握的技能数量越多,说明他有越高的互联网素养,也可能带动他获取信息的专门技能的提高。

　　个人特征变量,包括性别、年龄、婚姻、受教育水平、所处地区。前文分析显

---

[1] 韦惠兰,祁应军.基于分位数和 OLS 回归的农户家庭收入的影响因素分析[J].农林经济管理学报, 2017,16(1)：40—47.

[2] 冉明仙,潘昊杨.返乡创业农民微信使用特征、问题及对策分析——基于广西平果县的田野考察[J]. 现代传播(中国传媒大学学报),2019,(7)：155—158.

示,不同性别、婚姻情况、所处地区的农村居民在各个指标上的贫困发生率有所不同。就总体的多维贫困情况来看,就性别变量而言,在农村,女性群体相对男性群体更为弱势,她们的信息贫困情况可能更为严重。就年龄变量而言,不同年龄农村居民的认识水平、信息获取能力有所不同,在农村空心化愈发严重的背景下,新老农村居民间的信息分化问题更加值得关注。就婚姻变量而言,已婚群体承担了更多的家庭责任,面临更多家庭问题,因此他们可能会更主动地了解信息,未婚群体陷入信息贫困的可能性更高。就受教育水平而言,智识水平越高的农村居民,更可能获取高质高量的信息。就所处地区而言,前文分析显示,无论是贫困发生率还是对信息多维贫困指数的贡献率,西部地区都更为突出,因此,地区也可能是影响信息贫困的重要因素。

因变量包括信息多维贫困程度及不同程度多维贫困发生的概率。首先,通过贫困总剥夺得分 C_i 测量信息多维贫困程度,总剥夺得分越高,说明受访者在更多指标上处于贫困状态,多维贫困程度更深,计算公式如下:

$$C_i = \sum\nolimits_{j=1}^{m} W_j g_{ij}$$

m 为维度个数,g_{ij} 为个体 i 在指标 j 上是否处于贫困状态,w_j 为每个指标的权重。该变量为连续变量,可以采用多元线性回归模型进行分析。

其次,以 k 为 0.3、0.5、0.7 为临界值判断样本是否处于轻度、中度、重度信息多维贫困状态,该因变量为二值离散变量,变量的取值只可能为 0(不贫困)或 1(贫困),因此采用二元 Logit 模型分析。

所有变量的名称及操作化定义如表 2-14 所示,全部数据由 stata 14.0 分析。在正式分析前,使用"estat vif"命令进行自变量间的共线性分析,全部自变量中,方差膨胀因子最低为 1.08,最大为 2.28,皆小于 10,因此不存在共线性问题。

表 2-14　变量具体含义及描述性统计

变量维度	变量名称	操　作　化　定　义	均值
因变量	多维贫困程度	贫困总剥夺得分	0.454
	轻度贫困发生	k 为 0.3 时,样本处于信息多维贫困状态=1,否则=0	0.732

(续表)

变量 维度	变量名称	操 作 化 定 义	均值
因变 量	中度贫困发生	k 为 0.5 时,样本处于信息多维贫困状态＝1,否则＝0	0.519
	重度贫困发生	k 为 0.7 时,样本处于信息多维贫困状态＝1,否则＝0	0.128
个体 特征	性别	女性＝0,男性＝1	0.603
	婚姻	未婚＝0,已婚＝1	0.865
	年龄	受访时实际年龄	41.654
	受教育水平	小学及以下＝1,初中＝2,高中/中专/技校＝3,大专及以上＝4	2.403
	所处地区	中部地区＝0,西部地区＝1	0.396
经济 资本	家庭年人均收入	$(0, 3\,000]=1, (3\,000, 6\,000]=2, (6\,000, 9\,000]=3, (9\,000, 12\,000]=4, (12\,000, 15\,000]=5, (15\,000, +\infty)=6$	2.974
	家庭主要职业	非普通农户＝0,普通农户＝1	0.588
社会 资本	现实社会资本	非村干部＝0,村干部＝1	0.136
	网络社会资本	微信好友数量,$(0, 50]=1, (50, 100]=2, (100, 150]=3, (150, 200]=4, (200, +\infty)=5$	2.558
信息 资本	信息获取意愿	愿意获取各种有用信息的程度,最低＝1,最高＝5	4.332
	信息消费意愿	不愿意为信息投入金钱＝0,愿意＝1	0.450
	信息使用能力	从大量信息中整理关键内容的能力程度,最低＝1,最高＝5	3.623
	数字化努力	每天上网时间低于 1 小时 38 分钟＝0,高于＝1[①]	0.651
	数字化素养	浏览网络新闻、网络教育、网络信息共享、网络沟通、网络娱乐、网络购物、网络销售、网络投资炒股八项,能则每项得 1 分,加总,最低＝0,最高＝8	2.938

[①] 国家统计局在 2018 年开展的时间利用调查显示,农村居民互联网使用时间均值为 1 小时 38 分/天,问卷于 2019—2020 年开展,故以此为划分标准。

表 2-14 为各变量的描述性统计。因变量中,$k=0.3$ 时,有 73.2％的样本处于信息多维贫困状态,$k=0.5$ 时,有 51.9％的样本处于信息多维贫困状态,$k=0.7$ 时,有 12.8％的样本处于信息多维贫困状态。全部样本的总剥夺得分均值为 0.454,最小值为 0,最大值为 0.917。

在自变量中,个体特征变量方面,性别变量中,男性共 627 人,占 60.35％,女性共 412 人,占 39.65％。婚姻变量中,未婚人士 140 人,占比 13.53％,已婚人士 895 人,占比 86.47％。年龄变量中,样本的平均年龄约为 42 岁,最小值为 10 岁,最大值为 79 岁。受教育水平方面,203 人的学历为小学及以下,占比 19.67％,380 人的学历为初中,占比 36.82％,279 人的学历为高中/中专/技校/职高,占比 27.03％,170 人的学历为大专及以上,占比 16.47％。地区变量中,415 人来自西部地区,占比 39.64％,632 人来自中部地区,占比 60.36％。

就经济资本变量而言,收入变量中,家庭年人均收入低于 3 000 元的共 201 人,占比 19.86％。在 3 001～6 000 元区间的共 303 人,占比 29.94％,在 6 001～9 000 元区间共 166 人,占比 16.40％,在 9 001～12 000 元区间的 140 人,占比 13.83％,在 12 001～15 000 元区间共 67 人,占比 6.62％,高于 15 000 元的共 135 人,占比 13.34％。职业变量中,599 人为普通农户,占比 58.84％,419 人为非普通农户,占比 41.16％。就社会资本变量而言,有 138 人有村干部职务,占比 13.65％,873 人无村干部职务,占比 86.35％。微信好友数量中,408 人的微信好友数量在 0～50 人区间,占比 40.28％。185 人在 51～100 人区间,占比 18.26％,95 人在 101～150 人区间,占比 9.38％,97 人在 151～200 人区间,占比 9.58％,228 人的微信好友数量高于 200,占比 22.51％。

信息资本方面,信息获取意愿的均值为 4.332,呈现了较高的水平。信息消费意愿中,有 460 人愿意进行信息消费,占比 44.97％。有 563 人不愿意,占比 55.03％。就信息利用能力而言,均值为 3.623,标准差为 1.167,样本间有一定差异。就数字化努力而言,有 668 人每天的上网时间高于 1 小时 38 分钟,占比 65.11％。有 358 人每天的上网时间低于 1 小时 38 分钟,占比 34.89％。数字化素养方面,平均每人会 2.938 项互联网技能,标准差为 2.024,说明样本的数字化素养较低,且差异较大。

表 2 - 15　变量的描述性统计

变量属性	变量名称	均值	标准差	最小值	最大值
因变量	总剥夺得分	0.454	0.218	0	0.917
	$k=0.3$ 时信息多维贫困发生率	0.732	0.443	0	1
	$k=0.5$ 时信息多维贫困发生率	0.519	0.500	0	1
	$k=0.7$ 时信息多维贫困发生率	0.128	0.334	0	1
自变量	性别	0.603	0.489	0	1
	婚姻	0.865	0.342	0	1
	年龄	41.654	12.339	16	79
	受教育水平	2.403	0.982	1	4
	所处地区	0.396	0.489	0	1
	家庭年人均收入	2.974	1.643	1	6
	家庭主要职业	0.588	0.492	0	1
	现实社会资本	0.136	0.343	0	1
	网络社会资本	2.558	1.611	1	5
	信息获取意愿	4.332	1.001	1	5
	信息消费意愿	0.450	0.498	0	1
	信息使用能力	3.623	1.167	1	5
	数字化努力	0.651	0.477	0	1
	数字化素养	2.938	2.024	0	8

二、农村居民信息多维贫困程度的影响因素

表 2 - 16 为农村居民信息多维贫困深度的影响因素的分层回归结果。模型 1 放入了个体特征、经济资本和社会资本方面的变量，模型拟合度为 0.326。

回归结果显示,个人特征方面,受教育水平对贫困程度有显著的负向影响,农村居民受教育水平越高,他的信息多维贫困程度越低。西部地区的农村居民比中部地区农村居民信息被剥夺程度高。经济资本方面,职业的影响未达显著,收入有显著的负向影响,收入越高,农村居民信息多维贫困的程度越低。从社会资本来看,现实社会资本和网络社会资本都是防止农村居民信息多维贫困被剥夺程度加深的显著影响因素,和非村干部相比,村干部的受剥夺程度更低。另外,农村居民的微信好友数越多,受剥夺程度同样更低。

表 2-16 农村居民信息多维贫困程度的影响因素

维度	变量	模型 1		模型 2		模型 3	
		系数	标准误差	系数	标准误差	系数	标准误差
个体特征	男性[1]	−0.019	0.013	−0.013	0.012	−0.018	0.012
	已婚[2]	−0.021	0.024	−0.008	0.023	−0.027	0.021
	年龄	−0.001	0.001	−0.001	0.001	−0.002**	0.001
	受教育水平	−0.027**	0.008	−0.023**	0.008	−0.012	0.007
	西部地区[3]	0.087***	0.015	0.079***	0.015	0.056***	0.015
经济资本	家庭年均人收入	−0.017***	0.004	−0.014**	0.004	−0.014**	0.004
	普通农户[4]	−0.010	0.013	−0.009	0.013	−0.026*	0.012
社会资本	村干部[5]	−0.128***	0.018	−0.115***	0.017	−0.113***	0.016
	微信好友数	−0.032***	0.004	−0.030***	0.004	−0.021***	0.004
信息资本	信息获取意愿			−0.044***	0.006	−0.021**	0.006
	愿意信息消费[6]			−0.059***	0.012	−0.050***	0.012
	信息使用能力					−0.047***	0.005
	高上网时间[7]					−0.042**	0.013
	数字化素养					−0.017***	0.003

（续表）

维度	变量	模型1		模型2		模型3	
		系数	标准误差	系数	标准误差	系数	标准误差
	常数项	0.718***	0.039	0.906***	0.044	1.075***	0.044
	样本数	896		883		863	
	模型整体检验	***		***		***	
	R^2	0.326		0.380		0.453	

注：① 显著性水平：* $p<0.05$，** $p<0.01$，*** $p<0.001$。② 1 的参考类别为"女性"，2 的参考类别为"未婚"，3 的参考类别为"中部地区"，4 的参考类别为"非普通农户"，5 的参考类别为"非村干部"，6 的参考类别为"不愿意信息消费"，7 的参考类别为"低上网时间"。

模型2加入了意识层面的信息资本变量，模型拟合度为0.380，较模型1提高了0.054。个体特征、经济资本和社会资本方面变量的显著情况与影响方向相比于模型1都没有变化。就信息资本而言，信息获取意愿和信息消费意愿的影响都显著。信息获取意愿越强烈的农村居民，陷入信息多维贫困的程度越低。相比不愿为信息进行金钱投入的农村居民，愿为信息进行金钱投入的农村居民的受剥夺程度也显著更低。

模型3加入了行动层面的信息资本变量，模型拟合度为0.453，较模型2提高了0.073。和前两个模型相比，变量的影响情况发生了一些改变。个体特征方面，受教育水平的影响不再显著，年龄是显著的影响变量，年龄越大，信息受剥夺程度越低。经济资本方面，职业变量的影响开始显著，和非普通农户相比，普通农户信息多维贫困的程度越低。其他原有模型中变量的显著度和影响方向没有变化。新加入的三个变量皆有显著影响，农村居民的信息使用能力越强、数字化素养越高，总剥夺得分显著更低。另外，相比低数字化努力的农村居民，高数字化努力的农村居民的信息多维贫困程度越低。

三、不同程度农村居民信息多维贫困发生的影响因素

表2-17是不同程度下农村居民信息多维贫困发生的影响因素的回归分析结果。k 为0.3时，从个体特征来看，只有地区变量的影响显著，控制了其他

变量,西部地区的农村居民处于轻度信息多维贫困的几率是中部地区农村居民的1.767倍。在经济资本方面,变量皆达显著,家庭年均人收入每提高一个层级,农村居民发生轻度信息多维贫困的几率就下降16.5%,普通农户处于轻度信息多维贫困状态的几率是非普通农户57.7%(低42.3%)。社会资本方面,村干部处于轻度信息多维贫困状态的几率是非村干部的21.3%(低78.7%)。微信好友数每提高一个层级,轻度信息多维贫困的发生几率就下降22.8%。在信息资本方面,除数字化努力外,其他变量皆有显著影响,农村居民的信息获取意愿每增加一个层级,发生轻度信息多维贫困的几率降低41.7%。愿意进行信息消费的农村居民发生轻度贫困的几率是其他人的60.6%(低39.4%)。此外,农村居民的信息使用能力和数字化素养越高,轻度信息多维贫困的几率显著降低,单位下降几率分别为46.1%和11.7%。

表2-17 不同程度农村居民信息多维贫困发生的影响因素

维度	变 量	轻度信息多维贫困		中度信息多维贫困		重度信息多维贫困	
		几率比	标准误差	几率比	标准误差	几率比	标准误差
个体特征	男性[1]	1.063	0.222	0.912	0.164	0.565*	0.146
	已婚[2]	0.523	0.216	0.893	0.291	1.213	0.585
	年龄	0.978	0.012	0.975*	0.010	0.978	0.014
	受教育水平	0.794	0.101	0.873	0.092	1.046	0.158
	西部地区[3]	1.767*	0.489	1.775**	0.373	1.795*	0.511
经济资本	家庭年均人收入	0.835**	0.056	0.849**	0.050	0.828*	0.072
	普通农户[4]	0.577*	0.122	0.760	0.143	0.889	0.237
社会资本	村干部[5]	0.213***	0.057	0.251***	0.076	0.217*	0.164
	微信好友数	0.772***	0.052	0.745***	0.043	0.861	0.075
信息资本	信息获取意愿	0.593**	0.103	0.744**	0.074	0.828	0.089
	愿意信息消费[6]	0.606*	0.121	0.569**	0.097	0.608	0.155

（续表）

维度	变 量	轻度信息多维贫困		中度信息多维贫困		重度信息多维贫困	
		几率比	标准误差	几率比	标准误差	几率比	标准误差
信息资本	信息使用能力	0.539***	0.054	0.660***	0.054	0.500***	0.059
	高上网时间[7]	0.823	0.193	0.614*	0.121	0.596*	0.150
	数字化素养	0.883*	0.050	0.916	0.044	0.716***	0.060
常数项		32 310.643***	36 623.187	744.513***	578.847	53.609***	55.942
样本数		863		863		863	
模型整体检验		***		***		***	
伪 R^2		0.329		0.260		0.275	
伪对数似然		−336.373		−442.645		−234.646	

注：① 显著性水平：* $p<0.05$，** $p<0.01$，*** $p<0.001$。② 1 的参考类别为"女性"，2 的参考类别为"未婚"，3 的参考类别为"中部地区"，4 的参考类别为"非普通农户"，5 的参考类别为"非村干部"，6 的参考类别为"不愿意信息消费"，7 的参考类别为"低上网时间"。

k 为 0.5 时，在个体特征方面，年龄变量和地区变量的影响显著，控制了其他变量，农村居民的年龄每增加一岁，发生中度信息多维贫困的几率就显著下降 2.5%，西部地区的农村居民发生中度信息多维贫困状态的几率是中部地区农村居民的 1.775 倍。在经济资本方面，仅有收入变量显著，职业变量不再显著。家庭年均人收入每提高一个层级，农村居民发生中度信息多维贫困的几率就下降 15.1%。在社会资本方面，现实社会资本和网络社会资本皆达显著，村干部发生中度信息多维贫困状态的几率是非村干部的 25.1%（低 74.9%）。微信好友数每提高一个层级，中度信息多维贫困发生的几率就下降 25.5%。信息资本方面，除数字化素养外，其他变量皆有显著影响，农村居民的信息获取意愿每增加一个层级，他经历中度信息多维贫困的几率则降低 25.6%。与不愿意对信息经济投入的农村居民相比，有信息消费意愿的农村居民发生中度贫困的几率更低，仅有其他人的 56.9%（低 43.1%）。另外，农村居民的信息使用能力每增加一个单位，发生中度信息多维贫困的几率就显著下降 34.0%。最后，每日平均上网时间高于全国均值水平的农村居民发生中度信息多维贫困的几率仅有其他人的 61.4%（低 38.6%），说明高数字化能力的农村居民越不易陷入中度信息多维贫困。

　　k 为 0.7 时，在个体特征方面，性别变量和地区变量的影响显著，控制了其他变量，与女性相比，男性发生重度信息多维贫困几率显著更低，仅有女性的56.5%。地区变量继续显著，西部地区的农村居民处于重度信息多维贫困状态的几率是中部地区农村居民的 1.795 倍。经济资本方面，和 $k=0.5$ 时的情况一样，仅有收入变量显著。控制了其他变量，家庭年均人收入每提高一个层级，农村居民发生重度信息多维贫困的几率就下降17.2%。社会资本方面，现实社会资本的影响仍然显著，网络社会资本的影响不再显著，村干部处于重度信息多维贫困状态的几率是非村干部的 21.7%（低 78.3%）。在信息资本方面，意识层面的信息获取意愿和信息消费意愿皆不再显著，属于行动层面的变量都有显著影响，信息利用能力和数字化素养越高，重度信息多维贫困的几率显著降低，单位下降几率分别为50.0%和28.4%，同时高数字化努力的农村居民越不易陷入重度信息多维贫困，愿意在数字化行为中投入更多时间的农村居民发生重度信息多维贫困的几率是投入程度相对较低的农村居民 59.6%（低 40.4%）。

第四节　结论与讨论

　　本书运用多维贫困理论、信息贫困理论，以"可行信息能力"为切入点，结合我国农村社会环境和信息环境的实际情况、数据获得的可能性、信息贫困的多面向、测评方法的特殊要求，构建了包含内部支持与外部支持，认知、能力、服务、硬件四个维度，共计 12 个指标的信息多维贫困指标体系。运用双临界值法，在该体系内对中西部六省 11 县农村地区收集的问卷调查数据进行评估分析。

　　研究发现，农村居民对互联网及多元信息渠道的可及性情况较好，但获取信息服务的可能性较低。和中部地区相比，西部地区受访者的信息贫困情况更为突出，其中，硬件和认知维度指标的地区差异最大。群体比较结果显示，女性、未婚人士、普通农户等农村居民的信息贫困情况更为突出。计算信息多维贫困指数后发现，在全部样本中，轻度和中度信息多维贫困情况突出。地区比较后发现,西部地区受访者信息贫困的程度更深,仍有一定比例的受访者处于重度信息多维贫困情况。

进一步分解不同指标和地区对总体信息多维贫困指数的贡献率后发现,"数字公共服务能力""信息机构服务""信息社群服务""信息人员服务""政策信息认知"这5个指标是缓解信息多维贫困的重点指标。西部地区的贫困贡献率高于中部地区的贫困贡献率,且随着k值加大,地区间的差值也不断增加,同时,西部地区有更多数量的指标对总体多维贫困指数的贡献率大于均值。不同地区的突破重点也有所不同,除了前面提及的5个指标外,西部地区硬件维度指标的贡献更突出,中部地区能力维度指标的贡献更突出。

另外,信息赋能需要因地制宜、精准施策。地区、收入、现实社会资本、信息利用能力是影响不同程度信息多维贫困发生的共同因素。西部地区中,低收入、无村干部任职的农村居民群体是信息赋能需要重视的人群。另外,信息利用能力的提升能有效降低各个维度信息多维贫困的发生率,因此,如何提升农村居民的信息利用能力也是有关主体开展工作的关键性问题。

同时,也必须认真分析影响信息贫困的主要因素。总的来看,经济资本、社会资本、信息资本对信息贫困的加深都有显著影响,但影响不同程度信息多维贫困发生的因素有所不同,针对不同贫困程度的群体所采取的帮扶措施要更有针对性。从个体特征看,年龄对中度信息多维贫困的发生有显著影响,要加大对年轻农村居民的信息传播力度,他们中有很多人由于常年在外打工,参与线下组织传播活动的频率较低,是对农传播的"盲区",而这批群体极有可能是农村地区未来发展的中坚力量,不容忽视。因此,可以通过互联网政务社群或人员联系对他们进行补充性传播。另外,性别对重度贫困的发生有显著影响,女性比男性更易发生重度信息贫困,信息传播中的性别差异需要格外关注。

经济资本方面,职业变量对轻度信息多维贫困的发生有显著影响,普通农户发生信息贫困的概率更低,主要原因是他们大多是对农信息服务的主要目标群体,不仅能接收到普惠性的政策信息,同时还有更多机会了解到所从事的农业行业发展的市场信息、技术信息,与他们相比,非普通农户对信息的拥有程度自然就更低。

社会资本方面,网络社会资本对轻度和中度信息多维贫困的发生影响显著,对重度贫困的影响不显著。这启示我们:一方面,网络社会资本在一定程度上有助于降低信息贫困的发生率,说明农民要主动扩宽人际交往的广度,依托互联网通过人际传播渠道获取更多信息;另一方面,网络社会资本的影响也是有限的,尤其是对重度信息贫困群体来说,现实社会资本的影响更大。

信息资本方面的变量,观念层面的变量对轻度、中度信息多维贫困的发生有显著影响,说明还是要激发农村居民的内生动力,让他们深刻认识到信息对他们的工作、生活是十分重要的,刺激他们的信息获取意愿,转变思维方式,甚至培育他们的信息消费习惯。但是观念层面的影响是有限的,尤其是对于重度信息多维贫困群体,仅仅进行观念上的提升,意义不大,他们更多地受到信息理解能力有限、缺乏上网条件、互联网技能缺失等客观条件缺失的影响。这部分群体往往也是农村的弱势群体,教育水平低导致学习能力有限,经济条件困顿使他们缺乏闲暇时间。访谈显示,很多农村居民每天的空余时间非常有限,这极大地限制了他们学习互联网技能,通过互联网获取信息。针对这一群体,一方面要注重信息行为层面的帮扶,另一方面也离不开政府、社会组织的"托底式"信息赋能。

上述情况,都为下文农村地区信息传播机制和信息赋能乡村振兴的传播模式设计,提供了较好的实证基础。

第三章
农村居民信息多维贫困的表征

前文描述了中西部地区农村居民信息多维贫困的总体情况。研究结果显示,当前,农村居民信息多维贫困现象普遍存在,农村居民在信息贫困各个维度的表现有所不同,信息通信设备接入层面的"数字鸿沟"不再是影响农村居民信息贫困的主要原因,外部环境所提供的信息服务以及农村居民数字公共服务能力上的不足是目前最明显的短板。西部地区农村居民的信息贫困更为严重,不同地区农村居民信息赋能的突破点也应该有所不同。

本章基于对衡阳市 45 位农村居民的访谈资料,深入分析农村居民信息多维贫困现象的表征,为前文的研究发现提供质性资料的支持与扩展,访谈对象的基本信息如表 3-1 所示。

表 3-1 受访者基本信息

受访者	性别	年龄	受教育程度	职 业 描 述
A01	男	47	大专及以上	村支书,农民工
A02	男	53	高中	村支书,农业种植户
A03	男	48	大专及以上	村委乡村振兴专干,农业种植户
A04	女	50	大专及以上	村妇女主任,私营农业企业主
A05	男	53	初中	村组组长,私营农业企业主
A06	男	37	高中	村组组长,农民工
A07	男	53	初中	村组组长,农业种植户

（续表）

受访者	性别	年龄	受教育程度	职 业 描 述
A08	男	49	初中	村组组长,农业种植户
B01	男	57	小学及以下	个体户
B02	男	48	初中	农业种植户
B03	男	58	初中	农业种植户
B04	女	50	初中	家庭主妇
B05	女	57	初中	农业种植户
B06	女	62	初中	家庭主妇
B07	男	58	高中	农民工
B08	女	59	高中	农民工
B09	女	55	小学及以下	农民工
B10	男	17	高中	学生
B11	女	48	小学及以下	农业种植户
B12	女	37	初中	农民工
B13	女	44	初中	家庭主妇
B14	女	25	高中	教师
B15	男	30	初中	货车司机
B16	女	26	大专及以上	教师
B17	女	31	高中	公司职员
B18	男	31	高中	农民工
B19	男	33	高中	农民工
B20	女	50	初中	农业种植户
B21	男	41	高中	私营农业企业主

（续表）

受访者	性别	年龄	受教育程度	职　业　描　述
B22	女	36	高中	农业养殖户,微商
B23	女	33	初中	公司职员
B24	男	55	高中	农业种植户
B25	男	79	初中	农业种植户
B26	女	53	初中	农业种植户
B27	女	39	高中	微商
B28	女	63	初中	农业种植户
B29	女	48	小学及以下	农民工
B30	女	31	初中	农民工
B31	男	53	高中	农民工,农业种植户
B32	男	47	小学及以下	农业种植户
B33	男	64	高中	农业种植户
B34	男	50	高中	农业养殖户
B35	男	68	小学及以下	农业种植户
B36	男	32	初中	农民工
B37	女	53	初中	农业种植户

　　具体的分析步骤是：第一步,利用质性分析软件 NVivo12 对原始资料进行开放式编码,对所有访谈文本逐字逐句分析,如受访者 B07 说:"我们都在外面打工,没在村里做事,我们也没什么事需要找村里解决,信息和我们一般没什么关系",对应的一级范畴为"不关心信息",最后编码得到的一级范畴共 47 条。再按照一级范畴间的逻辑关系和隶属关系整理出 16 个主范畴。第二步,建构主类别,考虑到已经设计了一套信息多维贫困指标体系,为了和前文相呼应,本

章采用了"推论—归纳混合式建构路径"建构主类别,①基于指标体系的框架通过信息认知贫困、信息能力贫困、信息服务贫困、信息硬件贫困这4个主类别划分主范畴。通过质性资料,研究还发现了2个新类别:信息意识贫困和信息效用贫困,最终得到的主范畴及所属主类别情况如表3-2所示。

表3-2 主范畴及所属主类别

主 类 别	主 类 别 定 义	主 范 畴
信息认知贫困	农村居民掌握的信息量不足,对各种有用信息的知晓、理解水平落后	信息知晓水平低下
		信息理解水平低下
信息能力贫困	农村居民获取和利用信息、使用政务服务的能力不足	信息渠道单一
		信息获取能力不足
		信息分析能力不足
		数字公共服务使用能力不足
信息服务贫困	农村居民享有信息服务的机会不均等,和传播人员日常沟通、来往的频率较低	缺乏信息技能培训经历
		享受信息服务可能性低
		和传播人员联系不足
		和传播社群联系不足
信息硬件贫困	农村居民家庭及所处村庄的信息基础设施、配套服务、信息机构设置不完善	缺乏获取信息的物质实体
		缺乏提供信息的机构和场所
信息意识贫困	农村居民对信息的态度消极,对信息的获取意识较弱	对待信息的态度消极
		信息需求意识较弱
		信息咨询意识较弱
信息效用贫困	虽然接收了对农信息,也享受过信息服务,但是并没有产生实际效用	信息对生活、工作的影响有限

---

① 樊振佳,李纯.我国返乡创业信息资源的"精英俘获"现象[J].图书馆论坛,2020,40(6):77—93.

第一节　认知贫困：信息占有量有限、理解程度低

信息贫困群体的首要突出特征是信息认知贫困，具体表现为他们掌握的信息资源有限，信息资源只集中于特定群体，普通农村居民处于信息传播的弱势地位。信息认知贫困的编码表范畴及示例如表 3-3 所示。

表 3-3　农村居民信息认知贫困的编码表范畴及示例

主范畴	一级范畴	原始数据示例
信息知晓水平低下	无法理解信息、不知道有什么信息	1. 我们老百姓反正搞不懂(B33) 2. 我常年没在家，所以贫困户有哪些政策我也不知道(B36) 3. 找不到信息就算了(B01)
信息理解水平低下	不了解信息的具体内容、不太懂信息、只了解部分信息、信息内容模糊难理解、信息变动多难理解	1. 有时候有一点点疑问，因为我不是有太多的时间去了解信息，理解上有时候遇到一点点困难(B31) 2. 完全前后是矛盾的，我们也容易糊涂(A02)

一方面，许多农村居民对信息的掌握量不足，例如当被问及是否了解当地政府最近重点执行的某项政策时，许多受访者都表示自己并不知道这些政策。如受访者 B34（男，50 岁，养殖户）表示："上面的政策还行，但我们了解的很少，一般没地方了解。"另一位受访者 B36（男，32 岁，农民工）家中原先是贫困户，但是他因为常年在外打工，因此并不清楚自己家享受到了哪些扶贫政策："我常年没在家，所以贫困户有哪些政策我也不知道。"

信息认知贫困还表现为一些农村居民即使接收了信息，但他们对信息的理解不到位，不清楚信息的具体内容。受访者 A07（男，53 岁，种植户）是村组组长，他表示跟农村居民传播信息的时候，经常碰到难以沟通的情况，需要不停地解释。此外，还有一些农村居民在理解信息时存在着很强的偏向性，例如 B26（女，53 岁，种植户）喜欢用抖音，当被问及喜欢看怎样的内容时，她表示喜欢看直播唱歌等娱乐相关的内容，但和农村发展相关的内容一般都不看。

第二节 能力贫困：欠缺获取信息的渠道和技能

信息能力贫困表现为信息贫困人群获取和利用信息、使用数字公共服务的能力不足，这些能力会制约和影响他们了解信息、获取信息支持或帮助，降低信息的可及性。信息能力贫困的编码表范畴及示例如表 3-4 所示。

表 3-4 农村居民信息能力贫困的编码表范畴及示例

主范畴	一级范畴	原始数据示例
获取信息渠道单一	仅从村干部处获取信息、全听政府安排	1. 主要是干部传达(B24) 2. 都是村干部跟我说的(B29)
信息获取能力不足	不会搜索信息、村干部说什么就是什么	1. 我自己不会去了解(B30) 2. 我也不知道怎么搜索(B37)
信息分析能力不足	对获取的信息不加分析	1. 我知道养殖户的这些政策，但是我不知道怎么去申请(B22) 2. 看了也没有用，不知道怎么符合条件(B35)
数字公共服务使用能力不足	不会用便民服务号、没用过信息服务平台、不会在网上办事	1. 我不会用贫困户系统，我不搞这个(B26) 2. 村干部教过我用这些平台，但该他们办的事情他们都及时给我办了，不用我们去用(B31)

获取信息有一定的能力要求，研究发现，信息富裕者和信息贫困者之间获取信息的能力差距明显，首先体现为对信息渠道的利用能力上。多样化的信息渠道有助于农村居民获取更多和农村发展有关的信息，对信息富裕者而言，他们可及的信息源的数量相对更多，如受访者 B07(男，58 岁，农民工)的检索能力很强，除了村干部这一基础信源外，他也有意识地通过其他信源获取信息："没有智能手机的时候，我会看《新闻联播》，我喜欢看党的政策，在新闻里就能了解。现在有智能手机，这些消息在(今日)头条里我都能看见，一般它自己就会更新。"但对于信息贫困者而言，他们获取信息的渠道非常单一，除了从村组干部那里了解信息外，没有其他的信息渠道。

信息能力贫困还表现为个体信息分析能力的不足，即难以利用信息解决实际问题。受访者 B22(女,36 岁)是养殖户,家里以养鸡为生,她也知道现在国家为了鼓励农民从事养殖业有一些扶持,但在了解相关信息后却不知道如何得到支持,因此也迟迟不敢扩大养殖规模:"我知道养殖户的利好信息,但是我不知道怎么去申请,弄不到这些东西,我们肯定是不行的。"

近年来,在"互联网＋农村"的背景下,各种互联网对农信息服务不断发展,为广大村民提供网上办理证件、就业、医疗卫生等数字公共服务,便民利民,旨在打通信息服务的"最后一公里"。但显然,农村居民利用数字公共服务也存在"技能门槛",前文多维贫困指标贡献率的分解表明,"数字公共服务能力"这一指标对农村居民信息多维贫困指数的贡献率最大。在实地调研中,我们也发现,当前虽然已有村民通过互联网享受到了数字公共服务,但大多数受访者不仅不会办理数字公共服务,甚至没有听说过当地政府大力推行的一些信息服务平台,不知道原来还能在网上办理各种事项。

第三节　服务贫困：享有服务机会不均等、与传播主体联系较弱

信息服务贫困表现为信息贫困者难以享受信息服务、与对农传播主体日常沟通来往的频率较低,编码表范畴及示例如表 3－5 所示。信息服务贫困具体表现为以下几点。

表 3－5　农村居民信息服务贫困的编码表范畴及示例

主范畴	一级范畴	原始数据示例
缺乏信息培训经历	参加不了培训、不想去参加培训、找不到人参加培训	1. 培训活动都是大户参加,我自己没有参加过(B24) 2. 我祖祖辈辈都是种田的,培不培训都差不多(B32)
享受信息服务可能性低	大户才有更多享受信息服务的机会、各种信息培训一般针对年轻人	1. 像农业农村局等政府机关肯定只是针对主体,但是农民都太散了(B21) 2. 组里培训活动年年都搞,但都是青年人去,二十多、三十多岁的人去参加(B07)

（续表）

主范畴	一级范畴	原始数据示例
和对农传播人员联系不足	不认识政府工作人员、村干部不会主动宣传和组长联系少、组长不愿意花心思	1. 村干部一般不跟我们这些人交流这些事（B34） 2. 村干部平常跟我们的交流不多（B22）
和信息社群联系不足	组里没建群、没有进村里的群、不怎么看群里发的信息	1. 我们组里没有建群，有什么事上户通知就可以了（A08） 2. 群里太多信息，不想看了（B36）

第一，缺乏信息培训。信息培训是政府公共服务的一部分。政府会组织各种培训活动，包括会议、讲座等形式，介绍对农信息的具体内容，并对与会者提出的疑问进行回应。这些信息培训活动也能让村民及时了解最新信息。但通过观察和访谈，研究发现，很多村民参与培训的经历较少，一方面，村民接收信息培训的机会并不公平，一些培训只针对特定人群开展，并不是所有人都有参加的机会。在农村居民家庭内部，信息培训参与的机会也不均等，以性别差异为例，农村仍然普遍存在"男主外女主内"的文化传统，村内的集体会议一般由家中男性出席，即使是自上而下的点对点传播，村干部通常会选择告诉各家的户主，因此女性经常是信息服务所忽视的群体。在家庭内部的传播中，即使男性知晓了一些信息，也不会经常性地和女性家庭成员分享，多数女性也认为自己主要承担家庭内部的责任，与农村公共事务有关的信息由男性去了解更好，因此男性村民获取公共信息的可能性比女性村民更大。另一方面，部分农村居民对各种信息培训的兴趣低迷，认为信息和自己关系不大，缺乏参与的热情。此外，很多村民的思维方式也比较固化，安于现状，思想观念陈旧，因此比较抗拒各种培训活动。"我祖祖辈辈都是种田的，培不培训都差不多（B32，男，47岁，农业种植户）。"再加上农村空心化越来越严重，在家的多为老人、妇女和儿童，对组织者而言，要动员村民来参加培训也很困难，受访者 A02（男，53 岁）作为村支书也很苦恼这个问题，"现在村里的人很少，组织培训求人都求不来。"

第二，信息贫困者和对农传播主体的联系较弱，不同群体享受信息服务的可能性也存在分化。调研发现，对一些种植养殖大户或农资企业主而言，他们甚至不用寻求信息服务，政府部门为了扶持当地农业发展，会主动、优先地向他们提供信息。而对大部分村民而言，他们很难享受到同等的信息服务。信息服务也是有针对性的，如精准扶贫期间，贫困户享受信息服务的可能性相对更高，非贫困户则不太可能享受到同等的信息服务。对普通农村居民而言，非种植户、非养殖户享受对口信息服务的可能性相对更低。

除农业企业主、种植养殖大户同村组干部、政府工作人员的关系更紧密外，在不同农村间及同一农村内部，干群关系也存在差异。一些村组干部非常有责任心，因此他们和农村居民的关系也更好，向农村居民提供的信息服务也更多。但对一些村民而言，他们和村组干部的关系并不是那么紧密。还有一些村民所在的村民小组，组长常年在外打工不在家，或是年龄太大不管事，能给他们提供的帮助极为有限。如受访者 B28（女，63 岁，种植户）所在组的组长过去一年都在外打工，整整一年没有开过小组会议，她很长一段时间没有从组长那里接收到任何信息。

信息服务社群联系不足也是信息服务贫困的表征之一。当前，微信在农村的普及程度很高，在各种村务群内发布信息也是常见的对农传播方式之一。调研发现，加入各种村务群、关注群内信息并积极参与讨论的村民了解的信息就越多，大部分进了村务群的人都很肯定村务群对获取信息的重要性。但并非所有农村居民都能从微信群里获取信息。在课题组走访的农村，也有一些村组没有建群，组长还是通过比较传统的方式跟本组村民沟通。也有一些村民很抗拒村务群，就算进了群也不怎么看群里发的消息，如受访者 B33（男，64 岁，种植户）也表示："村里的群我一个都不进，除了自己家里的群我一个也不进，反正就不需要，也不喜欢。"因此，主动进村务群，关注群内信息的村民接触各种对农信息的可能性越大，积累的信息量也更丰富，而排斥村务群的村民跟村组干部、本村公共事务的关联也会越来越疏远。

第四节 硬件贫困：获取信息的物质
实体不足、信息环境不健全

信息硬件贫困有两个方面的表现：获取信息的物质实体不足，以及提供信息的机构和场所不足，信息硬件贫困的编码表范畴及示例如表 3-6 所示。

表 3-6　农村居民信息硬件贫困的编码表范畴及示例

主范畴	一级范畴	原始数据示例
缺乏获取信息的物质实体	只能用老年机、手机太卡、家里没有电脑、家里信号太差	1. 之前的手机总是卡顿,什么都看不了(B08) 2. 有些人上年纪,用老年机,连微信都没有,群对他们也不起作用(A06)
缺乏提供信息的机构和场所	图书室太远、没有信息机构、信息机构是挂牌的	1. 组里没有图书室(B03) 2. 你说的这些机构我都没有听过(B06)

传统媒体时代,农村居民最主要的媒介是广播和电视,随着人们收入提高,生活条件改善,以及"家电下乡"补贴政策的大范围推行,当前,电视基本上在农村地区得到了普及。但随着互联网的快速发展,越来越多信息开始通过网络传播,而台式电脑在农村地区的普及情况远不及城市。虽然近几年,移动互联网和智能手机在农村的影响越来越大,推动了农村信息化的发展,农村的信息基础建设也日趋完善,但村民群体内部使用信息通信设备的差异非常突出。首先,许多老年人用老年机,没有微信,因此他们也没有从村务群获取信息的物质条件。另外,一些村民无力承担宽带费用,家里没有通网,他们通过互联网获取信息的频率也明显不如其他村民。因此农村老年人、低收入人群中信息贫困者出现的概率也更高,而在数字乡村的发展趋势下,移动互联网使用的"接入沟"可能使他们进一步沦为网络社会的边缘人群。

其次,对很多农村居民而言,他们并没有一个健全的信息环境,村里的信息机构形同虚设,当前虽然各村基本设立了益农信息社、电商服务站等信息机构,但这些机构基本上都是"挂牌机构",缺乏人员和资金支持,大部分机构并没有实际投入使用,真正发挥提供信息服务的功能。另外,一些专门提供信息的场所也没有发挥实际作用。如受访者 B03(男,58 岁,种植户)所说:"村部虽然有图书室,但是离我们也太远了,两里多路,谁会去? 如果我们组有个图书室,那也是挺好的,上年纪的人都会去看,比如有些老年人不会手机,但是他可以戴眼镜去看点报纸。"另外,也有村民反映农家书屋旧书比较多,上级如果不派书,出于资金原因,各村基本上也不会自购图书。因此农家书屋的利用率也越来越低,其持续有效运行也面临着各种困难。

第五节　意识贫困：对待信息态度两极分化、主动性不足

除了指标体系的 4 个维度外，基于质性资料，课题组发现信息多维贫困还表现为意识层面的贫困，农村居民对信息的态度消极、对信息的获取意识较弱，编码表范畴及示例如表 3-7 所示。

表 3-7　农村居民信息意识贫困的编码表范畴及示例

主范畴	一级范畴	原始数据示例
对待信息的态度消极	国家大事不用操心、关注信息没有用、信息和自己无关、了解信息也改变不了什么、不信任信息、信息有时很麻烦	1. 国家政策和我们一般没什么关系（B07） 2. 上面有政策，下面就会有对策（B03）
信息需求意识较弱	没有信息需求、只需要娱乐信息	1. 我只关注我们诊所的信息，其他信息好像无所谓（B27） 2. 都是我爸妈去接触，我不想接触（B36）
信息咨询意识较弱	不会刻意去咨询信息、咨询信息没有面子	1. 不知道的信息就算了，也不会去刻意问（B03） 2. 我一般很少问什么，我只是看（B24）

个体间对信息态度的两极分化很明显，有些农村居民很关心各类信息，充分肯定获取信息对他们生活、工作的意义："各种信息让我感觉我们有个好国家，现在感觉非常幸福，我们村电信、网络、水、交通各方面都通了，我心满意足的。"（B35，男，68 岁，种植户）。但仍有一定数量的受访者信息意识淡薄、态度消极，不会主动获取信息，如受访者 B11（女，48 岁，种植户）所说："我不关心，反正我觉得跟我也没关系。"对这类群体，就算传播主体给他们发了宣传资料，提供了信息服务，他们也不愿意去了解。对信息的消极态度还表现为不信任信息甚至是抵制，这种情况通常源于对基层政府的不满。

意识贫困还表现为部分受访者信息需求意识的不足，如受访者 B02（男，48

岁,种植户)表示他更需要娱乐信息,对农村发展的信息需求没有那么强烈。A04 是村里的妇女主任,她在日常工作中也有这种感觉:"村里一些人平常就是跳跳舞、打打牌,好像没有什么信息需求,国家大事是国家管,不需要他们操心。"另外,也有受访者缺乏信息咨询意识,不愿意主动地向村组干部、基层政府询问信息,甚至还有人认为咨询信息是一件丢人的事,让人在村里抬不起头,因此对信息也比较抗拒。

第六节　效用贫困:信息难以发挥实际成效

最后,信息贫困还表现为一些农村居民虽然接收到了信息,也享受过信息服务,但是这些信息和服务并没有产生实际效益,没有给他们的生活、工作带来改变,信息效用贫困的编码表范畴及示例如表 3-8 所示。

表 3-8　农村居民信息效用贫困的编码表范畴及示例

主范畴	一级范畴	原始数据示例
信息对生活、工作的影响有限	对生活没有什么帮助、与信息所说的条件不符、从培训中学不到什么	1. 上面的内容跟自己的条件也不是很符合(B30) 2. 培训毕竟年轻人还是少,老人你培训他也学不到很多东西,所以效果不是很好(A03)

如受访者 B14(女,25 岁,教师)很关心对农发展的信息,村里组织的会议和培训她都会积极参加,她也有定期关注村务群的习惯,但她觉得很多信息宣讲活动只是走个形式,解读不够详细,她好像不能从中有所收获,很多内容她都是"左耳进右耳出"。受访者 B30(女,31 岁,农民工)也表示村干部给他们家里发了很多宣传册,但是其中很多资料跟他们的关联度较低,他们找不到符合自己条件的信息,看了也没什么用。一些政府工作人员和村干部也认为并不是每次信息培训和所有宣传资料都能达到预期设想的目标。村里年轻人较少,但很多服务的目标人群往往就是年轻人,而上级政府又要求他们举办培训活动,不

得不让老年人带着小孩过来"撑场面"，很多培训活动都是拍照了事，只是为了完成任务，向上级政府交差，即使向这些参加培训的老年人和小孩宣讲了信息，实际上能发挥的作用也非常有限。

通过对质化访谈资料的分析，我们将农村居民信息贫困的表征概括为六个方面：① 认知贫困，信息占有量有限，理解程度低；② 能力贫困，欠缺获取信息的渠道和技能；③ 服务贫困，享有信息服务机会不均等，和对农传播主体联系较弱；④ 硬件贫困，获取信息的物质实体不足，外部信息环境不健全；⑤ 意识贫困，农村居民内部对待信息的态度两极分化；⑥ 效用贫困，一些有需求的农村居民无法利用信息发挥实际成效。这些发现，和上一章的农村居民信息多维贫困的量化研究结果互相支持，都说明农村居民信息贫困，不仅是个体信息意识和信息能力的缺乏，而且与信息基础设施及外部信息环境不成熟等有密切关系。多重因素叠加下，农村居民中的很多人处于信息边缘状态，大大制约了他们通过信息获取经济利益。而对信息贫困的干预和治理，也要针对这些方面，多管齐下，才可能有比较好的效果。

第四章
农村地区信息赋能的主体

第二、第三章,分别通过量化和质化方法研究了农村居民信息多维贫困的现状与表征,发现这一现象具有普遍性、复杂性。要治理信息贫困、实现信息赋能乡村振兴,就要从增加信息供给、畅通传播渠道、提升受众意识等多方面入手,需要充分考虑"精准传播"。有学者将"精准传播"定义为:传播主体利用相关传播资源实现的精确性信息传播,在精准定位的基础上准确判断、识别和满足受众的个性化信息需求,依托现代信息技术手段为受众群体或个体提供与其需求相应的信息和个性化的信息服务,引导他们关注并主动寻求相关信息,转化为有效的信息利用者。[1] 这个定义略显复杂。简单说,所谓"精准传播",就是"因人而传",传播主体根据受众的具体情况,采用不同的传播手段和传播策略,旨在通过个性化的设计和服务,以期实现最好的传播效果。信息赋能乡村振兴过程中,必须贯穿精准的理念和思路。

信息和传播密不可分,信息是传播的内容,传播是信息的流动。为了确保信息赋能乡村振兴的效果,必须重视传播。第四至第六章,将结合农村居民现状从农村地区信息赋能的传播主体、传播渠道、传播对象三个方面分析传播机制,第七章将集中探讨可能影响农村信息赋能效果的"精英俘获"现象及干预措施,以期更好地实现信息公平。本书为第四章,聚焦农村信息赋能的传播主体,从各级政府、专业媒体机构、乡村意见领袖、其他多元主体等方面,分析其在农村的现状、优势与不足,进而探讨如何更好地发挥上述传播主体在信息赋能中的作用和功能。

---

① 岳琳,闵阳.西部地区脱贫攻坚的信息精准传播研究[M].北京:中国社会科学出版社,2021:74.

第一节　各级政府

长期以来,中国的农村工作由政府主导,政府掌握着绝大部分社会资源,包含扶贫工作、乡村振兴工作等在内的各项农村工作,基本在政府的组织领导下开展。政府不仅是各种资源的提供者和配置者,也是具体的组织者和实施者。以扶贫工作为例,有学者总结了10种中国的扶贫模式,其中8种属于政府扶贫模式,包括发展生产型模式、区域开发型模式、劳务输出型模式、基础建设型模式、科技扶贫型模式、发展特色经济型模式、易地搬迁型模式、小额信贷型模式。[①]可见,在中国的扶贫工作和具体扶贫模式中,政府就是主导和核心力量。

一、政府作为农村地区信息赋能主体的优势

要实现信息赋能的传播效果,政府依然是核心。政府在信息赋能乡村振兴工作中具有以下优势。

第一,资源调动优势。政府具有其他任何社会组织都无法比拟的社会动员、资源整合和组织能力,能够在短时间内集聚大量资金和资源。以扶贫工作为例,据统计,2016—2020年,我国连续五年每年新增中央财政专项扶贫资金200亿元,2020年达1 461亿元,2020年又一次性安排综合性财力补助资金300亿元。[②]具体到信息赋能乡村发展,以农家书屋为例,从2003年倡导发起,2005年试点,2007年全国普遍推开,2012年建设完成覆盖任务,全国共建成统一标准的农家书屋600 449家,投入财政资金120多亿元,吸引社会资金60多亿元,配备图书9.4亿册、报刊5.4亿份,音像制品和电子出版物1.2亿张、影视放映设备和阅读设施60多万套。[③]截至2022年12月底,

---

① 张岩松.以促进农民增收为目标　调整和完善农业财政支持政策[J].中国财政,2002,(7):6—8.

② 陈晨.2020年中央财政专项扶贫资金达1 461亿元[EB/OL].(2020 - 12 - 03)[2025 - 02 - 15].https://www.gov.cn/xinwen/2020 - 12 - 03/content_5566565.htm.

③ 中国农家书屋网.农家书屋工程提前三年完成建设任务　李长春回良玉刘云山刘延东作出重要批示[EB/OL].(2012 - 10 - 18)[2025 - 02 - 15].https://www.zgnjsw.gov.cn/booksnetworks/contents/406/135590.shtml.

全国数字农家书屋达 36.1 万个,占全国农家书屋总量的 3/5,比 2019 年的 12.5 万个增长了近两倍。据不完全统计,安徽、江苏、湖北等省已实现数字农家书屋全覆盖。[①] 这种资源调度优势体现了我国的社会制度优势,从根本上保障了相关工作的有效开展。

第二,组织优势。政府具有强大的组织领导能力,通过建立专门的机构和队伍,对农村组织传播进行管理和推进。如广西壮族自治区 2019 年在 33 个县(市、区)的 4 955 个行政村建设益农信息社 14 865 个,在 113 个县(市、区)组织了 1.4 万多名村级信息员。[②] 截至 2022 年 5 月,江苏省已经建成了覆盖省、市、县、乡、村五级的灾害信息员网络,拥有 3.3 万名灾害信息员,实现了灾害信息员"村村有"。[③] 在全国层面,国家通过机关定点扶贫和东西部扶贫协作实现了对全国 14 个集中连片特困区、592 个国家贫困区、200 多个片区贫困县"一对一"定点扶贫;通过"挂包制"扶贫机制,对全国近 1 000 万建档立卡贫困户实现了"一对一"结对帮扶;通过驻村工作队实现了对全国 15 万个贫困村"整村推进"综合扶贫开发。[④] 上述三个层面的瞄准对象,如果不依靠政府的行政组织力量,是完全不可能实现的。

第三,监测和管理优势。政府拥有最大最全的数据网络,可以通过各种途径获取和整合被帮扶地区的信息,包括统计数据、调查数据、监测数据等,通过大数据分析,实施调整政策和措施,进行有效的规划管理,确保各项政策和措施的针对性、有效性。这种管理和监测,需要依赖巨大的资金投入、人员投入和软硬件投入,除了政府之外,是其他任何组织或者个人无法独立完成的。依托庞大的调查统计网络,目前已经建立了对(原)全国 592 个贫困县和农村住户调查两种监测机制,形成对全国农村贫困人口变化和扶贫政策实施效果的系统性、长期性监测,为国家和社会提供全面的扶贫信息支持,是重要的扶贫决策基础。此外,政府具有强大的组织协调能力,能够组织和引导各个部门和机构共同参与工作,筹建跨部门的信息赋能联合工作机制,协调各方资源。

① 中国农家书屋网.为乡村阅读高质量发展插上数字"翅膀"[EB/OL].(2023 - 05 - 29)[2025 - 02 - 15]. https://www.zgnjsw.gov.cn/booksnetworks/contents/12748/341081.shtml.
② 李静,李胜福.2019 年广西将建 14 000 个益农信息社,培育信息员 1.4 万人以上[EB/OL].(2019 - 02 - 25)[2025 - 02 - 15]. https://www.sohu.com/a/297471091_120047291.
③ 新华日报.我省实现灾害信息员"村村有" 3.3 万名信息员负责灾害监测预警[EB/OL].(2022 - 05 - 12)[2025 - 02 - 15]. http://www.jiangsu.gov.cn/art/2022/5/12/art_60085_10446551.html.
④ 胡兴东,杨林.中国扶贫模式研究[M].北京:人民出版社,2018:251.

第四，质量保证优势。政府能够根据被帮扶地区的实际情况制定相应的精准帮扶政策，明确具体的任务和时间表，并把帮扶工作与国民经济和社会发展相结合，通过长期性、持续性的实施，确保帮扶工作质量。比如，以数字乡村建设为例，2018 年 1 月《中共中央、国务院关于实施乡村振兴战略的意见》明确提出要实施数字乡村战略后，2019 年 5 月中共中央办公厅、国务院办公厅印发了《数字乡村发展战略纲要》。2020 年农业农村部和中央网信办发布《数字农业农村发展规划（2019—2025）》。2024 年，中央网信办等部门印发《数字乡村建设指南 2.0》，进一步推动数字乡村建设。这些阶段性、连续性、中长期规划成为各级政府、社会组织参与扶贫工作的纲领和指南，让各种帮扶力量在不同时期能集中解决主要问题，确保了帮扶工作的质量。

二、基层政府在信息赋能中的传播架构

课题组调研发现，农村地区的政府传播，主要通过各级组织传播形式出现，具体有：政府会议和文件、村级组织会议、政府在农村地区开展的各种宣传活动（如文艺演出、电影放映、科普讲座等）、政府在农村地区推广的微信公众号、抖音号等新媒体平台、各种培训和指导、各种信息服务机构等，其中各种政策信息是政府组织传播的主要内容。

在组织传播实践中，以扶贫工作为例，信息流动并非严格依"县（区）—镇—村"三级逐级进行，存在跨级传播现象，原因如下：一是驻村工作队跨级传播，其成员为县（区）干部，有派出单位，经县（区）扶贫办等政策培训后，可使县（区）政策直接下乡。二是各村后盾单位和联点单位定期走访，将行业政策从县（区）直接传至村。三是社会化媒体介入，县（区）扶贫办和行业部门微信扶贫工作群。此外，对村民小组而言，村支两委非唯一传播主体，驻村工作队等也参与其中，贫困户直接联系人包括驻村干部、帮扶干部等多方。

三、政府组织传播中存在的问题

从调研情况看，尽管政府已经形成了严密的组织传播体系，最大程度确保各类信息上情下达畅通，但在实施过程中，依然存在着不少问题。主要体现在以下几点。

第一，存在各种影响传播效率和效果的因素。首先，上级的原则性、指

导性意见,在基层要通过村支两委和驻村工作队等执行。但农村居民对组织传播主体的信任感是逐级降低的,不少村民甚至对镇政府和村支两委有明显的排斥感。其次,工作能力的限制。基层干部的工作能力存在着较大的个体差异。最后,各种组织传播机构"名存实亡",并没有真正发挥作用。

第二,传统组织传播渠道劣势逐步凸显。第一,"文件"是传统组织传播中最重要的形式,但文件大多数仅在政府系统内部流传,最多张贴到村部的宣传栏,相关信息不会直接抵达村民。第二,除了宣传栏外,会议也是传达文件的重要形式。但农村地区人员分散,青壮年劳动力外出务工较多,留守的大部分为老年人和未成年人,无论是召开成本还是效果,传统会议的形式都面临着较大的困难。第三,传播链条过长,大大降低了传播效果,增加了信息损耗风险。信息逐级传递,到达最基层时,往往离工作截止日期所剩无几,镇村两级只能赶工,甚至不得不数据造假。第四,传播中的形式主义。有些活动只是"走过场",领导发完言,拍完照就结束,完全没有起到为农村居民提供有效信息的效果。此外,还存在着不少"重复性会议",导致效率降低。第五,传统宣传资料的发放,未必能起到预期效果。宣传资料的发放过程,也存在着一定的实施难度。基层干部日常工作繁忙,很多宣传资料无法及时到位。

第三,新型组织传播渠道的局限。随着互联网和智能手机的普及,基于视频会议、微信群、微信公众号等新型组织传播方式在农村地区得到了快速发展,有效弥补了传统组织传播渠道的不足。但在提高传播效率、扩大传播覆盖面的同时,这些基于互联网的新型组织传播方式,也面临着一些局限。从调研情况看,首先是各种政务微信群太多太杂,直接影响了阅读量和传播效果。其次是使用障碍。并不是所有农村居民都具备相应的信息素养和互联网信息使用技能,一些贫困户、老年人、残疾人、文化程度低人群,面对越来越多只通过互联网传播的各种政策信息,变得无所适从,甚至直接被挡在"墙外"。最后,政府工作人员面对的实际情况相当复杂多样,很多工作无法仅通过微信布置完成,尤其是面临各种具体的矛盾和冲突,还是得靠干部通过最传统的"家访"做工作才能解决。但碍于面子人情等,很多村民在通过微信群、视频电话等线上交流时,基本保持沉默。

第二节　专业媒体机构

除了政府主导的组织传播外,各类专业媒体机构承担着大众传播职能,有着极大的受众基础和信息网络,在农村地区的信息传播中也发挥着重要作用。各类报社、广播电视台,以及由报社、广播电视台整合而来的基层融媒体中心,是农村地区信息赋能的另一重要传播主体。调查数据显示,媒体设备拥有方面,农村居民平均每户有 0.09 台收音机,1.35 台电视,0.61 台电脑,3.22 部手机。其中,中部地区农村居民平均每户拥有 0.08 台收音机,1.54 台电视,0.83 台电脑,3.41 部手机。西部地区农村居民平均每户拥有 0.10 台收音机,1.09 台电视,0.32 台电脑,2.96 部手机。这表明,从大众传播的硬件上看,无论是中部还是西部农村居民,目前尚未发现较显著的制约性问题。

但是,各种大众传播机构在农村地区的信息传播情况和效果,存在着非常大的差异。这背后隐藏的问题,如果不给予足够重视并及时干预的话,会大大影响信息赋能工作的成效。

一、纸媒：隐身或沦为"摆设"

课题组调查发现,极少有农村居民主要通过报纸杂志获取信息,造成这个现象有多方面原因。首先是文化程度制约。20.36％的受访者教育水平为小学及以下;村组组长 A06(男,37 岁)表示,组里很多老年人不识字,平常都靠口头交流,一些宣传资料他们都看不懂,去农家书屋看报纸杂志就更困难了。其次,报纸杂志的订阅费用不菲,基本没有农户会自费订阅。近年来为了减轻摊派压力,严格限制各村公费订阅报刊,村庄内报纸杂志的数量也越来越少,报纸杂志也逐渐远离了农村居民的生活场景。再次,其他媒体的替代作用。相比纸媒,电视、新媒体的使用更为方便,内容也更丰富。最后,农家书屋利用率较低。尽管国家花大力气打造了农家书屋,但课题组的实地调研发现,大部分村庄只对农家书屋进行了一次投入,在装修完场地,配备桌椅、书柜和图书后,基本没有后续投入,也没有村干部专门负责管理农家书屋,村民们也不知道如何登记、借阅图书。此外,农家书屋材料的更新速度也非常慢,图书一般一季度一下发,但报纸杂志的更新频率非常不稳定。

二、有线广播：回归与困境

曾经,在农村社会,高音喇叭极为神圣,隐喻了国家权力和意识形态,形塑了那一代人的集体记忆。[①] 近年来,伴随着新农村建设,"村村响"(乡村大喇叭互联网工程)作为一项面向农村居民的公共文化服务事业将广播"带回"农村。但和集体化时代的有线广播有所不同,喇叭不再强制性地安装在农户家中,而是设置在各村的公共区域,技术上基于无线数字电视发射系统,功能上主要服务于乡村应急管理和公共服务。

农村"村村响"目前施行"县、镇、村三级管理、三级用"的运行机制。具体实施中,县一级的广播权限远大于镇、村两级,镇、村两级插播应急广播的流程烦琐,能直接播发广播的人员有限。人民公社时期,生产队对有线广播有直接的控制权,能自由决定各队广播的播发时间和内容,改革开放后,村支两委也能直接通过高音喇叭喊话,即时播送内容。目前,使用"村村响"的权力并没有完全下放到最基层。虽然严格的播发流程保障了广播的安全性,但也限制了基层政府和村组对"村村响"的使用积极性。在他们看来发个通知既要提交申请,又要领导审批,流程过于麻烦,还不如直接在微信群里通知。

硬件设施不完善也限制了农村居民通过广播获取政策信息。广播喇叭多设置在田间地头,覆盖范围有限,声音清晰度也不够,稍微偏远一点的地区普遍存在听不清或是听不见的情况。再者,由于人为偷盗、自然损坏等原因,很多广播喇叭经常故障,无法正常使用。总之,当前"村村响"的功能设想和实际运行情况之间存在一定差距,导致农村广播服务于各镇、村公共事务的能力较弱。

三、电视：国家在场与地方离场

20 世纪 80 年代起,电视逐渐取代了广播的地位,21 世纪初的许多研究都表明,电视是最受农村居民欢迎的大众传播媒介,在农村的影响力有时甚至超

---

① 王华.农村"高音喇叭"的权力隐喻[J].南京农业大学学报(社会科学版),2013,13(4)：31—38.

过了组织传播和人际传播。① 那么,目前的情况又是如何呢?

地方电视台的发展呈颓势。2010 年前后,为了发挥网络的规模效应,国家广电总局决定整合各省省内所有广电有线网络。"一省一网"政策虽利于网络规模效益实现,但对地方台收入产生负面影响。同时,在移动、联通和电信三大运营商"三网合一"套餐的竞争下,用户选择有线电视的越来越少,市、县两级电视台影响力减弱,地方电视台业务量和收视率持续下滑已成趋势。

调研发现,电视营造的"拟态环境"跟农村受众所生活的"现实环境"往往存在差距,电视在不断塑造国家认同的同时也可能带来地方权威的消退。受访者 B36(男,32 岁,农民工)表示,他经常在电视上看和乡村振兴、最美乡村有关的内容,能看到在总书记的带领下国家政策越来越好,其他地方的党员干部也带领村民建设乡村。整体上他对国家政策很有信心,但他对自己家乡的发展前景相对信心不足。

同时,电视节目的涉农政策议题,表现为"有需求、少供给"的特点。访谈结果显示,农村居民最喜欢看中央广播电视总台制作的节目,如《新闻联播》《致富经》《海峡两岸》。"我最喜欢看一台、二台跟四台,一台就是看新闻,二台有很多直接关系我们农村农民的节目,比如跟种植养殖有关的一些事情,四台就是看国家大事,了解台海关系。"(受访者 B31,男,53 岁,农民工)但总体上,多数电视媒体对"三农"议题的关注度明显不足,由于农村居民经济实力有限、购买力不足,难以为电视台的广告收益带来利润空间,涉农节目也越来越少。

此外,新媒体的兴起使电视收视行为发生显著变化。部分老年人因不会使用智能手机,仍主要通过电视获取信息,而绝大多数中青年农村居民对手机的依赖远超电视。然而,在农村地区权威信息传播方面,电视依然具有显著的话语权和公信力优势。2020 年初,许多村民虽在手机上看到新冠肺炎相关消息,但多持怀疑态度,直到电视播放相关新闻后,才逐渐意识到疫情的严重性并开始注意防护。

第三节　乡村意见领袖

当前,农村社会环境和传播环境都发生了剧烈变化,一方面,工业化、城镇

---

① 凌燕,李发庆.当代中国中、东部农民与媒介接触使用情况实证研究[J].广告研究(理论版),2006(4):42—50.

化之下,越来越多村民外出打工,农村常住人口流失;另一方面,传播技术的发展、媒介形态的多元化也改变了人际传播的频率、形式和影响力。但至今,乡村社会总体上还是熟人社会,村庄的居住格局、人员关系、传统文化等,都为人际传播提供了各种便利条件,因此人际传播仍然是农村信息流动最频繁、最便捷的路径之一。

在调研中发现,乡村工作中的信息传播大致按照以下路径进行:在政府部门的主导下,来自不同信源的信息由各自对应的传媒媒介和渠道进行传递,如政府信息的组织传播,广播电视报刊等大众传播,互联网和手机等新媒体的互动传播等,但最后往往都汇聚到部分有信息优势和传播优势的人——“意见领袖”,经过他们的“中介”后,以人际传播的形式,信息到达特定的目标人群或个体。在这个过程中,意见领袖会对信息进行选择、放大、筛选、过滤、解释等“再加工”。乡村人际传播的优势在于渗透和劝服,在受众的信息采纳和决策阶段,最能凸显人际传播的作用。因此,在信息赋能乡村振兴的各种信息传播中,特别要重视各类意见领袖的作用。

一、驻村干部在信息传播中的作用

具体而言,乡村信息意见领袖包括(原)扶贫工作队和驻村干部、其他村干部、乡村致富带头人、乡村能人、乡村医生、乡村教师等。其中,(原)扶贫工作队、驻村干部和其他村干部是各类信息传播的主体。驻村干部和(原)扶贫工作队作为政府派驻农村基层的工作人员,具有天然的权威性和联系广泛性,可以发挥重要的意见领袖功能。这些功能具体体现为以下几点。

第一,宣传政策。驻村干部可以将国家和地方政府的相关政策传递给基层百姓,帮助他们理解和执行政策。这些政策包括支农贷款、产业扶持、教育医疗补贴等方方面面,具体形式也多样,既有会议公告,也有入户宣传,更有互联网传播。除了政策宣传外,政策解释与引导执行也是驻村干部非常重要的作用。驻村干部通过向村民解释政策的意图和目的,帮助他们了解政策的背景意义,提高村民对政策的认可度和执行力。在政策执行过程中,指导他们如何申请支农贷款、如何发展相关致富产业等,确保执行质量。同时,驻村干部还可以通过典型宣传,提高村民、(原)贫困户的积极性和主动性,让他们认识到“扶贫先扶志、扶贫必扶智”,激发帮扶对象的内在动力。

第二，产业引导。驻村干部一般都是"带着资源来"，可以根据当地实际情况，结合各自原单位的优势，引导村民发展特色产业，提供技术培训和市场信息等，推动产业帮扶的实现。在了解市场需求方面，驻村干部能深入了解当地的市场需求和产业实际情况，通过调研、走访、交流、咨询等形式，收集相关信息数据，为村民提供较为准确的市场信息和商业机会。在技术培训方面，驻村干部可以自己或者引入外部专家团队或联系相关技术机构，协助村民技术培训，提高村民的专业技能。此外，驻村干部在资金争取、市场拓展等方面，均具有一定的优势。

第三，解决问题。驻村干部可以及时发现和解决村民在生产生活中遇到的各种问题，如缺乏医疗保障、医药费用昂贵、医疗设施不足导致的无法及时有效医疗问题；教育资源不足、学费压力大等导致的辍学问题；农村弱势人群往往缺乏相应的职业技能，缺乏稳定经济来源的就业生活问题，其他还有住房、交通等现实问题，还有由于社会地位低、文化层次低等导致的社会排斥、社会融入感低等心理问题。

第四，带动氛围。驻村干部可以通过自身的一举一动、一言一行，带动村民形成积极向上的氛围，还可以通过政策宣传提升村民的了解度；通过组织文艺演出、体育比赛、技能大赛等活动，激发村民的参与热情和创造力；通过面对面交流了解村民的真实需求和意见，帮助解决各种实际问题，让村民切实感受到党和政府的关心与支持。此外，还可以通过挖掘和树立优秀典型，如优秀农民、致富能手等，让村民有榜样可学，激发他们的内在动力。

二、村干部在信息传播中的作用

村干部是政府权力在乡村基层的延伸。村干部来自农民，自己就生活在所在村落，他们中的绝大多数也从事着农业生产，但并不是完整意义上的"农民"。他们虽然也经常被村民当成"官"，但又不是严格意义上的"国家编制人员"，可他们却代表着国家权力，是乡村基层各种事务和活动的组织者、管理者、决策者、执行者，掌握着较多的公共资源，也是各类信息精准传播的主要参与者。

村干部在乡村信息传播体系中处于"关键性节点"位置，主要作用是通过传达、解读、贯彻、国家政策法规，实现国家意志的村庄化和农民对国家的政治认同。同时,由于"上面千条线,下面一根针",村干部掌握大量信息、承担的任务也非常庞杂,涉农政策宣传、农村经济、科技卫生法律等无所不包,村干部成为跨越多个领域的"信息能人"。从课题组 2020 年 8 月在衡阳市新竹村莫雅塘组的问卷调查来看,村干部在政策信息网络、生产经营信息网络、日常生活信息网络、外出务工信息网络上的特征向量中心度均值,都明显高于普通村民,说明村干部有更多的信息获取可能,并与其他村民有频繁的信息联系。尤其是村组组长,在生产经营信息网络和外出务工信息网络中均为最大值。此外,课题组还发现很多村干部处于"结构洞"位置——能控制网络成员间信息交换的渠道,关系的相对缺乏能推动信息、资源在网络中的流动,有利于各种思想和观念的整合与推陈出新。

村干部与村民日常交流频繁,聊天既是工作方式,也是人际传播的主要形式。在一个个看似闲聊的过程中,实现了信息的流动,村民则切实体会到来自党和政府具体可感知的关心与支持,得到了情感、归属、需求等多方面的人际交往满足。村干部依靠人际交流的形式,紧紧黏合了每一个村民,同时把上级各种信息和要求,传递到最基层。鉴于村干部在乡村的特殊地位,乡村信息传播中要特别重视他们的综合性功能。

首先是意见领袖作用。他们虽然不是公务员,却是体制中人。在乡村人际传播中,村干部经常为村民提供信息、观点或建议并对他人施加影响。这种制度所赋予的体制性"媒介"角色,在政府与民众之间的信息传播过程中起着信息中继与过滤作用,影响着信息传播的精准度与实际效果。①

其次是各种新观念的引领者。村干部是政府和村民之间的桥梁纽带,在村民心中具有天然的权威性和广泛的人脉优势。他们通过向村民宣传各种科学知识、现代文明,引导村民改变传统的生活方式和思想观念,提高文化素养;他们可以通过推广新的农业技术和现代农业模式,引导村民改变传统的耕作方式,提高农业生产效率和经济效益;他们可以倡导环保理念,引导村民逐步树立可持续发展理念,保护生态环境,强化"绿水青山就是金山银山"意识,促进乡村可持续发展;他们更可以通过鼓励村民参与乡村管理,提高村民的社会责任感和主人翁意识。

① 岳琳,闵阳.西部地区脱贫攻坚的信息精准传播研究[M].北京:中国社会科学出版社,2021:159.

最后是信息传播的中介者。这是村干部的传统优势，一定要继续发挥好。村干部是政府和村民之间信息的桥梁。由于个人信息能力、信息资源、信息条件、文化素质相对较好，与其他村民相比，村干部具有天然的信息优势，他们负责将各种信息传递给村民，并向上汇报村民的情况，整个过程中，村干部对信息传播和传递起到了关键性作用。在信息赋能的精准传播中，村干部既是传播者也是受传者。作为传播者，他们可以利用自身人脉和优势，向村民宣传扶贫政策、农业政策、社会保障政策等，结合本地本村的实际情况，筛选最适合的信息，实现因人施策、一户一策。同时，村干部也可以积极发挥"示范人"效应，在技术推广、新品种推广等方面言传身教，带领村民共同致富，实现乡村振兴。作为受传者，他们可以结合自身的经验与理解，对相关信息进一步解释说明，通过更精准的信息判断和选择，影响身边的村民。同时，也需要把村民的意见建议整理提炼后向上级政府反馈，包括农业生产情况、生活情况、帮扶落实情况以及存在的问题，为上级政府提供决策参考。

三、意见领袖对组织传播的效果影响

驻村干部和村干部，往往承担了组织传播的"最后一公里"，组织传播的实现与完成，很大程度上依赖干部的人际传播；同时，微信群等社交媒体，模糊了乡村人际传播与组织传播的界线。因此，有必要讨论在人际传播和组织传播的"嵌入式"关系中，以意见领袖为代表的人际传播对组织传播效果的影响。

首先，相互渗透。本书调研时发现，组织传播主体为了提高信息传播的有效性，都需要策略性地动用人际关系。组织传播主体通过入户走访、面对面沟通等人际传播方式对农村居民培养信任，解释政策，做通工作。从组织传播发生的场景上看，除了制度性场景外，大量组织传播活动也嵌入了村民的日常生活场景、社交场景、娱乐场景等非正式人际交流场景。如 2019 年衡阳市衡南县政府首创了"屋场恳谈会"，地点就在村民日常生活场景中，如晒谷的地坪、河渠旁的空地。一名区干部表示，某次会议有贫困户反映自家厕所在改厕后存在问题，通过屋场恳谈会，他马上联系了相关施工队解决这一问题。

其次，以返乡青年为代表的"新乡贤"在乡村发展中发挥着突出作用。观察

发现,近年来,在精准扶贫、乡村振兴等国家战略的感召下,越来越多的外出务工的村民选择回乡,寻找发展机会。这些返乡青年不仅带回了资金和技术,还带来了新的观念和视野。其中,一些村民主动参与到村级公共事务中,经由基层政府和村级组织的吸纳,培育为内生信息领袖。他们通过参与村务决策、组织村民活动、传播政策信息等方式,积极促进乡村的发展和治理。这些返乡青年在乡村社会中逐渐崭露头角,作为信息流中的意见领袖成为推动乡村进步的重要力量。

最后,这些意见领袖往往也是乡村社会的"精英",在资源分配上,不可避免地会存在"精英俘获"——少数政治或经济方面的强势群体占据了多数人本应拥有的资源,带来资源垄断,影响政策公平。[1] 有村民提到,自己既不是党员,也不是种植大户,村里很多会议或是政策宣讲活动也不会通知他去参加,除了组长外,他和村干部、基层政府干部的联系都很少,他没什么机会了解最近有哪些新的利好信息。

在"精英俘获"影响下,村民间在信息资源占有上的两极分化也会越来越严重:教育程度高、经济条件好、与组织传播主体联系紧密的村民就能获取越来越多信息,信息边缘群体则会长期被政策传播主体忽视,信息资源的不均衡分配可能导致富人越来越富,穷人越来越穷,加剧信息分化。关于政策信息传播中的精英俘获,我们将在第七章进行专门探讨。

第四节　其他多元主体

农村信息赋能的传播主体,除了政府、专业机构、乡村意见领袖外,还包括各类企事业单位、各种社会组织等其他力量。以扶贫为例,对于其他主体参与的扶贫模式,一般称为"社会扶贫"。从功能特点出发,学界认为社会扶贫能弥补政府扶贫的不足,满足贫困个体多样需求,优化贫困治理结构,统合扶贫资源,最大程度发挥扶贫主体功能等;[2]从运行特点出发,学界认为社会扶贫让扶贫主体从单一走向多元互动,行动目标从工具理性走向价值理性,行动内容从

---

① 邢成举,李小云.精英俘获与财政扶贫项目目标偏离的研究[J].中国行政管理,2013,(9):109—113.
② 王雨林.中国农村贫困与反贫困问题研究[M].杭州:浙江大学出版社,2008:157.

经济扶持走向需求导向，行动方式从强行输入走向内源发展等。[①] 在信息赋能中，同样需要各种社会力量的参与，发挥各自优势，形成合力，提升信息赋能成效。

一、各类企事业单位

以扶贫工作为例，有学者研究发现，1992 年是企事业单位参与扶贫的分水岭。在 1992 年之前，企事业单位参与扶贫处于非自主发展，之后就进入自主发展阶段。[②] 1992 年，在党的十四大上正式提出建立社会主义市场经济体制后，各类企业得到了长足发展，企业的社会责任被充分重视。1994 年 4 月，10 名民营企业家联名发表了《让我们投身到扶贫的光彩事业中来》的倡议，标志着民营企业主动参与到扶贫工作中来。同时，大量外资进入中国，也带来了发达国家的公益理念，促进了企业参与社会扶贫。2002 年，国家为了鼓励企业参与扶贫事业，出台了涉及信贷、财政、税收、土地使用等一系列优惠政策。此外，还有越来越多的国有企业、事业单位也参与到扶贫工作中来。比如，从 2012 年开始，教育部 75 所直属高校全面投入定点帮扶。截至 2022 年 7 月，累计投入和引进帮扶资金 44.35 亿元，购买和帮助销售贫困地区农产品 44.01 亿元，帮助引入企业 663 家，引入企业实际投资额 151.6 亿元，累计培训教师 11.64 万人次，累计购买和帮助销售贫困地区农产品 44.01 亿元，累计培训基层干部和技术人员 77.76 万人次，帮助制定规划类项目 1 352 项，落地实施科研项目 1 949 项。[③]

具体到信息赋能，作为传播主体的各企事业单位可以采用以下措施积极参与。

第一，投资建设信息基础设施。"要致富先修路"，基础设施对发展的重要性不言而喻。农村欠发达地区乡镇网络覆盖差、通信不畅、上网速度慢、交通闭塞。因此，加大各项基础信息设施建设投入，成为破除"信息孤岛"，加强与外界联系的首要任务。在这方面，电信、移动、联通等运营商具有义不容辞的责任和

---

① 苏海，向德平.社会扶贫的行动特点与路径创新[J].中南民族大学学报(人文社会科学版)，2015，35(3)：144—148.
② 胡兴东，杨林.中国扶贫模式研究[M].北京：人民出版社，2018：264.
③ 刘佳.数说十年·乡村振兴|教育部直属高校十年来累计投入和引进帮扶资金 44.35 亿元[EB/OL].(2022 - 07 - 26)[2023 - 08 - 23]. http://www.moe.gov.cn/fbh/live/2022/54688/mtbd/202207/t20220726_648995.html.

优势。以重庆市为例,2017 年全面启动网络脱贫攻坚战,协助地方编制 18 个深度贫困乡镇脱贫攻坚规划,助推农村电商、农村旅游等涉农信息化发展。2017 年全市互联网用户数达到了 3 904.7 万户,同比增长 17%,IPTV 用户达 393.6 万户,同比增长 48.5%。① 2015 年以来,河南移动累计投资 82.5 亿元建设农村 4G 基站 4.9 万个,投资 29 亿元建设农村光纤宽带端口 650 万个,建成农村光缆 26 万公里。截至 2020 年底,河南移动先后投资 2.3 亿元,完成了四批电信普遍服务试点工程,实现了全省 749 个行政村光纤宽带接入和 784 个行政村的 4G 网络覆盖;投资 5.09 亿元,累计实现了 1 129 个贫困自然村和 3 999 个 20 户以上自然村的光纤宽带接入,2 822 个 20 户以上自然村的 4G 网络覆盖。②

　　第二,提供技术和服务支持。企事业单位可以发挥自身优势,结合帮扶地区的实际需求,针对信息技术、软件开发、系统集成等信息传播中的问题,通过与当地政府及农业企业合作、独立执行等多种形式,有针对性地帮助农村地区协调解决。"腾讯为村"是这方面的典型。腾讯对为村的定义是:一个用移动互联网发现乡村价值的开放平台,它以"互联网＋乡村"的模式,为乡村连接情感、连接信息、连接财富,打通村民参与移动互联网生活的"最后一公里"。腾讯为申请成为"为村"的村庄提供移动互联网工具包、资源平台和社会营造工作坊三大支持。③ 截至 2020 年 11 月,为村平台上的村民数超 251 万、党员数超 18 万,超过 1.1 万名村支书、1 万名村主任在开展日常党务村务工作,共有来自 30 个省区、超过 1.5 万个中国乡村,在为村打造了互联网名片。④

　　第三,开展各类信息传播活动。企事业单位可以通过制作宣传资料、开展培训课程、举办技术讲座等形式,向农村居民传播相关信息,也可以与当地政府、媒体机构、社会组织等合作,共同推进农村信息化建设。比如,中国人保集团承担着黑龙江省桦川县、陕西省留坝县、江西省吉安县和乐安县 4 个国家扶贫开发工作重点县定点帮扶任务,除了资金帮扶、预订农产品外,还通过在线上

① 上游新闻.通信行业发展成果喜人,大数据智能化精彩可期[EB/OL].(2018 - 03 - 13)[2025 - 02 - 15]. https://www.cqcb.com/hot/2018 - 03 - 12/723732_pc.html.
② 人民邮电报.助力打赢脱贫攻坚战 | 河南移动精准扶贫书写精彩答卷[EB/OL].(2020 - 11 - 27)[2025 - 02 - 15]. https://tech.sina.com.cn/roll/2020 - 11 - 27/doc-iiznezxs4020930.shtml.
③ 熊雪,聂凤英,毕洁颖等.精准扶贫视角下的信息扶贫——以"腾讯为村"为例[J].农业图书情报学刊,2017,29(5):5—8.
④ 邱月烨.腾讯为村出圈[J].21 世纪商业评论,2020(12):46—49.

开展"爱心农场"消费扶贫活动，扩大了集团定点扶贫县农产品的宣传。① 四川农业大学在定点帮扶的四川省凉山州雷波县，设立"乡村振兴大讲堂"，组织种植养殖、果树栽培、经济管理等领域专家赴当地指导、现场授课，通过专业技能培训、政策解读、前沿科技成果介绍、品牌运营培训等，全方位提升当地乡村人才的产业发展能力。②

第四，搭建农村电商网络，发挥"互联网＋农村"作用。各类企事业单位可以在农村地区建立电商服务体系，通过与电商企业、物流公司等合作，为农村居民提供便捷的电商服务。同时，针对农村电商发展的需要，通过举办培训班、组织实践操作、提供远程教育等形式，提高农村居民的电商意识和操作技能，帮助他们更好地利用电商平台开展经营活动。2021 年 6 月，美团启动"乡村振兴电商带头人培训计划"，计划三年内在国家乡村振兴重点帮扶县、国家级电子商务进农村综合示范县及革命老区、民族地区、边疆地区、欠发达地区等地免费开展培训，目标是助力培训 3 万致富带头人。此外，各类企事业单位还可以协助推广农村电商品牌，提高农产品的知名度和美誉度，增加附加值，比如阿里研究院推出的"淘宝村""淘宝镇"。截至 2022 年，淘宝村已经覆盖全国 28 个省（自治区、直辖市）和 180 个市（地区），数量达到 7 780 个，较 2021 年增加 757 个，增速 11％。③

二、非政府组织

非政府组织参与信息赋能是指除了党政国家机关、企事业法人外，具有非政府、非营利、公益性特征的基金会和民办非企业组织等各类社会组织参与的信息赋能活动。非政府组织参与的活动具有组织性、非政府性、非营利性、自愿性、利他性等特征。④ 各类非政府组织参与信息赋能的形式多种。

第一，开展调研和诊断。非政府组织可以开展农村帮扶地区的调研和诊断，了解当地的信息需求和市场情况，为精准帮扶提供数据支持和诊断报告，助力信

① 向家莹.中国人保定点帮扶有力度更有温度[EB/OL].(2020 - 10 - 22)[2025 - 02 - 15]. https://baijiahao.baidu.com/s?id=1681214256280173435&wfr=spider&for=pc.
② 罗正华.四川农业大学定点帮扶雷波县"乡村振兴大讲堂"正式启动[EB/OL].(2023 - 07 - 12)[2025 - 02 - 15]. https://nfy.sicau.edu.cn/info/1051/3283.htm.
③ 阿里研究院.2022 年"淘宝村"名单正式发布[EB/OL].(2022 - 10 - 31)[2025 - 02 - 15]. https://business.sohu.com/a/601427762_384789.
④ 胡兴东，杨林.中国扶贫模式研究[M].北京：人民出版社,2018：261.

息赋能的科学决策。例如,中国乡村发展基金会在全国各乡村开展的产业调研计划,主题涉及乡村旅游、农村电商、光伏发电、特色农业等多方面,所形成的研究报告有效助力政府部门的乡村发展决策。

第二,提供技术培训和创业指导。非政府组织可以依托自身优势,为农村居民提供各种有针对性的技术培训和创业指导,帮助群众提高技能水平和创业能力,增强竞争力。比如阿拉善 SEE 生态协会为白马雪山滇金丝猴保护区推出的"蜜蜂养殖与中药材种植培训"等。

第三,参与教育帮扶。非政府组织提供教育资源和学习机会,改善被帮扶地区的教育环境和学习条件,帮助困难家庭的孩子获得更好的学习和教育机会。这方面最成功的项目是"希望工程"。在 1989 年到 2000 年间,由中国青少年发展基金会发起的"希望工程"项目,接受了海内外捐款近 19 亿元,资助建设了 8 355 所希望小学,资助了近 230 万名失学儿童重返校园。截至 2021 年底,全国希望工程累计接受捐款 194.2 亿元,资助家庭经济困难学生 662.6 万人,援建希望小学 20 878 所,为促进农村欠发达地区教学条件的改善、提高农村地区人口素质做出了巨大贡献。[1]

第四,组织各种公益活动。如捐赠资金、物资和技术支持等,为农村地区提供帮助和支持。以贵州省为例,通过政府引导、培育形成了很多非政府性质的社会组织。他们参与的活动主要涉及"农村发展、教育公平与贫困生救助、弱势群体援助、环境自然与人文资源保护、文化普及、互助、医疗、乡村治理、社区服务、志愿者服务、信息交流平台服务、小项目资助、国际和国家项目的协助落实、技术支持培训等领域。"[2]这些非政府组织的积极参与,让贵州省的乡村振兴工作"面点结合",取得了较好的成效。

通过本章的分析,我们对乡村振兴中信息赋能工作中的多元主体和各自特征、优势有了较为清晰的认识。信息赋能工作必须坚持以各级政府为主体,积极发挥专业媒体机构和乡村意见领袖的作用,整合企事业单位和非政府组织等其他社会力量参与,发挥各自优势,形成"全员参与、全面覆盖、组织协同"的格局。

---

[1] 北青网.截至 2021 年底,全国希望工程累计接受捐款 194.2 亿元[EB/OL].(2022 - 04 - 21)[2025 - 02 - 15]. https://t.ynet.cn/baijia/32643448.html.

[2] 梁景禹.非政府组织(NGO)在扶贫中的作用——基于贵州省的视角[M]//西部发展评论.成都:四川大学出版社,2008:203—212.

第五章
农村地区信息赋能的传播渠道

第四章从信息传播主体的角度出发,关注各级政府、专业媒体机构、乡村意见领袖、其他多元主体在乡村赋能信息传播中的作用和特点。本章聚焦农村居民获取信息的渠道,考察农村居民传播渠道选择的行为和意愿特征,重点分析影响农村居民传播渠道选择的因素,探讨渠道利用和信息传播效果之间的关系。

第一节　数字乡村建设与农村居民的传播渠道

一、传播渠道对农村居民的重要性

研究表明,传播渠道对农村居民的生产生活、技术采用、市场行为等都有重要意义,渠道不仅是传播内容的载体,很大程度上也决定着传播内容的数量与质量。在生产生活方面,农民和农技员、村干部、合作社的联系越紧密,他们的农药使用行为越规范、越安全。[1] 传播渠道越多的养殖户更认同预防性防控及多种防控措施并举的重要性。[2] 技术采用方面,传播渠道会影响农村居民对新技术的认知和采用,传播渠道越通畅,农村居民越了解绿色农业技术。[3] 政府

---

① 陈伟,周宏.信息渠道利用、安全施药认知与农药使用行为研究——基于结构方程模型的实证检验[J].农业经济,2019,(4):6—8.
② 张桂新,张淑霞.动物疫情风险下养殖户防控行为影响因素分析[J].农村经济,2013,(2):105—108.
③ 吴雪莲,张俊飚,丰军辉.农户绿色农业技术认知影响因素及其层级结构分解——基于Probit-ISM模型[J].华中农业大学学报(社会科学版),2017,(5):36—45.

宣传、企业宣传、大众媒体、农业大户和示范户能显著正向影响种稻大户的新技术认知水平。[①] 参加过政府相关培训、使用互联网、信息来源渠道数量越多的农村居民,越愿意采用农业低碳技术改善传统农业生产方式。[②] 市场行为方面,传播渠道越多的农户,进行市场风险管理的意愿与行为一致性越高,[③]市场预判能力更强。[④] 多样化的传播渠道会显著提高农村家庭对互联网支付类、理财类产品的使用意愿。[⑤] 另外,媒体使用还能促使农村居民参与商业养老保险,新媒体的作用大于传统媒体。[⑥]

尽管传播渠道对农村居民如此重要,但农村信息服务主体往往缺乏对传播渠道重要性的全方位认知,导致农村传播渠道未得到充分利用,多种渠道供给的信息同质、重复,极大降低了对农信息传播的有效性。[⑦] 长期以来,农村居民对各种社会资源的占有和使用都远不及城市居民,信息和传播渠道亦然,农村和农村居民实际能够使用的媒介、能够享有的信息在数量和质量上都处于劣势地位。[⑧]

二、农村居民的数字化传播渠道选择

2021 年 3 月 11 日,《中华人民共和国国民经济和社会发展第十四个五年规划和 2035 年远景目标纲要》获十三届全国人大四次会议通过。规划纲要特别强调"加快推进数字乡村建设,构建面向农业农村的综合信息服务体系,建立涉农信息普惠服务机制,推动乡村管理服务数字化"。[⑨] 在信息服务体系建设

① 赵肖柯,周波.种稻大户对农业新技术认知的影响因素分析——基于江西省 1 077 户农户的调查[J].中国农村观察,2012,(4):29—36.
② 张小有,王绮雯,万梦书.生态文明视角信息渠道与规模农户低碳技术应用选择——基于江西的调研数据[J].江苏农业科学,2019,47(6):315—320.
③ 尚燕,熊涛.所为非所想? 农户风险管理意愿与行为的悖离分析[J].华中农业大学学报(社会科学版),2020,(5):19—28.
④ 周荣柱,贾传.农户市场预判能力及其影响因素分析——基于 8 省 1 047 个农户样本调查[J].农村经济,2016,(5):68—73.
⑤ 董晓林,石晓磊.信息渠道、金融素养与城乡家庭互联网金融产品的接受意愿[J].南京农业大学学报(社会科学版),2018,18(4):109—118.
⑥ 彭魏倬加.信息渠道如何影响商业养老保险决策——来自 CGSS 的微观证据[J].中南大学学报(社会科学版),2020,26(6):119—129.
⑦ 张辰姝,温嫄文,李道亮,等.基于对应分析与聚类分析的农户信息渠道选择研究[J].情报科学,2015,33(12):90—93.
⑧ 童兵.新闻学:在建设与服务"三农"中发展[J].新闻与写作,2019,(5):61—63.
⑨ 新华社.中华人民共和国国民经济和社会发展第十四个五年规划和 2035 年远景目标纲要[EB/OL].(2021 - 03 - 13)[2025 - 02 - 15]. http://www.xinhuanet.com/2021-03/13/c_1127205564.htm.

中,数字化传播渠道建设至关重要。

数字技术与农业、农村融合是大势所趋。根据国家规划,到 2025 年,农业数字经济占农业增加值比重达到 15％,农产品网络零售额占农产品总交易额比重达到 15％,农村互联网普及率达到 70％。[①] 如果农村居民依然以传统渠道为主获取各种信息,很大程度上会制约这一进程。

之前的研究中,农村居民数字化传播渠道使用情况究竟如何? 2014 年是一道分水岭。2014 年之前,尽管互联网逐步在农村地区普及,但电视、亲朋邻友、[②]手机短信[③]仍是农村居民获取信息的主要渠道。一项针对湖南省农村居民的调查发现,网络的使用频率虽然与人际传播接近,但主要集中于农村青年群体,并未全面普及。[④] 2014 年,国家启动了“宽带乡村”工程,重点提高农村地区的宽带普及率,伴随而来的还有智能手机价格、通信费用等信息接入和获取成本的大幅度降低,农村移动互联网高速发展。政策的后续效应比较显著:农村居民很满意政府通过电脑、微博、微信等数字化传播渠道所传播的信息,认为通过数字化传播渠道传播的信息能给自身带来价值。[⑤] 一项针对江苏省农民的调查发现,受访者认为手机是仅次于电视的可靠信息源。[⑥] 另一项针对全国 1 394 个新型农业经营主体的调查也显示,手机短信/电话和互联网是他们最主要的传播渠道,占比高达 82％。[⑦] 虽然手机与互联网嵌入了农村居民生产生活的各种场景,但他们对传统渠道的依赖程度依然较大,即使在使用手机获取信息时,也常基于原有的熟人关系网络,[⑧]人际交流仍是他们最主要的传播

---

① 中华人民共和国农业农村部.农业农村部、中央网络安全和信息化委员会办公室关于印发《数字农业农村发展规划(2019—2025 年)》的通知[EB/OL].(2020 - 01 - 20)[2021 - 03 - 22]. http://www.moa.gov.cn/govpublic/FZJHS/202001/t20200120_6336316.htm.
② 谭英,王德海,谢咏才.贫困地区农户信息获取渠道与倾向性研究——中西部地区不同类型农户媒介接触行为调查报告[J].农业技术经济,2004,(2):28—33.
③ 原小玲,贾君枝,朱丹.山西省农民信息需求调查研究[J].情报科学,2009,27(8):1194—1198.
④ 刘敏,邓益成,何静,等.农村居民信息需求现状及对策研究——以湖南省农村居民信息需求现状调查为例[J].图书馆杂志,2011,(5):44—48.
⑤ 李孟涛,林让.我国农产品流通信息渠道满意度及感知价值测评[J].信息资源管理学报,2015,5(4):75—80.
⑥ 韩正彪,林延胜.农民日常生活信息搜寻行为调查研究:以江苏省为例[J].国家图书馆学刊,2016,(3):41—51.
⑦ 阮荣平,周佩,郑风田.“互联网＋”背景下的新型农业经营主体信息化发展状况及对策建议——基于全国 1 394 个新型农业经营主体调查数据[J].管理世界,2017,(7):50—64.
⑧ 李红艳,牛畅,汪璐蒙.网络时代农民的信息获取与信息实践——基于对北京市郊区农民培训的调研[J].新闻与传播研究,2019,26(4):45—61.

渠道。①

还有研究指出,农村居民传播渠道选择的行为和意愿有所不同。刘清华对重庆山区农户的调查发现,虽然只有小部分受访者曾通过组织培训获取信息,但绝大部分人对组织培训的认同感和评价都很高。② 马艳萍的研究发现,农村居民获取科技文化信息的主要渠道是电视、互联网和人际传播,但喜爱度评价排名前三的渠道分别是电视、报纸和互联网,可靠度评价排名前三的渠道分别是农科站、科协部门和报纸。③ 苗冠军等人在宁夏贫困村的研究发现,虽然农民当前主要通过电视、书报和广播等传统媒体获取信息,但他们想从信息服务站获得技术培训、公共服务、信息咨询服务的意愿也很强烈。④ 上述研究都从不同方面说明了农村居民传播渠道选择的行为和他们对传播渠道的评价、兴趣、选择意愿间存在差异。

但是上述研究发现多源于质化访谈资料,缺少量化数据的支撑,且未能探索影响农村居民传播渠道选择的行为和意愿的影响因素。下文将基于六省11县的调查数据,呈现农村居民传播渠道选择的现状,关注他们的数字化传播渠道偏好是否明显,以及分析影响他们传播渠道选择的关键性因素有哪些。

第二节　农村居民传播渠道选择情况

本书在考察农村居民传播渠道选择的行为和意愿时,重点关注数字化传播渠道,其他渠道作为参照系。结合农村居民的实际信息需求,列举了农业生产/政策、市场供求/价格、技术培训、外出务工、健康医疗、子女教育、法律维权和娱乐休闲八类信息,提供人际传播(如亲朋好友)、组织传播(如村委村干部)、大众

① 刘丽.土地流转后农民信息需求结构变动及聚类研究[J].图书馆论坛,2020,(1):117—125.
② 刘清华.农村实用人才和普通农民技术培训现状与意愿分析——基于重庆山区1 259位农户的问卷调查[J].调研世界,2015,(4):35—40.
③ 马艳萍.农村居民科技文化知识和信息服务需求研究——以广东省为例[J].图书馆学刊,2017,39(8):40—46.
④ 苗冠军,张庆霞,刘艳华.宁夏中南部贫困村农民科技信息需求分析——基于45个贫困村325位农民的调查[J].农业科学研究,2016,37(3):79—82.

传播(如报纸/电视/广播)、网络传播(如手机/网络)四种渠道,通过"目前你主要从哪个渠道获取上述信息?"考察农民的传播渠道选择当前行为,通过"未来你最想从哪个渠道获取上述信息?"考察其未来意愿。

首先计算受访者在农业生产/政策、市场供求/价格、技术培训、外出务工、健康医疗、子女教育、法律维权和娱乐休闲的信息渠道选择和媒体接触情况,见图 5-1。农业生产/政策信息方面,人际传播占 5.19%,组织传播占 43.45%,大众传播占 24.15%,网络传播占 24.40%,其他占 2.8%。市场供求/价格信息

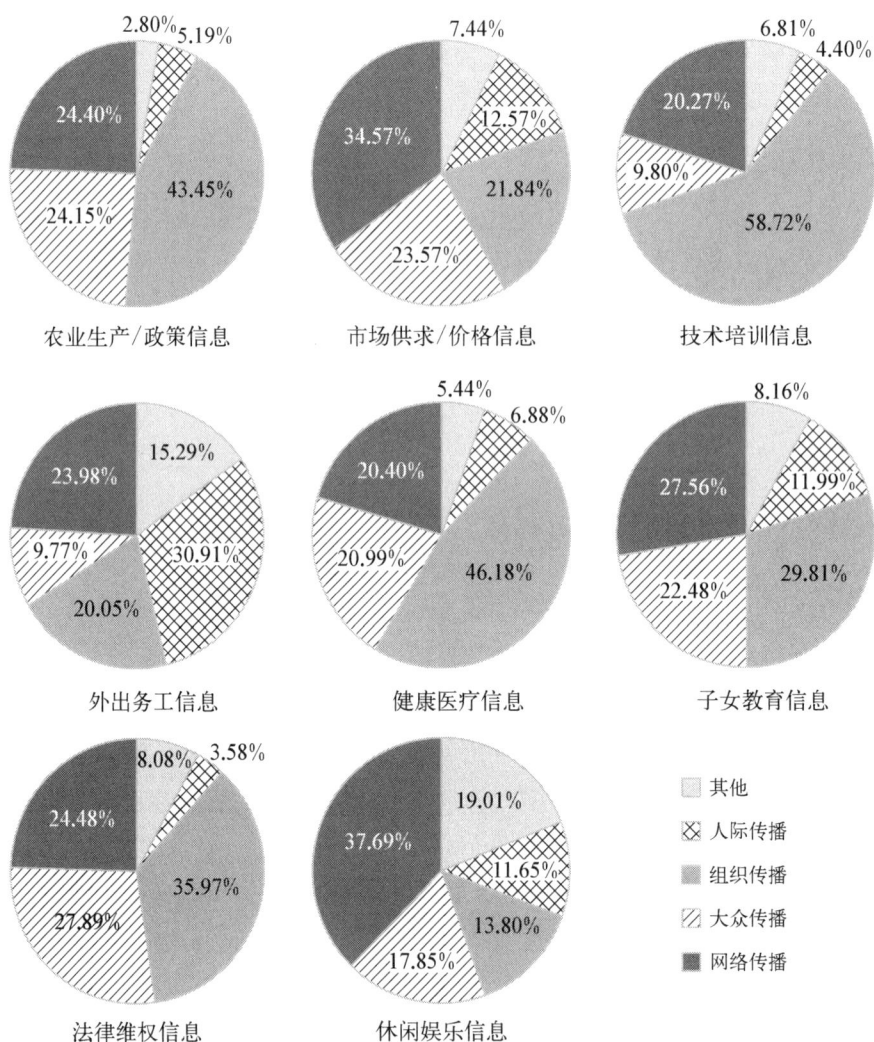

图 5-1　农村居民信息渠道当前选择情况

方面,人际传播占 12.57％,组织传播占 21.84％,大众传播占 23.57％,网络传播占 34.57％,其他占 7.44％。技术培训信息方面,人际传播占 4.40％,组织传播占 58.72％,大众传播占 9.80％,网络传播占 20.27％,其他占 6.81％。外出务工信息方面,人际传播占 30.91％,组织传播占 20.05％,大众传播占 9.77％,网络传播占 23.98％,其他占 15.29％。健康医疗信息方面,人际传播占 6.88％,组织传播占 46.18％,大众传播占 20.99％,网络传播占 20.4％,其他占 5.54％。子女教育信息方面,人际传播占 11.99％,组织传播占 29.81％,大众传播占 22.48％,网络传播占 27.56％,其他占 8.16％。法律维权信息方面,人际传播占 3.58％,组织传播占 35.97％,大众传播占 27.89％,网络传播占 24.48％,其他占 8.08％。休闲娱乐信息方面,人际传播占 11.65％,组织传播占 13.80％,大众传播占 17.85％,网络传播占 37.69％,其他占 19.01％。

对结果进行加总后,将受访者的传播渠道选择划分为以下 3 种类型:如果人际、组织、大众传播三种渠道选择频次之和大于网络传播选择频次,命名为"传统型",表示受访者的数字化传播渠道采纳程度较低,主要依赖或认可传统传播渠道;如果两者相等,命名为"过渡型",表示数字化传播渠道发挥着和传统传播渠道一样的影响力;如果前者小于后者,命名为"数字型",表示受访者更依赖或认可数字化传播渠道。从"传统型"到"过渡型"再到"数字型",受访者传播渠道选择的数字化程度越来越高。

统计发现,在当前行为层面,在受访者的传播渠道选择中,"传统型"占 51.97％,"过渡型"占 32.50％,"数字型"占 15.53％,传统型超过半数。卡方检验表明,不同性别、年龄、受教育水平的农村居民,渠道选择行为均存在显著差异。分群体比较,男性"传统型"和"数字型"的占比高于女性,女性"过渡型"占比高于男性;以均值 41.7 岁为界将受访者分为高龄和低龄两个组,高龄组的"传统型"超过 50％,比"低龄组"多 13.29％。不同受教育水平组内,尽管比例都呈现了"传统型">"过渡型">"数字型"的特点,但在小学及以下、初中两组中,"传统型"占比均超过 50％,与高中及以上学历人群差异较大。不同区域受访者的情况有共性——"传统型"最多(超过 50％),"数字型"最少(15％左右)。

在未来意愿层面,"传统型"占 52.69％,"过渡型"占 11.33％,"数字型"占 35.98％。对行为和意愿进行比较,"传统型"占比基本保持不变,"过渡型"下降了 21.17％,"数字型"上升了 20.45％。分群体看,低龄组"数字型"和"过渡型"

的占比均高于高龄组,高龄组"传统型"占比高于低龄组。学历越低,"传统型"的占比越高,"数字型"的占比越低。虽然不同性别、区域受访者意愿的差异不显著,但在数据上都呈现了"传统型">"数字型">"过渡型"的特点。

表 5-1　农村居民传播渠道选择当前行为和未来意愿比较

组　　别		当前行为(%)			未来意愿(%)			差异 1	差异 2
		传统型	过渡型	数字型	传统型	过渡型	数字型		
全体		51.97	32.50	15.53	52.69	11.33	35.98	—	—
性别	男	53.69	29.40	16.91	52.96	11.04	36.00	9.23*	0.18
	女	49.38	37.34	13.28	52.73	11.88	35.39		
年龄	低(≤41 岁)	45.19	35.08	19.73	42.75	13.33	43.92	25.14***	36.26***
	高(≥42 岁)	58.48	29.73	11.79	61.41	9.51	29.09		
受教育水平	小学及以下	64.40	24.80	10.80	68.04	11.87	20.09	31.64***	59.62***
	初中	55.09	29.65	15.27	57.07	9.33	33.60		
	高中/中专/技校	43.84	38.14	18.02	45.74	12.06	42.20		
	大专及以上	43.68	38.42	17.89	33.53	13.77	52.69		
区域	中部	52.20	32.01	15.79	51.85	10.07	38.09	0.21	3.79
	西部	51.67	33.15	15.19	53.78	12.96	33.26		

注：① $*p<0.05$, $**p<0.01$, $***p<0.001$。② 差异 1 是当前行为的比较结果,差异 2 是未来意愿的比较结果。

第三节　农村居民传播渠道选择的影响因素分析

一、解释变量选取

作为理性人,农村居民的传播渠道选择也是多种因素综合影响下的结果。

从现有文献看,这些因素主要包括个体因素、社会资本因素、心理认知因素 3 个方面。个体方面,收入、年龄、受教育水平等都可能影响农村居民的传播渠道选择。有研究以科技信息需求为例,发现中低收入的农户偏向人际传播渠道,较高收入的农户倾向市场和大众传播渠道,且他们的渠道选择更具多样性。[①]　年龄越大的农户更依赖传统渠道,[②]不同学历的农户获取信息的渠道也存在差异。[③]　社会资本的缺乏会限制个体传播渠道的数量和使用偏好,[④]农村居民社会网络规模越大,[⑤]社会资本培育投入越多,[⑥]传播渠道数量也越多。心理认知因素同样会影响农村居民的渠道选择。对新技术和电子商务业务态度越积极的农户,更不愿意通过人际传播渠道获取信息。[⑦]

　　聚焦到农村居民的数字化传播渠道选择,上述因素同样发挥着作用。徐险峰的研究发现,高收入农户对信息中介和互联网的接受度更高。[⑧]　社会资本越高的农村居民,越倾向于通过电脑和手机获取信息。[⑨]　对信息技术的主观感知也会影响他们是否接入和使用信息技术。[⑩]　对新技术采用态度越积极的种植户,越愿意通过手机获取信息。[⑪]　还有研究指出,影响农民互联网采纳的决策意愿和采纳强度的因素有所不同,两者之间是分离的。[⑫]

① 谭英,王德海,谢咏才.贫困地区农户信息获取渠道与倾向性研究——中西部地区不同类型农户媒介接触行为调查报告[J].农业技术经济,2004,(2):28—33.
② 宋凤仙,齐文娥,黎璇.农户获取农业信息渠道行为及其影响因素分析——基于广东、广西、海南三省区荔枝种植户的实证分析[J].广东农业科学,2018,45(12):137—142.
③ 张贵兰,王健,王剑,等.农户信息渠道选择及其影响因素的探索性研究——以河北省南宫市大寺王村村民为例[J].现代情报,2016,36(5):88—93.
④ Johnson C. Social Capital and the Search for Information: Examining the Role of Social Capital in Information Seeking Behavior in Mongolia[J]. Journal of the American Society for Information Science and Technology, 2014, (6):883–894.
⑤ 乔丹,陆迁,徐涛.社会网络、信息获取与农户节水灌溉技术采用——以甘肃省民勤县为例[J].南京农业大学学报(社会科学版),2017,17(4):147—155.
⑥ 唐立强,周静.社会资本、信息获取与农户电商行为[J].华南农业大学学报(社会科学版),2018,17(3):73—82.
⑦ 宋凤仙,齐文娥,黎璇.农户获取农业信息渠道行为及其影响因素分析——基于广东、广西、海南三省区荔枝种植户的实证分析[J].广东农业科学,2018,45(12):137—142.
⑧ 徐险峰.湘鄂渝黔欠发达地区农村信息需求研究[J].图书情报工作,2012,56(1):90—93.
⑨ 韩正彪,林延胜.农民日常生活信息搜寻行为调查研究:以江苏省为例[J].国家图书馆学刊,2016,25(3):41—51.
⑩ 闫慧,刘济群.农村数字化贫困群体的 ICT 接受行为研究——中国六省市田野调查报告[J].中国图书馆学报,2016,42(3):74—90.
⑪ 宋凤仙,齐文娥,黎璇.农户获取农业信息渠道行为及其影响因素分析——基于广东、广西、海南三省区荔枝种植户的实证分析[J].广东农业科学,2018,45(12):137—142.
⑫ 郭建鑫,赵清华,赵继春.农民互联网应用采纳决策及应用强度影响因素研究——基于北京郊区 712 名农民的调查数据[J].华中农业大学学报(社会科学版),2017,(5):56—62.

　　综上所述，解释变量方面，重点考察信息资本对渠道选择的影响，同时兼顾社会和经济资本。农村居民对信息的综合运用能力——信息资本会影响他们的行动和意愿。[①] 冯献等人的研究发现，农民自身的信息素养、使用信息技术的能力、所处的信息环境、对信息的评价都在一定程度上影响了农民对乡村公共数字文化服务的态度，能显著促进他们未来采纳乡村公共数字文化服务的意愿。[②] 信息资本的表现形态可以分为硬信息资本和软信息资本，硬信息资本包括信息投资和信息设备，软信息资本包括各种信息观念、技术、知识等。[③] 因此，本书通过"是否接入宽带""信息服务机构数量"测量受访者的硬信息资本，通过"互联网利用水平""信息购买意愿"测量软信息资本。与两类信息资本相对应，从"硬障碍"和"软障碍"两方面测量受访者面临的信息资本障碍。

　　为了追求模型的简约，经济与社会资本方面，研究采用"是否（原）贫困户"和"是否村干部"这两个变量。在经济资本方面的变量充分考虑了我国精准扶贫政策从经济层面划分贫困与非贫困的依据。在社会资本方面，村干部是国家政权在基层的代理人，处于农村信息传播结构中的核心地位。[④]"村干部身份"能反映个体在农村动用社会资本的能力。性别、年龄、受教育水平、是否西部地区作为控制变量，也纳入分析模型。鉴于（原）贫困户的划分主要以收入为依据，为了防止变量间的多重共线性，不再把"收入"纳入模型。自变量的操作化定义具体如表 5-2 所示。

表 5-2　变量定义与描述性统计

维　度	变　量	变　量　说　明	均值
控制变量	性别	男性＝1，女性＝0	0.608
	年龄	受访时的实际年龄（周岁）	41.718

① 司瑞石，陆迁，谭永风.信息资本对农户水土流失治理投入意愿的影响研究——基于黄土高原区 1 048 户农户的数据[J].干旱区资源与环境，2018，32(11)：41—46.
② 冯献，李瑾，崔凯，等.基于信息生态视角的乡村居民公共数字文化服务采纳意愿影响因素分析[J].图书馆建设，2021，(4)：1—14.
③ 吴志强.信息资本涵义探索[J].图书情报工作，2003，(10)：50—54.
④ 熊顺聪.乡村人际传播中的村干部形象[J].新闻界，2013，(4)：30—34.

（续表）

维　度	变　量	变　量　说　明	均值
控制变量	受教育水平	小学及以下＝1,初中＝2,高中/中专/技校＝3,大专及以上＝4	2.378
	所处地区	西部地区＝1,中部地区＝0	0.432
经济与社会资本	(原)贫困户	曾经是贫困户＝1,从来不是贫困户＝0	0.217
	村干部	是村干部＝1,不是村干部＝0	0.123
硬信息资本	宽带	家庭接入宽带＝1,没有接入宽带＝0	0.709
	信息服务机构数量	居住地周边是否有图书室、农村淘宝站、良种推广站、农村居民专业技术协会、农产品销售协会、农村居民合作社,有则每项得1分,加总,最低＝0,最高＝6	1.530
软信息资本	互联网利用水平	浏览网络新闻、网络信息检索、网络教育、网络信息共享、网络沟通、网络娱乐、网络购物、网络销售、网络投资炒股、网上办理政务服务十项,能则每项得1分,加总,最低＝0,最高＝10	3.624
	信息购买意愿	愿意付费购买信息＝1,不愿意＝0	0.448
信息资本障碍	硬障碍	环境闭塞、收入低、国家支持力度不够、通信费用高、网速慢、外部帮助少六项,有则每项得1分,加总,最低＝0,最高＝6	1.244
	软障碍	信息适合度低、信息信任度低、信源匹配度低、信息辨认度低、信息需求度低五项,有则每项得1分,加总,最低＝0,最高＝5	1.440

二、农村居民传播渠道选择当前行为的影响因素分析

"传播渠道类型"属于有序类别变量,从"传统型"到"过渡型"再到"数字型",传播渠道的数字化程度逐步提高,初步采用有序 Logit 模型分析,模型公式如下:

$$P(Y_i > j) = g(X\beta) = \frac{\exp(\alpha_j + X\beta)}{1 + [\exp(\alpha_j + X\beta)]}, \ j = 1, \ 2, \ \cdots, \ J-1$$

其中，P(∗)表示传播渠道类型中特定等级的发生概率，β表示一组与解释变量对应的回归系数，j表示传播渠道的类别，α_j是估计的截点。通过"coldiag2"命令得到的诊断系数为27.92，小于阈值30，可以认为自变量间不存在多重共线性。

在正式分析前，进行模型的平行线假定检验，当前行为层面，Brant检验显示，p值小于0.001，未满足平行线假定，不能采用有序Logit模型，改用不需要满足平行线假定的广义有序Logit模型，该模型是对有序Logit模型假定条件弱化的模型，允许回归系数随因变量次序变化而变化，[①]模型公式如下：

$$P(Y_i > j) = g(X\beta_j) = \frac{\exp(\alpha_j + X\beta_j)}{1 + [\exp(\alpha_j + X\beta_j)]}, \ j = 1, \ 2, \ \cdots, \ J-1$$

广义有序Logit模型通过"gologit2"命令完成，使用后缀"autofit"识别出最适合的部分比例优势模型，[②]分析结果如表5-3所示。

表5-3　农村居民传播渠道选择当前行为的影响因素分析

维　度	变　量	当前行为($n=955$)	
		广义有序Logit模型	
		传统型→过渡型	过渡型→数字型
控制变量	男性[a]	0.074(0.136)	
	年龄	−0.026***(0.006)	
	受教育水平	0.170*(0.079)	
	西部地区[b]	−0.056(0.158)	

---

① 王存同.进阶回归分析[M].北京：高等教育出版社，2017：188.
② Williams R. Generalized Ordered Logit/Partial Proportional Odds Models for Ordinal Dependent Variables[J]. The Stata Journal, 2006, 6(1)：58-82.

（续表）

维　度	变　量	当前行为（$n=955$）	
		广义有序 Logit 模型	
		传统型→过渡型	过渡型→数字型
经济与社会资本	（原）贫困户[c]	0.050（0.167）	
	村干部[d]	0.144（0.198）	
硬信息资本	宽带[e]	0.616***（0.159）	
	信息服务机构数	−0.150**（0.046）	
软信息资本	互联网利用水平	0.086**（0.032）	−0.052（0.041）
	愿意买信息[f]	0.198（0.131）	
信息资本障碍	硬障碍	−0.025（0.065）	−0.241*（0.095）
	软障碍	−0.149*（0.070）	−0.387***（0.104）
常数项		0.163（0.454）	−0.454（0.477）
Log likelihood		−889.655	
Prob＞chi2		***	
pseudo R^2		0.065	

注：① ＊$p<0.05$，＊＊$p<0.01$，＊＊＊$p<0.001$。② 括号外为回归系数，括号内为标准误；③ a 的参考类别为"女性"，b 的参考类别为"中部地区"，c 的参考类别为"非贫困户"，d 的参考类别为"无村干部任职"，e 的参考类别为"无宽带"，f 的参考类别为"不愿意买信息"。

　　模型显示，年龄、教育水平、宽带、信息服务机构数对农村居民当前渠道选择次序类别间的影响效应相同，互联网利用水平、硬障碍和软障碍产生了不同的影响效应。由于广义有序 Logit 模型是对累计几率（Cumulative Odds）进行估计，模型的参数意义比较模糊，只能反映显著度与系数方向，因此又计算了各个解释变量在样本均值处的边际效应，如表 5-4 所示。

表 5-4   农村居民传播渠道选择当前行为
解释变量的边际效应分析

变　　量		当前行为(n=955)		
		传统型	过渡型	数字型
控制变量	男性[a]	−0.017	0.007	0.009
	年龄	0.006***	−0.003***	−0.003***
	受教育水平	−0.038*	0.017*	0.021*
	西部地区[b]	0.013	−0.006	−0.007
经济与社会资本	(原)贫困户[c]	−0.011	0.005	0.006
	村干部[d]	−0.032	0.014	0.018
硬信息资本	宽带[e]	−0.139***	0.062***	0.077***
	信息服务机构数	0.034**	−0.015**	−0.019**
软信息资本	互联网利用水平	−0.019**	0.026***	−0.007
	愿意买信息[f]	−0.045	0.020	0.025
信息资本障碍	硬障碍	0.006	0.025	−0.030*
	软障碍	0.034*	0.015	−0.049***

注：① *$p<0.05$，** $p<0.01$，*** $p<0.001$。② a 的参考类别为"女性"，b 的参考类别为"中部地区"，c 的参考类别为"非贫困户"，d 的参考类别为"无村干部任职"，e 的参考类别为"无宽带"，f 的参考类别为"不愿意买信息"。

根据表 5-4 的边际效应分析结果，可分析各变量的具体效应。

第一，年龄和受教育水平的影响。年龄每增加 1 个单位，当前行为是"传统型"的概率上升 0.6%，"过渡型"的概率下降 0.3%，"数字型"的概率下降 0.3%。受教育水平每增加 1 个单位，当前行为是"传统型"的概率降低 3.8%，"过渡型"的概率上升 1.7%，"数字型"的概率上升 2.1%。

第二，硬信息资本的影响。家中是否接入宽带对受访者传播渠道选择的当前行为有显著影响，家中有宽带的受访者相比家中未接入宽带的受访者，当前行为是"传统型"的概率要低13.9%,为"过渡型"的概率高6.2%,为"数字型"的概率高7.7%。周边信息服务机构数对当前行为有显著影响,每增加1个单位,行为为"传统型"的概率上升3.4%,为"过渡型"的概率下降1.5%,为"数字型"的概率下降1.9%。可见,宽带对农村居民传播渠道选择的行为向"数字型"发展起到了正向作用,而信息服务机构则发挥着负向作用。

第三,软信息资本方面,农村居民的互联网利用水平每增加一个单位,当前行为是"传统型"的概率下降1.9%,为"过渡型"的概率上升2.6%,对行为是"数字型"的概率没有显著影响。

第四,信息资本障碍的影响。硬障碍每增加1个单位,当前行为是"数字型"的概率降低3.0%,软障碍也有显著影响,每增加1个单位,"传统型"的概率上升3.4%,"数字型"的概率下降4.9%,对"过渡型"的效应不显著。

三、农村居民传播渠道选择未来意愿的影响因素分析

在未来意愿层面,Brant检验显示,p值为0.477,满足平行线假定,可以采用有序Logit模型,分析结果如表5-5所示。

表5-5　农村居民传播渠道选择未来意愿的影响因素分析

维　　度	变　　量	未来意愿(n=839)
		有序Logit模型
		传统型→数字型
控制变量	男性[a]	0.221(0.149)
	年龄	−0.030***(0.007)
	受教育水平	0.256**(0.086)
	西部地区[b]	0.132(0.171)
经济与社会资本	(原)贫困户[c]	−0.107(0.186)
	村干部[d]	0.394(0.229)
硬信息资本	宽带[e]	0.390*(0.170)
	信息服务机构数	−0.087(0.051)

（续表）

维　度	变　量	未来意愿($n=839$) 有序 Logit 模型 传统型→数字型
软信息资本	互联网利用水平	0.118*** (0.033)
	愿意买信息[f]	0.137(0.143)
信息资本障碍	硬障碍	−0.190** (0.068)
	软障碍	−0.141(0.073)
常数项		—
切点一		−0.148(0.491)
切点二		0.399(0.492)
Log likelihood		−744.916
Prob＞chi2		***
pseudo R^2		0.077

注：① * $p<0.05$，** $p<0.01$，*** $p<0.001$。② 括号外为回归系数，括号内为标准误；③ a 的参考类别为"女性"，b 的参考类别为"中部地区"，c 的参考类别为"非贫困户"，d 的参考类别为"无村干部任职"，e 的参考类别为"无宽带"，f 的参考类别为"不愿意买信息"。

表5-5显示，未来意愿层面，年龄、受教育水平、宽带、互联网利用水平和硬障碍的影响显著。进一步计算各个解释变量在样本均值处的边际效应，如表5-6所示。

表5-6　农村居民传播渠道选择未来意愿解释变量的边际效应分析

变　量		未来意愿($n=839$)		
		传统型	过渡型	数字型
控制变量	男性[a]	−0.048	0.003	0.045
	年龄	0.006***	−0.0004**	−0.006***

（续表）

变　量		未来意愿($n=839$)		
		传统型	过渡型	数字型
控制变量	受教育水平	-0.056^{**}	0.003^{*}	0.053^{**}
	西部地区[b]	-0.029	0.002	0.027
经济与社会资本	（原）贫困户[c]	0.023	-0.001	-0.022
	村干部[d]	-0.086	0.005	0.081
硬信息资本	宽带[e]	-0.085^{*}	0.005^{*}	0.080^{*}
	信息服务机构数	0.019	-0.001	-0.018
软信息资本	互联网利用水平	-0.026^{***}	0.002^{**}	0.024^{***}
	愿意买信息[f]	-0.030	0.002	0.028
信息资本障碍	硬障碍	0.042^{**}	-0.002^{*}	-0.039^{**}
	软障碍	0.031	-0.002	-0.029

注：① $*\ p<0.05$，$**\ p<0.01$，$***\ p<0.001$。② a 的参考类别为"女性"，b 的参考类别为"中部地区"，c 的参考类别为"非贫困户"，d 的参考类别为"无村干部任职"，e 的参考类别为"无宽带"，f 的参考类别为"不愿意买信息"。

第一，年龄和受教育水平的影响。年龄每增加 1 个单位，未来意愿为"传统型"的概率上升 0.6%，"过渡型"的概率下降 0.04%，"数字型"的概率下降 0.6%。受教育水平每增加 1 个单位，未来意愿为"传统型"的概率降低 5.6%，"过渡型"的概率上升 0.3%，"数字型"的概率上升 5.3%。

第二，硬信息资本的影响。家中是否接入宽带对受访者信息渠道选择的行为和意愿均有显著影响，家中有宽带的受访者相比家中未接入宽带的受访者，未来意愿为"传统型"的概率低 8.5%，为"过渡型"的概率高 0.5%，为"数字型"的概率高 8.0%。周边信息服务机构数的影响不显著。

第三，软信息资本方面，农村居民的互联网利用水平每增加一个单位，未来意愿为"传统型"的概率下降 2.6%，为"过渡型"的概率上升 0.2%，为"数字型"的概率上升 2.4%。

第四，信息资本障碍的影响。硬障碍每增加 1 个单位，"传统型"的概率上升 4.2%，"过渡型"的概率下降 0.2%，"数字型"的概率下降 3.9%。软障碍对未来意愿的影响不显著。

四、农村居民传播渠道选择变化趋势的影响因素分析

表 5-7 呈现了农村居民的传播渠道选择从"现实"（当前行为）到"理想"（未来意愿）的变化趋势。根据研究设计，对角线上为"保持者"，占 47.52%。对角线右上方为"前进者"——传播渠道未来意愿的数字化程度高于当前行为，占 31.43%；对角线左下方为"后退者"——传播渠道未来意愿的数字化程度低于当前行为，占 21.04%。人数上，"保持者"最多，其中 33.75% 的受访者无论是现在还是未来，都以"传统型"为主。在"后退者"中，从当前行为的"过渡型"降为未来意愿的"传统型"（14.35%）最多，极少有从"数字型"降为"传统型"（5.04%）或"过渡型"（1.65%）。"前进者"中，从当前行为的"传统型"或"过渡型"升为未来意愿的"数字型"分别占 12.90% 和 13.68%，极少有人从"传统型"升为"过渡型"（4.85%）。

表 5-7　农村居民传播渠道选择意愿的变化

类　　型		未来意愿(%)		
		传统型	过渡型	数字型
当前行为(%)	传统型	33.75	4.85	12.90
	过渡型	14.35	4.75	13.68
	数字型	5.04	1.65	9.02

按照未来意愿变化的方向，课题组将受访者分为"保持者""前进者""后退者"三类，因此采用多类 logistic 回归模型（Multinomial Logistic Regression，Mlogit 模型）进行传播渠道变化趋势的影响因素分析，模型公式如下：

$$\text{mlogit}(Y) = \ln\left(\frac{p_i}{p_j}\right) = \alpha_i + \sum_{k=1}^{n} \beta_{ik} x_k + \mu_i$$

p_i 表示传播渠道变化趋势是某种类型的几率（odds），下标 i 分别对应"保持者""前进者"和"后退者"，以"保持者"对参照组。α 是常数项，β 是回归系数，指当其他解释变量取值不变时，该解释变量增加一个单位引起几率比（odds ratio)自然对数值的变化量，μ 是残差项。Hausman 检验显示 P 值大于 0.05，符合无关选择独立性假设（Independent and Irrelevant Alternatives，IIA 假设），可以采用 Mlogit 模型估计，结果如表 5-8 所示。

表 5-8　农村居民传播渠道变化趋势的影响因素

变 量		传播渠道变化趋势（$n=818$）	
		Mlogit 模型	
		前进者	后退者
控制变量	男性[a]	−0.129(0.879)	−0.266(0.766)
	年龄	−0.010(0.990)	−0.002(0.998)
	教育水平	0.221*(1.248)	−0.053(0.949)
	西部地区[b]	0.487*(1.628)	0.243(1.275)
经济与社会资本	（原）贫困户[c]	−0.496*(0.609)	−0.527*(0.590)
	村干部[d]	0.463(1.589)	0.248(1.282)
硬信息资本	宽带[e]	−0.022(0.978)	0.143(1.154)
	信息服务机构数	−0.077(0.926)	−0.193**(0.824)
软信息资本	互联网利用水平	0.155***(1.168)	0.092*(1.096)
	愿意买信息[f]	0.487**(1.628)	0.509**(1.664)
信息资本障碍	硬障碍	−0.078(0.925)	0.047(1.048)
	软障碍	−0.031(0.969)	−0.086(0.917)
常数项		−1.143(0.319)	−0.796(0.451)
Log likelihood		−806.179	
Prob>chi2		***	
pseudo R^2		0.055	

注：① * $p<0.05$，** $p<0.01$，*** $p<0.001$。② 因变量以"保持者"为参照系。③ 括号外为回归系数，括号内为机率比(OR)。④ a 的参考类别为"女性"，b 的参考类别为"中部地区"，c 的参考类别为"非贫困户"，d 的参考类别为"无村干部任职"，e 的参考类别为"无宽带"，f 的参考类别为"不愿意买信息"。

　　结果表明，教育水平、地区、经济资本、信息服务机构数、软信息资本是使农村居民传播渠道选择的当前行为和未来意愿间产生分化的显著影响因素。具体表现为，控制了其他变量，相对于"保持者"，教育水平每增加 1 个单位，农村居民属于"前进者"的几率提高 24.8%，西部地区农村居民属于"前进者"的几率是中部地区农村居民的 1.628 倍——这应该得益于国家近年来对西部地区大幅度的资金投入与政策支持。

　　经济资本方面，(原)贫困户成为"前进者"的几率是非贫困户的 60.9%；成为"后退者"的几率是非贫困户的 59.0%。贫困限制了农村居民传播渠道的进步，使他们成为"前进者"的几率降低，这点容易理解。为什么(原)贫困户也较难成为"后退者"？可能的原因有二：首先，经济贫困虽然会限制农村居民采用互联网渠道的意愿，但由于有国家扶贫政策"托底"，(原)贫困户的受信格局也不会大幅度退步。其次，(原)贫困户中有 43.41% 的人，当前行为和未来意愿均为"传统型"，退无可退。

　　在硬信息资本方面，信息服务机构数每增加 1 个单位，相对于"保持者"，农村居民成为"后退者"的几率下降 17.6%，但对成为"前进者"的效应不显著。这说明，信息服务机构在农村的主要作用不是"提优"，而是"阻差"——仅靠完善信息服务机构较难促进农村居民确立"数字型"受信格局，但对抑制"后退者"发生有积极作用。

　　软信息资本方面，控制了其他变量，互联网利用水平每增加 1 个单位，农村居民成为"前进者"的几率增加 16.8%，成为"后退者"的几率增加 9.6%。这一结果的启示是：① 互联网利用水平是把使农村居民群体间产生分化的"双刃剑"，一些互联网利用水平较高的人能掌握更全面的传播渠道，成为数字时代的"前进者"。② 网上的海量信息对受众的信息甄别能力提出了更高的要求，综合评估后，一部分人可能认为数字化传播渠道不如传统渠道更有效、更经济。所以，不要一味地放大互联网的积极效应，要突破互联网"乐观论"，关注信息冗余、网络谣言产生的负面效果。

　　信息购买意愿也呈现了同样的效应——有信息购买意愿的农村居民，成为"前进者"和"后退者"的几率都显著提高了。前一现象容易理解，后者如何解释呢？结合访谈发现，目前的信息价格还是大幅度高于农村居民预期，他们的未来意愿固然美好，也愿意为信息付费，但到信息市场才发现，信息的价格确实有点贵,容易产生退缩心理。因此,降低信息获取的经济成本应作为一项持续性工作落实下去。

第四节　培育数字农民的政策启示

本章以数字化进程为视角,考察了中西部地区农村居民传播渠道选择的当前行为和未来意愿,关注"现实"与"理想"的差异,并采用多种计量模型以信息资本为主兼顾经济和社会资本分析了农村居民传播渠道选择的影响因素,从传播渠道的视角出发探讨如何培育乡村振兴阶段的"数字农民",主要发现和启示有以下几点。

第一,目前农村居民获取信息仍以各种传统渠道为主,"数字农民"比例较低。传播渠道不畅,可能导致农村居民无法及时获取最新的政策、技术、市场等信息,导致信息不对称,而信息资源的分配不均衡也会导致一些地区和农村居民无法平等地享受数字传播渠道发展所带来的便利。尽管我们的调查显示,受访者家庭的宽带普及率达到了70.93%,手机人均0.67部,电脑户均0.63台,但仍有多达51.97%的受访者当前主要通过传统传播渠道获取信息。这表明,培育"数字农民",仅从ICT(信息通信技术)入手远远不够。在数字乡村建设的前期,宽带、手机、移动通信等技术硬件固然是瓶颈,但突破之后,高的ICT水平却未必能造就"数字农民"。实地调研中也发现,在原先扶贫工作中,政府会给贫困户派发智能机、补贴话费。但即使通过外部力量帮助他们跨越了技术硬件的接入门槛,由于缺乏相关技能,也没有上网的需求,很多(原)贫困户学习、使用智能机的意愿不强烈,智能机都在家中闲置。归根结底,ICT只是一个"保健因素"而非"激励因素"。

第二,较多农村居民有向"数字型"发展的意愿,数字渠道的"用户黏性"较强,这对信息贫困的缓解起到了积极的作用。比较当前行为和未来意愿,"过渡型"占比降低了21.17%,"数字型"占比上升了20.45%,近三成农村居民未来意愿的数字化程度高于当前,他们就是潜在的"数字农民"。传播渠道变化趋势(见表5-7)表明,当前传播渠道是"数字型"的受访者中,未来意愿降为"传统型"和"过渡型"的比例和仅为6.69%;从"传统型"和"过渡型"升为"数字型"的比例和却高达 26.58%。可见,互联网对农村居民具有较大的"召唤力"和"用户黏性"。

访谈结果显示,许多农村居民愿意向"数字型"发展的重要原因包括他们认识到了数字传播渠道能给生产、生活带来实际利益和效益,例如通过数字传播渠道他们可以获取农产品种植和培育的技术信息,帮助他们提高生产效率。一些农户表示,通过数字渠道,他们不仅能获取市场信息,还能开展电子商务打开销量。另外,近年来政府和相关组织的政策支持,也是鼓励他们成为"数字农民"的重要原因,许多农村居民就是通过政府开展的培训掌握了信息检索、网店运营的技能,数字渠道利用的能力也逐渐提升。

第三,数字渠道的利用在农村地区存在分化情况,如何让"后进分子"不掉队是信息赋能需要重点考虑的问题之一。进一步分析后发现,年轻、高学历人群更想成为"数字农民"。可以预见,在不久的将来,农村会形成这样的局面:一方面,大量年轻人积极拥抱互联网;另一方面,高龄、低学历群体固守传统,逐步沦为"信息穷人"。如果数字化进程中农村居民内部剧烈分化乃至撕裂,这样的"数字乡村"是不健康的。今后工作重点要放在如何让"后进分子"不掉队上。除了资金、硬件、服务等外部支持外,更要在思想观念、自我效能感、可行信息能力等方面进行重点帮扶和提升,契合农村居民实际需求、完善政策配套和人才支持。

数字乡村建设也要充分尊重现实。当前,农村"空心化"问题愈发严重,留守老人居多,这类群体采用数字化传播渠道的难度非常大,因此,传统信息渠道于他们而言其实是更好的选择。传统信息渠道是建设"数字乡村"的起点,未来必须重点考虑新技术如何为传统渠道赋能,而不是简单替代。

第四,国家长期以来的乡村宽带建设卓有成效,但需重新审视信息服务机构的功能和运作方式,夯实农村教育在培育"数字农民"中的基础性地位。回归结果表明,硬信息资本的确是影响农村居民传播渠道选择的显著因素,其中,作为重要信息基础设施的宽带,对农村居民建立"数字型"受信格局有积极作用。但研究也发现,信息服务机构难以促使农村居民成为"前进者",只能抑制他们成为"后退者",针对现状的研究指出,信息服务机构还可能对"数字农民"的培育存在一定的抑制作用。这一点在郭建鑫等人的研究中也得到了印证,他们的研究发现,以往的信息化公共工程会负向影响农民对新型互联网应用的采纳决策意愿和采纳强度,这是因为原有的村基础设施有一定的替代效应。[①] 作为惠民工程的组成部分,各种信息服务机构一方面极大地便利了农村居民的信息获取和使用;另一方面,也容易使他们产生路径依赖,降低他们自主学习、运用互联网主动寻求信息的意愿。因此,在对农村居民进行信息赋能的过程中,要重新考虑什么才是最适合他们的方式,一味简单给予,效果未必最好。

在调研中我们还发现,一些村的益农信息社面临着这样的困境:信息社的硬件(电脑、打印机等)和软件(网页、App 等)配备齐全,且都能正常使用,但信息社在农村居民中知名度不高,并未实际发挥作用。同时,村里通常没有人力、物力支撑后续运营,导致很多信息社沦为"挂牌机构",这也是其他农村信息服务机构、平台共同面临的问题。如何让它们真正发挥实效? 一方面,在运营初期,上级政府要持续性"供血",给予这些机构和平台长期的资金支持、人员配备、技术指导,让它们能实际投入运转,否则只有前期建设没有后期维护可能导致所有投入付诸东流;另一方面,农村内部更要"造血",采用成立专项资金、村干部定期轮岗、招募全职信息员等方式,将信息服务机构内化为村庄建设、行政机构的一部分,确保农村信息服务机构长期存活发展。

培育"数字农民",也要"扶志"与"扶智"相结合,教育就显得尤为重要。政府要继续加大对农村地区的教育投入,进一步降低农村青少年失学率,通过讲座、集中培训等方式提升农村中老年群体的文化水平和信息利用能力。

第五,农村居民的传播渠道选择是一个动态发展过程,培育"数字农民"的关键在于增加农村居民的信息资本,扫清信息障碍。本书分析了农村居民传播渠道选择的变化趋势,尽管总体上"保持者"最多,"前进者"其次,"后退者"最少,但每一类的具体情况又错综复杂。因此,必须对每一类人、每一项措施进行精准研判。我们发现,互联网利用水平、信息购买意愿等因素,都是"双刃剑"。相对于"保持者",互联网利用水平较高、有明确信息购买意愿的农村居民,成为"前进者"和"后退者"的可能性都较大,可能的原因在前文已经有所提及,这里再次提醒相关政策制定者,"应然"与"实然"往往存在很多差异,政策制定需要更接地气,更因人、因地、因事制宜。

建设数字乡村,需要多主体参与,共同扫清信息资本障碍。和软障碍相比,

① 郭建鑫,赵清华,赵继春.农民互联网应用采纳决策及应用强度影响因素研究——基于北京郊区 712 名农民的调查数据[J].华中农业大学学报(社会科学版),2017,(5):56—62.

硬障碍不仅会影响农村居民的当前行为,还会加剧"畏难"情绪,降低他们的数字化意愿。在六类硬障碍中,环境闭塞、收入低、国家支持力度不够、通信费用高、网速慢、外部帮助少的提及率分别为 10.89％、47.34％、20.78％、14.97％、18.50％、11.91％。可见,农民收入低、缺乏政府外部支持是培育"数字农民"的主要障碍,政府、运营商、互联网公司、社会组织等多元主体要通力合作,加大资金和政策支持,降低农村居民的信息成本和技术壁垒,进一步改善外部信息环境。

本章呈现了农村居民选择传播渠道的现状和意愿,并探讨影响农村居民传播渠道选择向数字化发展的重要因素。在数字化和信息化的背景下,畅通传播渠道,推动数字乡村建设是乡村振兴的重要进路。

第六章
信息赋能中农村居民的信息行为主动性

之前的"参与式扶贫",要求在扶贫项目的设计、规划、实施、监管和验收中,通过自下而上的决策方式,激发帮扶对象的主动性,使他们积极参与到扶贫项目的全过程,而不仅仅是被动的受帮扶者。根据这一理念,在分析乡村振兴阶段信息赋能的传播机制时,除了要重视传播主体、传播渠道外,还要特别重视传播对象的主动性。因此,本章聚焦农村居民信息搜寻行为的主动性情况及影响因素,试图回答三个问题:农村居民的信息搜寻行为主动性程度如何? 不同农村居民的信息搜寻行为主动性存在怎样的差异? 影响农村居民信息搜寻行为主动性的因素有哪些?

长期以来,我国广大农村地区在信息技术推广普及与使用方面相对落后,城乡之间数字鸿沟严重。部分农村地区信息服务只注重信息发布而忽略了农村居民的差异化需要,导致信息服务与实际需求出现错位。[1] 建构主义信息理论认为,用户在信息使用过程中会对信息进行主观建构从而形成不同意义。因此,有效的信息服务应该更多关注信息使用者的需求和行为习惯。[2] 对信息行为的主体即农村居民来说,他们基于信息需求出发获取信息,在这一过程中可能表现出不同的行为模式,采取不同的信息搜寻策略。[3]

[1] 刘丽.农村居民信息需求与信息服务现状研究——以安徽亳州 Y 村田野调查为基础[J].图书馆论坛,2015,35(4):62—68.
[2] 于良芝,张瑶.农村信息需求与服务研究:国内外相关文献综述[J].图书馆建设,2007,(4):79—84.
[3] Diekmann F, Loibl C, Batte M T. The Economics of Agricultural Information: Factors Affecting Commercial Farmers' Information Strategies in Ohio[J]. Review of Agricultural Economics, 2009, 31(4):853-872.

第一节　相关文献回顾

一、信息搜寻行为

信息行为(Information Behavior)是与信息来源和渠道有关的人类行为的总和,包括主动和被动的信息搜寻以及信息使用。信息搜寻行为(Information Seeking Behavior)属于信息行为的一种,起源于对图书馆用户的研究和一般读者的研究,后又扩展至对学者、患者等特定人群的研究。[①] 过往研究在关注人们的信息搜寻行为时,主要考察信息搜寻的频率和花费的时间,[②]搜寻的信息内容,[③]使用的渠道[④]等。信息搜寻频率和花费时间方面,Yan 等通过评估信息搜寻的了解程度和内在主动性发现搜寻者会根据个人对信息搜寻的认识,转化为信息搜寻行为,并受内在主动性影响。[⑤] 詹姆斯(James)团队则通过提问一周内进行健康信息搜寻行为的总时间与大众对医嘱依从性进行分析。[⑥]

在信息搜寻内容方面,熊欣语等提到流动人口更关注用药咨询,对疾病预防方面知识关注度稍低。[⑦] 在信息搜寻行为的渠道方面,Amber 对健康信息搜寻渠道和测量方法进行回顾,发现实验的设计十分多样,包括不同渠道搜寻频

---

① Wilson T D. Human Information Behavior[J]. Informing Science,2000,(2)：49-56.
② Yan Y, Davison R M. Exploring Behavioral Transfer from Knowledge Seeking to Knowledge Contributing：The Mediating Role of Intrinsic Motivation [J]. Journal of the Association for Information Science & Technology, 2013, 64(6)：1144-1157.
③ 熊欣语,张亮.深圳市流动人口与户籍人口网络健康信息搜寻行为差异及其影响因素[J].医学与社会,2021,34(5)：5—9.
④ Abdul-Muhsin H, Tyson M, Raghu S, et al. The Informed Patient：An Analysis of Information Seeking Behavior and Surgical Outcomes Among Men With Benign Prostatic Hyperplasia [J]. American Journal of Mens Health, 2017, 11(1)：147-153.
　宋小康,徐孝婷,朱庆华.基于关键事件技术的消费者日常在线健康信息搜寻需求与障碍研究[J].现代情报,2021,41(5)：50—58.
⑤ Yan Y, Davison R M. Exploring Behavioral Transfer from Knowledge Seeking to Knowledge Contributing：The Mediating Role of Intrinsic Motivation [J]. Journal of the Association for Information Science & Technology, 2013, 64(6)：1144-1157.
⑥ Weaver, J B, Nancy J. T, Stephanie S W, Gary L H. Healthcare Non-Adherence Decisions and Internet Health Information[J]. Computers in Human Behavior, 2009, 25(6)：1373-1380.
⑦ 熊欣语,张亮.深圳市流动人口与户籍人口网络健康信息搜寻行为差异及其影响因素[J].医学与社会,2021,34(5)：5—9.

率和时间、搜寻结果、结果满意度、阻碍等。[①] 研究者也通过关注搜寻行为使用的多元渠道、对信息关注的密切程度以及搜寻的积极程度[②]等来反映信息搜寻行为的活跃程度。根据前人研究,影响信息搜寻行为的因素可分为个人因素和外在环境因素。[③] 个人方面的有:信息需求、[④]搜寻者的人口统计学特征[⑤]等;外在环境方面的搜寻情境、[⑥]信源特征、[⑦]社会支持[⑧]等。

二、农村居民的信息搜寻行为

我国城乡发展失衡问题不仅体现在经济发展差异导致的"经济鸿沟",还体现在城乡居民之间信息搜寻渠道、电子资源获取机会、信息使用意识和能力上的差异。[⑨] 这种现象在其他同为发展中国家的农业大国中也非常普遍,[⑩]且存在"数字鸿沟"的农村居民容易发展成"数字贫困"状态。李晶晶等提出数字机会指数的概念,将"数字贫困"聚焦于数字技术的实施、接入和使用上。[⑪]

国外对农民农业信息搜寻行为的研究认为不同的信息来源是利用农业

① Anker A E, Reinhart A M, Feeley T H. Health Information Seeking: A Review of Measures and Methods[J]. Patient Education and Counseling, 2011, 82(3): 346 - 354.

② Lagoe C, D Atkin. Health Anxiety in the Digital Age: An Exploration of Psychological Determinants of Online Health Information Seeking[J]. Computers in Human Behavior, 2015, 52: 484 - 491.
Robert J, Griffin, Yang Z, et al. After the Flood: Anger, Attribution, and the Seeking of Information[J]. Science Communication, 2008, 29(3): 285 - 315.

③ 金帅岐,李贺,沈旺,等.用户健康信息搜寻行为的影响因素研究——基于社会认知理论三元交互模型[J].情报科学,2020,38(6):53—61.

④ 陈晓宇,付少雄,邓胜利.社会化问答用户信息搜寻的影响因素研究——一种混合方法的视角[J].图书情报工作,2018,62(20):102—111.

⑤ Emenogu V, Omehia A P, Okwu E D. Information Needs and Seeking Behaviour Of Researchers at African Regional Aquaculture Centre (Arac) In Rivers State.[J]. Library Philosophy and Practice, 2021: 1 - 21.

⑥ 邓胜利,付少雄,刘瑾.任务情境下青年人网络健康信息资源选择的群体差异研究[J].图书情报工作,2017,61(22):98—106.

⑦ 李华锋,段加乐,孙晓宁.基于元分析的用户在线信息搜寻意愿影响因素研究[J].图书情报工作,2021,65(19):84—95.

⑧ 夏佳良,邓朝华,吴泰来.职业女性网络健康信息搜寻行为影响因素及社会支持的调节效应研究[J].图书情报工作,2020,64(23):53—62.

⑨ 吕普生.数字乡村与信息赋能[J].中国高校社会科学,2020,(2):69—79.

⑩ Rahman T, Ara S, Khan N A. Agro-information Service and Information-seeking Behaviour of Small-scale Farmers in Rural Bangladesh[J]. Asia-Pacific Journal of Rural Development, 2020, 30(1 - 2): 175 - 194.

⑪ 李晶晶,吴坤.基于主成分分析法对农民数字贫困的研究——以江苏省徐州市为例[J].甘肃农业,2022,(1):68—71.

信息的关键决定因素，[①]大部分研究主要汇报其信息搜寻尝试过的媒介渠道、实际采用的渠道和使用频率，其中渠道主要分为传统线下渠道以及电子媒介，[②]一些定性研究试图阐释农民获取农业生产相关信息的过程。[③] 国内在对农村女性居民信息搜寻方式的研究中也主要汇报渠道，但增加了对人际维度的重视。除了信源、渠道外，有研究考虑到了信息搜寻行为的过程特点，提出"被动型获取模式""内向型搜寻模式"和"外向型搜寻模式"三种分类。[④]

农村居民信息搜寻行为的影响因素，学者们主要关注以下几个方面：① 利益或信息需求：如商业利益、生产经营的专业化水平；农场类型、农场经营年限等。农业生产的规模会影响信息渠道的使用频率和利用强度。[⑤] 农民情境化和个性化的信息需求有时会带来信息寻求的孤立——农民拥有的农场有其特定的情况，有时使他们很难找到有类似经验可以共享的人。[⑥] ② 心理因素：如对搜寻行为带来的直接好处的感知能够提升农民对各类媒体的使用频率。[⑦] ③ 人口统计指标：如更高的教育水平能够发展农村居民寻求信息的技能，[⑧]认知水平较低的农村女性居民更倾向于选择依赖社会网络获取信息而非通过信息媒介独立解决信息需求，职业性质也影响信息搜寻

① Aonngernthayakorn K，Pongquan S. Determinants of Rice Farmers Utilization of Agricultural Information in Central Thailand[J]. Journal of Agricultural & Food Information，2017，18（1）：1-19.

② Babu S C，Glendenning C J，Okyere K A，et al. Farmers' Information Needs and Search Behaviors：Case Study In Tamil Nadu，India[C]// 2012 Conference，August 18-24，2012，Foz do Iguacu，Brazil. International Association of Agricultural Economists，2012.

③ Starasts A. 'Unearthing Farmers' Information Seeking Contexts and Challenges in Digital, Local and Industry Environments'[J]. Library & Information Science Research，2015，（2）：156-163.

④ 余章旸，闫慧，张鑫灿，等.傈僳族乡村居民信息搜寻行为模式研究[J].文献与数据学报，2019，1（4）：24—35.

⑤ Aonngernthayakorn K，Pongquan S. Determinants of Rice Farmers Utilization of Agricultural Information in Central Thailand[J]. Journal of Agricultural & Food Information，2017，18（1）：1-19.

⑥ Starasts A. 'Unearthing Farmers' Information Seeking Contexts and Challenges in Digital, Local and Industry Environments'[J]. Library & Information Science Research，2015，37（2）：156-163.

⑦ Diekmann F，Loibl C，Batte M T. The Economics of Agricultural Information：Factors Affecting Commercial Farmers' Information Strategies in Ohio[J]. Applied Economic Perspectives and Policy，2009，（4）：853-872.

⑧ 余章旸，闫慧，张鑫灿，等.傈僳族乡村居民信息搜寻行为模式研究[J].文献与数据学报，2019，1（4）：24—35.

方式及渠道选择。① ④ 社会文化和经济环境：以家庭为主的传统习惯可能成为农村居民接触有效信息源、信息技术学习和相关困难求助方面的阻碍，农村电气化程度低、居民不能支付信息通信技术（Information Communication Technology, ICT）设备和信息服务费等行为也会对农民的信息寻求行为形成障碍。②

通过对已有信息搜寻行为研究梳理后发现，专门针对中国农村居民的研究较少。有限的相关研究，仅关注部分区域案例。在农村居民信息搜寻行为的影响因素分析中，缺乏较好的理论框架依托。因此，研究有待完善。

第二节　研 究 设 计

一、因变量

参考其他学者的研究，我们将信息搜寻行为主动性定义为：有通过自身努力主动获取信息的意愿，并使用可供自主搜寻的信息渠道，付出搜寻行动而非等待信息偶遇或上门。纳齐尔（Nadzir）和萨利姆（Salim）将信息搜寻行为这一概念定义为满足需要的过程，具体包括"识别需求、使用信源、搜索信息、使用信息"。③ 据此，我们将"信息搜寻行为主动性"操作化定义为意识主动性、渠道主动性和执行主动性三个具体方面。其中，意识主动性关注农村居民是否具有更强的获取信息的意识和意愿；渠道主动性则关注农村居民在搜寻信息时，采用的信息渠道是否能够展现主动性，如，比起在互联网上搜索信息，听讲座或广播的主动性相对较弱；执行主动性重点关注在行动上是否主动出击寻找信息而非依赖他人告知。具体操作化定义如表6-1所示。

---

① 刘济群，闫慧.农村女性居民信息搜寻行为研究——甘皖津三地的田野发现[J].图书情报知识，2015，(1)：4—13.

② Brhane G, Mammo Y, Negusse G. Sources of Information And Information Seeking Behavior of Smallholder Farmers of Tanqa Abergelle Wereda, Central Zone of Tigray, Ethiopia[J]. Journal of Agricultural Extension and Rural Development, 2017, 9(4)：47-52.

③ Nadzir, Maslinda M, Juhana S. Information Seeking Behaviour Factors：A Measurement Model [C]// 2013 International Conference On Research & Innovation In Information Systems (C/CR// S), Kuala Lumpur, Malaysia, 2013：168-173.

表 6-1　农村居民信息搜寻行为主动性的操作化定义

维　度	测　量　题　项	解　释
意识的主动性	你愿意花钱来获得生产、生活信息吗：1. 愿意；2. 不愿意	勾选 1 判为更具主动性，计为高意识主动性，否则为低意识主动性
渠道的主动性	上面所需信息主要获取渠道：1. 报纸杂志；2. 电视广播；3. 手机/网络；4. 亲朋好友；5. 村委村干部；6. 讲座培训；7. 农村淘宝站/信息服务站；8. 其他	勾选 3 或 7 判为高渠道主动性，计 1 分；否则计 0 分，为低渠道主动性
执行的主动性	如果有，你如何确定每年的种植/养殖计划（单选）：1. 自己主动找各种消息；2. 根据政府建议；3. 没计划，每年都差不多；4. 别人怎么干我也怎么干；5. 其他	题项 1 中勾选 1 判为更具主动性计 1 分；题项 2 中勾选 2 或 3 判为更具主动性计 1 分；题项 3 中勾选 3、4、5 判为更具主动性计 1 分。执行的主动性总得分为三个题项得分加总，得分＝[2,3]的为高执行主动性，得分＝[0,1]为低执行主动性
	如果有，你出售农产品的主要方式（单选）：1. 坐等商贩收购；2. 直接到市场上卖；3. 在网上卖；4. 做熟人生意；5. 通过政府组织；6. 其他	
	如果有，发生病虫害时，你如何使用农药（单选）：1. 听别人说；2. 凭自己经验；3. 看说明书；4. 咨询有关部门；5. 上网查；6. 其他	

二、自变量与控制变量

通过分析信息科学以外领域的研究，威尔逊（Wilson）于 1996 年提出了信息搜寻行为模型。[①] 这个模型完善了他此前的研究，提出主动（active）搜寻更需要注意力（attention）；设置干预机制（intervening variable，介入变量），将原来的障碍因素包括心理因素、地理因素、个人角色、环境因素、信息源特征囊括其内，认为他们的存在会支持或者阻碍信息搜寻行为的进行；在激励机制（activating mechanism）中，加入了压力应对理论、风险回报理论并引入社会学习理论体现的"自我效能感"概念。

----

① Wilson T D. Information Behaviour：An Interdisciplinary Perspective[J]. Information Processing & Management，1997，33(4)：551-572.

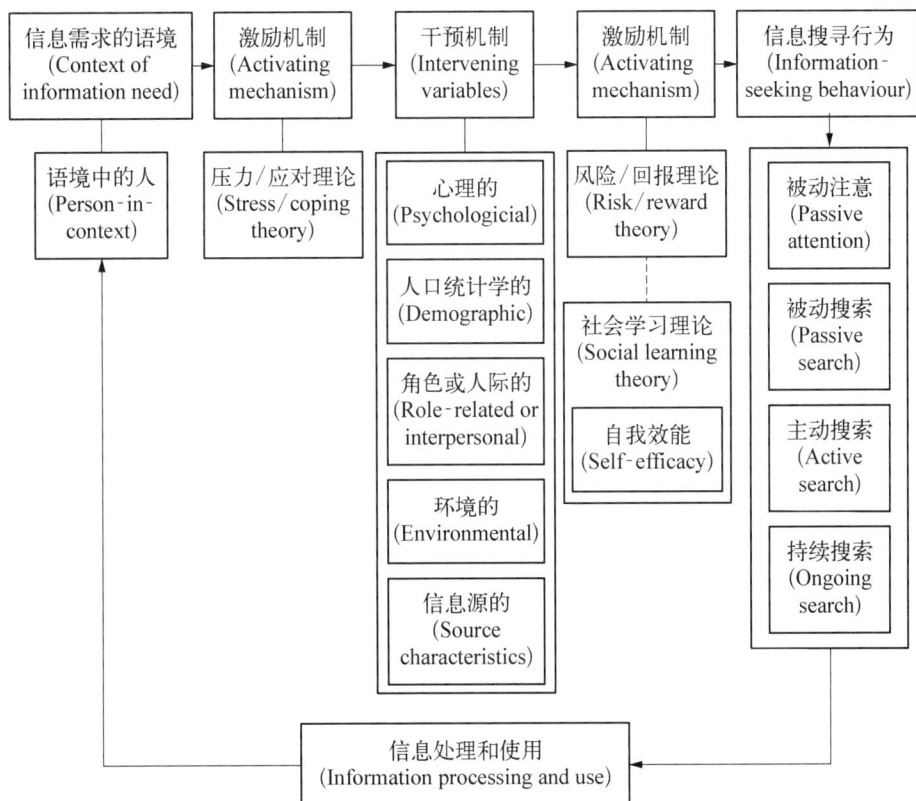

图 6 - 1　Wilson 1996 年版的信息搜寻行为模型

　　受 Wilson 模型的启发,本书从信息需求、干预机制、激励机制三方面设置自变量,将农村居民的人口统计变量作为控制变量。具体的操作化定义如表 6 - 2所示。

表 6 - 2　影响农村居民信息搜寻行为主动性的自变量操作化

自变量		题　　项	解　　释	参考文献
信息需求	信息需求意识	总体上,消息对我的生产、生活	1＝很不重要;2＝不太重要;3＝说不清;4＝较重要;5＝很重要	苑春荟等(2014)

	自变量		题 项	解 释	参考文献
干预机制		信源可信度	总体上，你相信这些（上述勾选需要的）消息吗	1＝很不信任；2＝较不信任；3＝一般；4＝较信任；5＝很信任	Flanagin, A. J., & Metzger, M. J. (2000)
	信源可及性	获取难易	对于上述（已勾选需要的）消息，你获取的难易程度	1＝很困难；2＝较困难；3＝一般；4＝较容易；5＝很容易	王思斌(2009)
		有无宽带	你家有宽带吗？1. 有；2. 没有但准备近期装；3. 没有，也不准备装	1＝选1 计有宽带；0＝选2.3 计无宽带	
		机构密度	以下机构，你周围有吗：1. 图书室；2. 农村淘宝站/信息服务站；3. 良种推广站；4. 农民专业技术协会；5. 农产品销售协会；6. 农民合作社；7. 以上都没有；8. 不清楚	根据勾选数量计数；7或8均计数量为0	
激励机制	自我效能	信息搜寻效能	是否有以下获取各种消息的困难：1. 我不知道从哪里去找信息：是，否。2. 我无法分辨哪些信息有用：是，否	对于两个题项，有一个勾选"是"计0分；都勾选否计1分	Bandura (1977); Weidan Cao, Xinyao Zhang, Kaibin Xu & Yuanxin Wang (2016)
		互联网效能	我有能力通过互联网：1. 看新闻；2. 搜消息；3. 上网课；4. 转发消息；5. 聊天交友；6. 看视频玩游戏；7. 买东西；8. 卖东西；9. 投资炒股；10. 网上办事；11. 以上都没有	选项1—10，勾选1个计1分，共10分；选项11按不勾选计1分；加总计分	
		信息满意度	总体上，你对这些（已勾选需要的）消息满意吗	1＝很不满意；2＝较不满意；3＝一般；4＝较满意；5＝很满意	陈晓宇，付少雄，邓胜利(2018)

三、数据来源

本章数据来自课题组的"六省 11 县调查"。经整理筛选,能用于此项研究、所有题项都具备完整数据的有效问卷为 892 份。其中,农村居民男女比例约为 6∶4,男性稍多于女性;中老年人约为青壮年的两倍,分别占总人数 66.6％和 33.4％。教育程度方面,高中及以上学历的农村居民占比较初中和小学及以下学历的农村居民高,分别占总人数 45.4％、34.6％、20.0％。在 892 份有效问卷里,62.7％的有效问卷来源于中部地区,37.6％来源于西部地区。

第三节　农村居民信息搜寻行为
主动性现状与比较

一、搜寻行为主动性

统计表明,在意识主动性方面,高意识主动性和低意识主动性的农村居民分布较为均衡,各占总人数 45.0％和 55.0％。渠道主动性方面,大部分农村居民都表现为高渠道主动性,占总人数 78.5％;低渠道主动性的农村居民仅占总人数 21.5％。以总分的中位作为高低分界线,超过一半的农村居民在信息搜寻行为的执行主动性得分为 2 和 3 分,分别占总人数 38.3％和 15.8％,判为具有高执行主动性;执行主动性得分为 0 分和 1 分的农村居民分别占 12.3％和 33.5％,判为具有低执行主动性。

二、不同群体意识主动性比较

在性别方面,男性中,低主动和高主动分别占 54.5％、45.5％;女性中,低主动和高主动分别占 55.9％、44.1％。卡方检验表明,不同性别在意识主动性方面未见显著差异($P>0.05$)。

在年龄方面,青壮年农村居民信息搜寻意识的主动性较中老年高。不同年龄段的农村居民在意识主动性方面有显著差异($\chi^2=8.173,P<0.01$)。意识主动性较低的青壮年和中老年分别占其人数的 48.3％和 58.4％;意识主动性较高的青壮年和中老年分别占其人数的 51.7％和 41.6％。

受教育水平方面,不同受教育水平的农村居民在意识主动性方面有显著差异($\chi^2=17.703,P<0.001$)。受教育水平为初中、小学及以下的农村居民,低意识主动性占比更多,分别占 66.3% 和 57.6%;受教育水平为高中及以上的农村居民,高渠道主动性占比更多,占同等受教育水平总人数的 51.9%。

地区方面,中西部农村居民在意识主动性方面未见显著差异($P>0.05$)。中部地区农民,低主动和高主动分别占 53.9% 和 46.1%。西部地区农民,低主动和高主动分别占 57.0% 和 43.0%。

三、不同群体渠道主动性比较

在性别方面,男性中,渠道低主动和高主动分别占 25.5%、74.5%;女性中,低主动和高主动分别占 15.6%、84.4%。卡方检验表明,不同性别在渠道主动性方面呈现显著差异($\chi^2=11.249,P<0.001$),女性较男性的渠道主动性高。

在年龄方面,青壮年的渠道低主动和高主动分别占 13.1% 和 86.9%;中老年的渠道低主动和高主动分别占 25.8% 和 74.2%。不同年龄农村居民的渠道主动性呈显著差异($\chi^2=18.860,P<0.001$),青壮年农村居民渠道主动性较中老年高。

在受教育水平方面,不同受教育水平的农村居民在渠道主动性方面有显著差异($\chi^2=28.307,P<0.001$)。受教育水平为初中、小学及以下的农村居民低渠道主动性占比更高,分别占同等受教育水平总人数的 32.6% 和 24.9%;受教育水平为高中及以上的农村居民高渠道的主动性占比更高,占同等受教育水平总人数的 85.9%。

不同地区方面,中西部农村居民在渠道主动性方面未见显著差异($P>0.05$)。中部地区农民,低主动和高主动分别占 23.9% 和 76.1%。西部地区农民,低主动和高主动分别占 17.6% 和 82.4%。

四、不同群体执行主动性比较

在性别方面,男性中,低主动和高主动分别占 45.5%、54.5%;女性中,低主动和高主动分别占 46.4%、53.6%。卡方检验表明,不同性别在执行主动性方面未见显著差异($P>0.05$)。

在年龄方面,卡方检验表明,不同年龄的执行主动性方面未见显著差异($P>0.05$)。青壮年中,执行低主动和高主动分别占 45.3% 和 54.7%;中老年中,执行低主动和高主动分别占 46.1% 和 53.9%。

在受教育水平方面,不同受教育水平群体在执行主动性方面有显著差异
($\chi^2=18.454, P<0.001$)。受教育水平是小学及以下的农村居民,低执行主动
性占比更高,占小学及以下受教育水平总人数 59.0%;而受教育水平是初中、高
中及以上的农村居民,高执行主动性占比更高,分别占对应受教育水平总人数
的 53.4% 和 60.5%。

在地区方面,中西部地区农村居民执行主动性未见显著差异($P>0.05$)。
中部地区农民,执行低主动和高主动分别占 45.4% 和 54.6%;西部地区则分别
占 45.9% 和 54.1%。

第四节　农村居民信息搜寻行为主动性的影响因素

一、意识主动性的影响因素

意识主动性分为高和低,为二分变量,采用 logistic 回归模型,层次回归策
略,回归结果如表 6-3 所示。

表 6-3　渠道主动性 logistic 回归

变　量		模型 1		模型 2		模型 3	
		系数	OR	系数	OR	系数	OR
控制变量	男性[1]	0.105	1.11	0.094	1.10	0.121	1.13
	青壮年[2]	0.332*	1.39	0.368*	1.45	0.220	1.25
	小学及以下[3]	−0.634**	0.53	−0.581**	0.56	−0.398	0.67
	初中[3]	−0.364*	0.70	−0.320	0.73	−0.199	0.82
	中部[4]	−0.078	0.93	−0.293	0.75	−0.259	0.77
信息需求	信息需求意识	0.369***	1.45	0.325***	1.38	0.317***	1.37

（续表）

变　　量			模型 1		模型 2		模型 3	
			系数	OR	系数	OR	系数	OR
干预机制	信源可及性	信源可信度			0.066	1.07	0.102	1.11
		获取难易程度			0.018	1.02	-0.010	0.99
		无宽带[5]			-0.252	0.78	-0.167	0.85
		机构密度			0.123**	1.13	0.098	1.10
激励机制	自我效能	信息搜寻效能[6]					-0.264	0.77
		互联网效能					0.117***	1.12
	信息满意度						-0.076	0.93
N			892		892		892	
Nagelkerke R^2			0.066		0.082		0.107	
-2 Log likelihood			1 182.13		1 170.95		1 153.05	
Pearson Test（模型拟合度检验）			Sig.$=0.661$ $\chi^2=5.881$ D$f=8$		Sig.$=0.615$ $\chi^2=6.284$ D$f=8$		Sig.$=0.097$ $\chi^2=13.466$ D$f=8$	
嵌套模型比较			—		LR $\chi^2=11.18$ Sig.$=0.025$		LR $\chi^2=17.91$ Sig.$=0.000$	

注：* $p<0.05$，** $p<0.01$，*** $p<0.001$。因变量为渠道主动性，0＝低主动性，1＝高主动性。1 的参考类别为"女性"；2 的参考类别为"中老年"；3 的参考类别为"教育水平：高中及以上"；4 的参考类别为"西部"；5 的参考类别为"有宽带"；6 的参考类别为"感知有障碍"。

　　模型 1 纳入控制变量及信息需求变量，研究结果显示，Hosmer-Lemeshow 拟合优度检验显示模型拟合好（$\chi^2=5.881$，$P=0.661$）。控制了其他变量，相比于中老年人，青壮年意识主动性几率高 39%；较之于高中及以上学历人群，小学及以下的意识主动性几率降低 47%，初中学历的意识主动性几率降低 30%；信息需求意识每增加 1 个单位，意识主动性几率相应提升 45%。

　　模型 2 增添干预机制，包括信源可信度和可及性后，Hosmer-Lemeshow

拟合优度检验显示模型拟合好($\chi^2 = 6.284$，$P = 0.615$)。嵌套比较表明，模型2比模型1更优越。控制了其他变量，机构密度每增加1个单位，意识主动性几率提升13%。

模型3在模型2的基础上，增添激励机制的相关变量，包括：自我效能和信息满意度，Hosmer-Lemeshow 拟合优度检验显示模型拟合良好($\chi^2 = 13.466$，$P = 0.097$)。嵌套比较表明，模型3比模型2更具优越性，Nagelkerke R^2 增加了0.025。控制了其他变量，互联网效能每增加1个单位，意识主动性的几率相应提升12%。

二、渠道主动性的影响因素

渠道主动性也是二分变量，采用和"意识主动性"同样的分析模型，回归结果如表6-4所示。

表 6-4　渠道主动性 logistic 回归

变　量		模型1		模型2		模型3	
		系数	OR	系数	OR	系数	OR
控制变量	男性[1]	−0.613 ***	0.54	−0.612 ***	0.54	−0.422 *	0.66
	青壮年[2]	0.464 *	1.59	0.475 *	1.61	0.093	1.10
	小学及以下[3]	−1.292 ***	0.28	−1.181 ***	0.31	−0.714 **	0.49
	初中[3]	−0.847 ***	0.43	−0.785 ***	0.46	−0.457 *	0.63
	中部[4]	−0.754 ***	0.47	−0.928 ***	0.41	−0.738 ***	0.48
信息需求	信息需求意识	0.262 ***	1.30	0.241 **	1.27	0.132	1.14
干预机制	信源可信度			0.004	1.00	0.022	1.02
	信源可及性 获取难易程度			0.110	1.12	0.070	1.07
	无宽带[5]			−0.441 *	0.64	−0.156 *	0.86
	机构密度			0.036	1.04	−0.031	0.97

（续表）

变　　量			模型 1		模型 2		模型 3	
			系数	OR	系数	OR	系数	OR
激励机制	自我效能	信息搜寻效能[6]					0.052	1.05
		互联网效能					0.369***	1.45
	信息满意度						−0.080	0.92
N			892		892		892	
Nagelkerke R^2			0.124		0.137		0.254	
−2 Log likelihood			854.35		846.28		768.86	
Pearson Test（模型拟合度检验）			Sig.＝0.096 χ^2＝13.505 Df＝8		Sig.＝0.008 χ^2＝20.773 Df＝8		Sig.＝0.343 χ^2＝8.992 Df＝8	
嵌套模型比较			—		LR χ^2＝8.06 Sig.＝0.039		LR χ^2＝77.43 Sig.＝0.000	

注：* $p < 0.05$，** $p < 0.01$，*** $p < 0.001$。因变量为渠道主动性，0＝低主动性，1＝高主动性。1 的参考类别为"女性"；2 的参考类别为"中老年"；3 的参考类别为"教育水平：高中及以上"；4 的参考类别为"西部"；5 的参考类别为"有宽带"；6 的参考类别为"感知有障碍"。

模型 1 只包含控制变量和信息需求。结果显示，各指标均达显著水平。控制了其他变量，信息需求意识每增加 1 个单位，渠道主动性几率提升 30%。

模型 2 在模型 1 的基础上，增加了干预机制。结果显示，在干预机制中，"有无宽带"是显著指标。较之于有宽带的，无宽带的渠道主动性几率降低 36%。比较模型 1 和模型 2 的 Nagelkerke R^2 系数，发现这一系数由 0.124 上升到 0.137，同时 −2 Log likelihood 值 854.35 下降到 846.28，而且两个模型都通过 Hosmer and Lemeshow Test，嵌套模型比较也通过显著性检验。这表明模型 2 在整体解释力上优于模型 1，该模型新加入的干预机制能在信息需求基础上帮助解释农村居民渠道主动性的形成机制。

模型 3 继续增加激励机制。结果显示，激励机制中的"互联网效能"达到显著。互联网效能越高，渠道主动性的几率越高。比较模型 3 和模型 2 的 Nagelkerke R^2 系数，由 0.137 上升到 0.254，同时 −2 Log likelihood 值 846.28

下降到 768.86,两个模型均通过 Hosmer and Lemeshow Test,嵌套比较也通过显著性检验,说明模型 3 的整体解释力优于模型 2,新加入的激励机制明显提升了整个模型的解释力。

三、执行主动性的影响因素

执行主动性为有序多分类变量,采用有序 logistic 回归模型(Ordinal Logistic Regression,Ologit 模型)。回归前,通过了平行线检验($\chi^2 = 15.142$,$P = 0.234$),结果如表 6-5 所示。

表 6-5　执行主动性有序 logistic 回归

变　量			模型 1		模型 2		模型 3	
			系数	OR	系数	OR	系数	OR
控制变量		男性[1]	0.017	1.02	−0.005	1.00	0.034	1.0
		青壮年[2]	−0.074	0.93	−0.033	0.97	−0.154	0.86
		小学及以下[3]	−0.803***	0.45	−0.747***	0.47	−0.626***	0.53
		初中[3]	−0.233	0.79	−0.173	0.84	−0.079	0.92
		中部[4]	−0.171	0.84	−0.459**	0.63	−0.430**	0.65
信息需求		信息需求意识	0.201**	1.22	0.066*	1.07	0.115	1.12
干预机制	信源可及性	信源可信度			0.136	1.15	0.109	1.12
		获取难易程度			0.030	1.03	0.003	1.00
		无宽带[5]			−0.342*	0.71	−0.282	0.75
		机构密度			0.142***	1.15	0.119**	1.13
激励机制	自我效能	信息搜寻效能[6]					−0.075	0.93
		互联网效能					0.089***	1.09
		信息满意度					0.051	1.05

（续表）

变　　量	模型 1		模型 2		模型 3	
	系数	OR	系数	OR	系数	OR
N	892		892		892	
Nagelkerke R²	0.036		0.063		0.076	
−2 Log likelihood	688.63		2 066.65		2 215.35	
嵌套模型比较	—		LR χ² = 1 378.02 Sig. = 0.000		LR χ² = 148.70 Sig. = 0.000	

注：* $p<0.05$，** $p<0.01$，*** $p<0.001$。因变量为执行的主动性，取值范围∈[0，3]，分数越高主动性越高。1 的参考类别为"女性"；2 的参考类别为"中老年"；3 的参考类别为"教育水平：高中及以上"；4 的参考类别为"西部"；5 的参考类别为"有宽带"；6 的参考类别为"感知有障碍"。

模型 1 纳入控制变量及信息需求变量，研究结果显示，信息需求意识是影响执行主动性的显著变量。信息需求意识越高，执行主动性的几率也越高。

模型 2 增添干预机制，嵌套比较表明，模型 2 比模型 1 更优越。控制了其他变量，有宽带较之于无宽带，机构密度越高，执行主动性几率也越高。

模型 3 在模型 2 的基础上，增添激励机制的相关变量，嵌套比较表明，模型 3 比模型 2 更具优越性。控制了其他变量，互联网效能越高，执行主动性的几率也越高。

四、农村居民信息搜寻行为主动性类型的影响因素

我们将意识主动性和执行主动性进行 2 * 2 交叉分组，把农村居民按搜寻方式分为无动于衷者（低意识低执行），有勇无谋者（低意识高执行），无从下手者（高意识低执行）和主动出击者（高意识高执行）四种类型，分别占 27.7%、27.4%、18.2%和 26.8%。

这个变量为四分变量，所以我们采用多元 logistic 模型（Multinomial Logistic Regression，Mlogit 模型）进行层次回归分析，结果如表 6 - 6 所示。

表 6-6　农村居民信息搜寻行为四种类型的多元 logistics 回归

变　　量		无动于衷者/主动出击者		有勇无谋者/主动出击者		无从下手者/主动出击者	
		系数	OR	系数	OR	系数	OR
控制变量	男性[1]	−0.108	0.90	−0.021	0.98	0.135	1.15
	青壮年[2]	0.019	1.02	−0.233	0.79	0.252	1.29
	小学及以下[3]	1.014***	2.76	0.139	1.15	0.397	1.49
	初中[3]	0.387	1.47	0.069	1.07	0.046	1.05
	中部[4]	0.602*	1.83	0.058	1.06	0.138	1.15
信息需求	信息需求意识	−0.443***	0.64	−0.411***	0.66	−0.229	0.80
干预机制	信源可信度	−0.194	0.82	−0.090	0.91	−0.084	0.92
	信源可及性　获取难易	−0.024	0.98	0.046	1.05	−0.004	1.00
	信源可及性　无宽带[5]	0.332	1.39	0.206	1.23	0.219	1.24
	信源可及性　机构密度	−0.163*	0.85	−0.168*	0.85	−0.176*	0.84
激励机制	自我效能　感知无障碍[6]	0.378	1.46	0.449*	1.57	0.345	1.41
	自我效能　互联网效能	−0.194***	0.82	−0.111**	0.90	−0.097*	0.91
	信息满意度	0.077	1.08	0.103	1.11	0.032	1.03
常数项		2.834***		2.286**		1.103	
N		892					
−2 Log likelihood		2 309.189					
Nagelkerke R²		0.148					

注：* $p<0.05$，** $p<0.01$，*** $p<0.001$。被解释变量参考类别为高执行主动性×高意识主动性。1 的参考类别为"女性"；2 的参考类别为"中老年"；3 的参考类别为"教育水平：高中及以上"；4 的参考类别为"西部"；5 的参考类别为"有宽带"；6 的参考类别为"感知有障碍"。

　　研究结果显示,回归效果达显著水平,$P<0.001$。进一步检验变量的解释力和优势比,可以发现:信息需求意识,机构密度,信息搜寻效能及互联网效能均是显著因素。具体看,控制了其他变量,信息需求意识每增加1个单位,成为"无动于衷者"和"有勇无谋者"(均相对于"主动出击者")的几率分别降低36％和34％;机构密度每增加1个单位,成为"无动于衷者","有勇无谋者"和"无从下手者"(均相对于"主动出击者")的几率分别降低15％、15％和16％;信息搜寻效能增加1个单位,"有勇无谋者"(相对于"主动出击者")的几率增加57％;互联网效能每增加1个单位,成为"无动于衷者""有勇无谋者"和"无从下手者"(均相对于"主动出击者")的几率分别降低18％、10％和9％。

第五节　结论与发现

　　本章试图回答三个问题:农村居民的信息搜寻行为主动性程度如何;不同农村居民的信息搜寻行为主动性存在怎样的差异;影响农村居民信息搜寻行为主动性的因素有哪些。研究发现如下。

　　第一,对于信息搜寻行为主动性现状,在意识主动性和执行主动性方面,高主动性和低主动性的农村居民分布较为均衡;但在渠道主动性方面,近八成的农村居民表现出较高的渠道主动性。

　　第二,农村居民的受教育水平是影响他们信息搜寻行为执行主动性的主要因素,受教育水平为小学及以下的农村居民较其他居民执行主动性更低;而执行主动性不受性别、年龄和地区影响。

　　第三,渠道主动性与性别、年龄和受教育程度显著相关。女性、青壮年和高中及以上的受教育水平较男性、中老年和受教育水平为初中及以下的农村居民具有更强的渠道主动性。

　　第四,意识主动性与年龄和受教育程度显著相关,青壮年和高中及以上的受教育水平的农村居民较中老年和初中及以下的居民具有更强的信息搜寻意识。

　　意识主动性的影响因素,单纯考虑信息需求时,年龄、教育水平和信息需求意识程度均是显著因素。结合干预机制后,上述变量优势比依然显著;高机构密度也会使农村居民倾向于高信息搜寻意识主动性。在此基础上添加激励机制后，年龄、受教育水平和机构密度的优势比不显著；而自我效能中的高互联网效能的农村居民更倾向于高意识主动性。由此可见，在意识主动性模型里，年龄、受教育水平和机构密度可能通过影响互联网效能，进而影响意识主动性。

渠道主动性的影响因素，单纯考虑信息需求时，性别、年龄、教育水平、居住地和信息需求意识程度均是其影响因素。结合干预机制后，上述变量优势比依然显著；宽带的安装情况也是渠道主动性的影响因素。结合激励机制后，宽带的安装情况和信息需求意识程度的优势比不显著；而高互联网效能的农村居民更倾向于高渠道主动性。互联网效能可能是影响渠道主动性的直接因素，需求意识和宽带安装为间接因素。

执行主动性的影响因素，单纯考虑信息需求时，高信息需求意识和高受教育水平均会使农村居民倾向于高执行主动性。结合干预机制后，高信息需求、受教育水平、地处西部地区、高机构密度均会使农村居民倾向于有更高的执行主动性。在此基础上添加激励机制后，高受教育水平、高互联网效能、高机构密度和西部地区均会使农村居民倾向于拥有更高的执行的主动性；而信息需求意识程度在此模型中优势比不显著。信息需求意识程度可能通过影响自我效能从而影响执行主动性。

总体上，互联网效能是影响农村居民信息搜寻主动性的直接因素，其他人口统计学特征，信息需求意识程度和环境因素均会直接或间接影响信息搜寻的主动性。这些都为后续信息赋能的精准传播模式设计，带来了相应的启发。

第七章
农村地区信息赋能的"精英俘获"：以惠农政策为例

前面三章分别分析了农村信息赋能的多元传播主体特点、农村居民传播渠道选择的行为和意愿特征、农村居民信息行为主动性,这些都是影响信息赋能传播效果的关键性环节。但是,农村地区的信息传播是一个复杂的过程,从上到下要经历多个层级,"信息中转站"越多,越容易出现各种"变异",影响信息的针对性、有效性和信息赋能效果发挥。正如前文所述,人际传播依然是农村地区最重要、最活跃的传播形式之一;组织传播也和人际传播高度融合,往往需要借助驻村干部、村干部等人际传播形式落地;各种意见领袖在农村传播中发挥着极其重要的作用……这些都提醒我们,需要重视个人作为"信息中转站"对传播效果的影响,其中"信息截留"现象最值得引起关注。在扶贫研究领域,如何提高扶贫项目对贫困主体的瞄准效率是工作的核心问题和难题。众多学者研究发现,精英俘获是降低扶贫项目效率,影响贫困治理的主要原因。[1] 基于农村地区信息不平等的现状,受"精英俘获"概念的启发,本章以惠农政策为例,试图探讨信息资源在农村地区赋能传播中是否也存在被少数优势人群的"截留"情况,即是否存在信息的"精英俘获"。如果存在,显著程度到底如何? 习近平总书记多次强调:"农业农村工作,说一千、道一万,增加农民收入是关键。"因此,本章还进一步分析了惠农政策精英俘获对农村居民收入的影响。对信息赋能精英俘获现象的分析,有助于对传播核心对象的瞄准,畅通信息传播的"最后一公里"。

---

[1] 胡联,卢杨,张小雨,等.贫困治理中精英俘获研究综述[J].山西农业大学学报(社会科学版),2019,18(5):34—39.

第一节　相关文献回顾

作为最初来源于经济学后来在政治学、社会学等领域都有深入研究的学术概念，"精英俘获"描述了政治或经济上强势的少数群体利用优势地位转移多数公共资源的现象。[①] 国外学者对精英俘获的研究多侧重于地方和社区治理，国内学者则侧重于扶贫开发的讨论。

一、公共资源的"精英俘获"

随着农村转型成为中国乃至全球化趋势下南北合作、南南合作的政治议程，公共资源的"精英俘获"（elite capture）现象逐渐成为社会学、政治学、经济学等领域学者关注的焦点议题。梳理发现，已有研究的理论关注点不外乎三个问题：何为"精英"、何为"俘获"、"精英俘获"产生了何种影响。

第一个问题是对西方现代精英理论与社会分层理论的拓展。根据马克斯·韦伯的"权力—资本—声望"三位一体分层理论以及维尔弗雷多·帕累托对于"精英"的经典定义，[②]学者探讨的精英通常包含三类人："先富起来"的经济精英、"参与政务"的政治精英以及"人脉广泛"的社会精英。这些在经济、政治或社会资本的一个或多个方面占据优势地位的社会成员往往具备支配资源的权力或能力，这使得"精英"成为一个阶层、一种"圈子"或更具体的经济利益共同体。[③]

后来的实证调查将帕累托、米尔斯的"精英"概念迁移至发展中国家及地区农村发展的公共政策研究。调查结果显示，发展中国家和地区的农村社会转型伴随大量公共资源倾斜，但资源输送深嵌于行政权力、市场逻辑和社交网络的复杂机理，进而出现少数强势群体攫取甚至垄断绝大部分利益的"俘

---

① Dasgupta A，Beard V A. Community Driven Development，Collective Action and Elite Capture in Indonesia[J]. Development and Change，2010，38：229 - 249.
② [德] 马克斯·韦伯.经济与社会[M].阎克文，译.上海：上海人民出版社，2019.
　　[意] 维尔弗雷多·帕累托.普通社会学纲要[M].田时纲，译.北京：生活·读书·新知三联书店，2001：78.
③ [美] 赖特·米尔斯.权力精英[M].许荣，王崑，译.南京：南京大学出版社，2004：54.

获"现象。[①]

　　关于"精英俘获"的影响，学界展开了较为深入的探讨。大部分研究者基于罗尔斯的正义论视角认为，"精英俘获"扭曲了制度设计最初的公平目的，原本用来弥补弱势群体的资源被转移至地方精英手里，导致贫富差距日益分化，造成了对弱者发展机会的双重剥夺。[②] 也有研究者站在更加中立的立场，认为"精英俘获"是公共资源有限竞争和行政能力客观限制的必然产物，虽然无法保障公共利益的最大化，但至少是社区成员进行自我管理、自我服务的一种制度性尝试。[③] 换言之，"精英俘获"的程度若能控制在合理范围，其对欠发达地区发展的直接经济影响和相关连锁反应未必是显著消极的。

　　具体到改革开放后的中国农村转型，"精英俘获"获得了较高的理论关注度。一方面，农村问题在中国本质上是国家政权建设的问题，农村的自治转型意味着"强国家—弱社会"向"强国家—强社会"的探索。[④] 以村干部、种粮大户为代表的农村精英是发挥"领头雁"作用还是"俘获"公共资源，影响着数字乡村战略的推进效果；另一方面，市场经济意味着更开放的资源竞争关系，农村居民群体中占据相对优势的精英通过利益联盟汇集下乡的资本、技术、政策，也有可能产生整体价值的溢出效应，比如因能人带动产业聚集的"淘宝村"就在数字经济时代发挥了"先富带后富"的作用。[⑤] 因此，评估"精英俘获"的程度并检验其对农村居民增收的影响，对于理解"精英俘获"机制至关重要。国内相关文献多集中在农村低保、[⑥]贫困

---

① Kumar S. Does Participation in Common Pool Resource Management Help the Poor? A Social Cost-Benefit Analysis of Joint Forest Management in Jharkhand, India[J]. World Development, 2002, 30(5): 763-782.
　 Galasso E, Ravaillon M. Decentralized Targeting of an Antipoverty Program[J]. Journal of Public Economics, 2005, 84(4): 705-727.

② 梁剑峰,李静."精英俘获"：农民专业合作社成长之困[J].宏观经济研究,2015,(3):58—62.
　 舒丽瑰.公共政策视野下惠农资源领域的"精英俘获"现象[J].农村经济,2019,(6):107-113.

③ Besley T, Pande R, Rao V. Participatory Democracy in Action: Survey Evidence from South India[J]. Journal of European Economic Association, 2005, (2-3): 648-657.
　 何毅,江立华.产业扶贫场域内精英俘获的两重向度[J].农村经济,2019,(11):78—85.

④ 温铁军,杨帅.中国农村社会结构变化背景下的乡村治理与农村发展[J].理论探讨,2012,(6):76—80.

⑤ 曾亿武,郭红东.农产品淘宝村形成机理：一个多案例研究[J].农业经济问题,2016,37(4):39—48.

⑥ 何欣,朱可涵.农户信息水平、精英俘获与农村低保瞄准[J].经济研究,2019,54(12):150—164.

村互助资金、①扶贫贷款、②生态补偿③等贫困治理领域,研究发现这些涉及惠农政策的领域均存在不同程度的"精英俘获"现象,学者们试图从主客观两方面探讨"精英俘获"的形成机制与治理路径。

综上所述,我们将"精英俘获"定义为在一个或多个方面具有领先地位的社会成员凭借自身参与政治实践或经济社会发展的禀赋优势占据较大份额公共资源的现象。参考邢成举关于"精英俘获"的高引文献,④我们将担任村干部的农村居民命名为"传统精英",并提出相应研究问题：中西部地区的惠农政策在何种程度、何种范围内存在"传统精英俘获"。

二、政策传播视角下的"信息精英俘获"

相较权力、资本和声望,信息是一种更加隐性的竞争性资源。按照《2023年数字乡村发展工作要点》和最新出台的《数字中国建设整体布局规划》,信息已经成为农业、农村现代化发展的重要引擎。但现有研究显示,信息分化不仅发生在发达国家与发展中国家之间,还发生在不同经济社会阶层,乃至农村居民这一特定群体内部。⑤

那么,如何理解"信息精英"？"信息精英"一般被定义为信息资源占有和使用上具备相对优势的群体,在多数文献被称为"信息富人",是和"信息穷人"成对出现的概念。这些文献通常将目光聚焦在相对弱势的信息穷人,侧重于探讨信息贫困的表现、成因和影响因素,很少转换视角专门研究信息主体中的"精英"。

以往研究的视角缺失主要受制于两方面因素。其一,早期调查将"信息精英"等同于传统意义上的经济、政治、社会精英,认为"精英"在信息资源或素养

① 胡联,汪三贵,王娜.贫困村互助资金存在精英俘获吗——基于5省30个贫困村互助资金试点村的经验证据[J].经济学家,2015,(9)：78—85.
② 温涛,朱炯,王小华.中国农贷的"精英俘获"机制：贫困县与非贫困县的分层比较[J].经济研究,2016,51(2)：111—125.
③ 吴中全,杨志红,王志章.生态补偿、精英俘获与农村居民收入——基于重庆市酉阳县11个易地扶贫搬迁安置点的微观数据[J].西南大学学报(社会科学版),2020,46(1)：69—78.
④ 邢成举.乡村扶贫资源分配中的精英俘获[D].中国农业大学,2014：53.
⑤ 谢俊贵.信息分化：一个信息社会学新概念的界定[J].求索,2006,(1)：53—55.
　　陶建杰,林晶珂,尹子伊.信息穷人还是信息富人：可行能力视角下农村居民信息分化及政府支持的效应研究[J].国际新闻界,2022,44(2)：78—97.

方面的相对优势只是经济社会阶层的延续。① 显然，这些研究没有意识到信息本身已经成为一种具备颠覆性力量的发展资源。其二，后续的调查虽然意识到"信息精英"值得重点关注，但不同于绝对的信息贫困测度，"精英"是一个分化层面的相对概念。在实证环节检验其对公共资源的控制和垄断难度较高，②亟待引入新的理论视角，并在半封闭的信息环境中进行分析。

　　与西方发达国家的路径不同，传统中国农村是由血缘维系的宗法制社会，到近代衍化出介于官方与非官方之间的"权力的文化网络"（culture nexus of power）。③ 中华人民共和国成立后，中央通过政党下乡、行政下乡、资本下乡、法律下乡等方式形成了"纵向到底、横向到边"的治理体系，④同时嵌入了一套非常独特的政策传播系统。课题组总结为梯次向下的大众—组织传播与同心圆式的人际传播的混合传播模式。改革开放后，报纸、电视、广播、电脑、手机等大众媒介、数字媒介的普及率提升了，携带着公共资源下乡的惠农政策信息一般会分发至四种渠道：阶梯形的组织传播、同心圆的人际传播、广场式的大众传播与平台化的数字传播。最理想的情况下，这些渠道横纵交织，应该形成互为补充的"一张网"。但多项实证调查发现，农村政策传播并非完全信息普惠，目前存在渠道单一、纵向悬浮、"最后一公里"阻滞、政策解读偏差等问题。⑤ 这给"信息精英"率先占取并垄断公共资源留下了可操作的真空地带。⑥ 长远来看，惠农政策的"信息精英俘获"可能影响农村居民整体增收和乡村全面振兴。参考于良芝和周文杰关于"信息富人"和"信息穷人"的经典定义，⑦我们将具备相对信息素养优势的农村居民命名为"信息精英"，并提出相应研究问题：中西

① 于良芝.理解信息资源的贫富分化：国外"信息分化"与"数字鸿沟"研究综述[J].图书馆杂志,2005,（12）：6—18.
② Platteau J P, Somville V, Wahhaj Z. Elite Capture Through Information Distortion: A Theoretical Essay[J]. Journal of Development Economics, 2014, 106(1)：250–263.
③ ［美］杜赞奇.文化、权力与国家[M].王福明,译.南京：江苏人民出版社,1996：3—4.
④ 徐勇.中国式基层治理现代化的方位与路向[J].政治学研究,2023,（1）：3—12.
⑤ 龚宏龄.农村政策纵向扩散中的"悬浮"问题[J].西北农林科技大学学报（社会科学版）,2017,17(2)：51—57.
　张淑华.政策网络视角下我国农村政策传播的效能问题研究[J].现代传播（中国传媒大学学报）,2020,42(1)：47—52.
⑥ 许黎莉,朱雅雯,乌云花."担保支农"增加了谁的信贷可得？——基于信息甄别视角的机制检验[J].华中农业大学学报（社会科学版）,2023,（2）：57—68.
⑦ 于良芝,周文杰.信息穷人与信息富人：个人层次的信息不平等测度述评[J].图书与情报,2015,（1）：53—60.

部地区的惠农政策在何种程度、何种范围内存在"信息精英俘获"。

第二节　研究设计

一、变量设定

研究数据来源于课题组实施的"六省 11 县"调查数据。被解释变量为农村居民的"惠农政策掌握度"和"家庭人均年收入"。"惠农政策掌握度"直接指向惠农政策传播效果，具体为五个判断题，分别为"乡村振兴阶段国家实施农村义务教育学生膳食补助""为实现乡村振兴，农村居民可以享受每人最高为 5 万元的信用贷款""乡村振兴实施中农村居民可以享受免费白内障复明手术""乡村振兴阶段，符合条件的困难家庭可以申请易地搬迁""乡村振兴阶段脱贫农户就无法享受原先有关政策"，答对一题得 1 分，累计加总计分。判断题所包含的惠农政策体现国家对中西部农村地区的公共资源倾斜，也为"精英俘获"发生留下了可能的空间。此外，促进农民增收是全面建设小康社会的核心内容。研究希望进一步检验惠农政策"精英俘获"对于农村居民收入的影响，被解释变量"家庭人均年收入"为从低到高的六档变量。

解释变量分为核心解释变量和其他解释变量。核心解释变量为"传统精英"以及"信息精英"。在惠农政策研究领域，"精英"的优势一般建立在经济能力、体制身份、血缘声望乃至暴力优势的基础上，掌握农村正式权力资源的村组干部是其中最典型也是被探讨最多的一类"精英"。[1] 参考邢成举关于"精英俘获"的高引文献，研究将"传统精英"界定为"是否为村干部"。同时，我们尤其关注农村信息化战略持续推进背景下的"信息精英"，也是信息贫富分化中的"信息富人"。参考苑春荟等的《农民信息素质量表》，[2] 课题组对"信息精英"的测量分别从信息意识、信息理解、信息获取、信息分享四个方面各析出一道五点量表题，具体为"信息对我很重要""获取信息的难易程度（反向计分）""我能从大量消息中整理出它的主要意思""我曾经教会别人某项技能"，加总后求均值。

---

① 李祖佩,曹晋.精英俘获与基层治理：基于我国中部某村的实证考察[J].探索,2012,(5)：187—192.
② 苑春荟,龚振炜,陈文晶,等.农民信息素质量表编制及其信效度检验[J].情报科学,2014,32(2)：26—30.

　　参考以往的政策传播效果研究选取其他解释变量,[①]包含"个体特征"(受众自身)和"信息条件"(传播环境)因素。个体特征考虑农村居民自身的性别、年龄、教育水平,信息条件具体为农村居民周围的信息机构数量、是否进入扶贫(微信)群,以上变量可能影响农村居民的"惠农政策掌握度"。所有变量的操作化定义和描述性统计如表7-1所示。

表7-1　变量的具体含义和描述性统计

变量类别	变量含义	变量名称	变量定义	中部地区(N=729)		西部地区(N=555)	
				均值	标准差	均值	标准差
被解释变量		惠农政策掌握度	五个判断题,答对得1分,加总,最低=0,最高=5	1.939	1.428	1.274	1.153
		家庭人均年收入	低于3 000元=1,3 000—6 000元=2,6 000—9 000元=3,9 000—12 000元=4,12 000—15 000元=5,15 000元以上=6	3.366	1.652	2.265	1.370
核心解释变量	传统精英	是否为村干部	否=0,是=1	0.192	0.394	0.133	0.178
	信息精英	信息素养	信息意识、信息理解、信息获取、信息分享各1题,五点量表加总求均值,最低=1,最高=5	3.667	0.788	3.095	0.750
其他解释变量	个体特征	性别	男性=0,女性=1	0.373	0.484	0.417	0.494
		年龄	受访时的实际年龄(周岁)	44.199	13.886	38.330	9.290
		教育水平	小学及以下=1,初中=2,高中/中专/技校=3,大专及以上=4	2.666	0.984	1.998	0.824

① 谢梅,赵顾.惠农政策的传播效果评估及策略思考——以河北省承德市两家乡调查为例[J].农村经济,2016,(7):22—28.
Reynolds J P, Stautz K, Pilling M, et al. Communicating the Effectiveness and Ineffectiveness of Government Policies and Their Impact on Public Support: A Systematic Review with Meta-Analysis [J]. Royal Society Open Science,2020,7(1).

（续表）

变量类别	变量含义	变量名称	变量定义	中部地区（$N=729$）		西部地区（$N=555$）	
				均值	标准差	均值	标准差
其他解释变量	信息条件	信息机构数量	居住地周边是否有图书室、农村淘宝站、良种推广站、农村专业技术协会、农产品销售协会、农民专业合作社六项,有则每项得 1 分,加总,最低=0,最高=6	1.997	1.641	0.899	1.187
		是否进（原）扶贫群	否=0,是=1	0.464	0.499	0.340	0.474

二、分析模型

总体上,本章的实证分析策略包含三个步骤。首先,通过一般泊松回归初步检验是否存在惠农政策的"传统精英俘获"和"信息精英俘获"。其次,用计数数据的分位数回归考察惠农政策"精英俘获"的异质性。为更清晰地揭示可能存在的精英俘获情况,我们将样本数据划分为中部地区和西部地区分别进行回归。最后,通过有序 logit 模型检验"精英俘获"对农村居民收入的影响。

被解释变量"惠农政策掌握度"是从 0～5 的非连续计数数据,且存在一定数量的零值。对于这种数据,选择计量模型时有两个判断提前:第一,是否存在"过度分散",如果不存在则选择"泊松回归",否则选择"负二项回归";第二,是否需要采用"零膨胀泊松回归"或者"零膨胀负二项回归"。统计检验表明,"惠农政策掌握度"的均值(1.65)和方差(1.84)差异不大,可以认为不存在过度分散,且"Vuong 统计值"小于 1.96,显著性水平大于 0.01。综上,采用泊松回归模型。

记 Y_i 为被解释变量"惠农政策掌握度",假设观测值 y_i 来自参数为 λ_i 的泊松分布,则 Y_i 的条件密度具有如下函数形式:

$$P(Y_i=y_i \mid x_i)=\frac{e^{-\lambda_i}\lambda_i^{y_i}}{y_i!}, \ (y_i=0, \ 1, \ 2, \ \cdots)$$

$\lambda_i = E(Y_i \mid x_1, x_2, x_3, \cdots, n)$，$x_i(i=1, 2, 3, \cdots n)$ 为"惠农政策掌握度"的各项影响因素：

$$\lambda_i = \exp\{\beta_0 + \beta_1 \text{elite} + X_i \gamma + \varepsilon\}$$

elite 代表测量"精英"（传统精英/信息精英）的指标，是的核心解释变量，X_i 代表其他解释变量，包括性别、年龄、教育水平、周围信息机构数、是否进（原）扶贫群。

一般的泊松回归模型难以考虑到"传统/信息精英"在"惠农政策掌握度"不同值域上的影响可能存在结构差异。为解决这一问题，我们引入分位数回归。分位数回归可以估计解释变量对被解释变量在不同分位点上的影响，有相对宽松的假设条件，更具稳健性，但普通的分位数回归仅适用于被解释变量是连续变量的情况。针对类似本书的离散变量，马查多（Machado）和桑托斯（Santos）提出，想要通过适当的平滑计数数据使分位数回归方法得以应用，关键是用连续变量 $z = h(y)$ 代替离散的计数变量 y，其中 $h(\cdot)$ 是一个平滑的连续转换函数；再把标准的分位数回归方法应用于 z。[1] 特定的转换函数是：$z = y + u$，其中 u 是从（0，1）均匀分布中抽出的伪随机抽样，这个步骤被称为计数的"抖动"过程。通过上述变换，能实现计数数据的分位数回归，具体可以由 Stata 的外部命令 qcount 完成。

最后，被解释变量"家庭人均年收入"为有序分类变量，采用有序 logit 模型：

$$P(Y_i > j) = g(X\beta) = \frac{exp(\alpha_j + x\beta)}{1 + [exp(\alpha_j + x\beta)]}, \ j = 1, 2, \cdots, J-1$$

$P(*)$ 表示家庭人均年收入中特定等级的发生概率，β 表示一组与解释变量对应的回归系数，j 表示家庭人均年收入水平的类别，a_j 是估计的截点。

第三节　实证研究结果

一、中部地区惠农政策的"精英俘获"检验

先看核心解释变量"传统精英"的情况。一般泊松回归结果显示，"传统精

---

[1] Machado J A F, Silva J M C S. Quantiles for Counts [J]. Journal of the American Statistical Association，2005，100(472)：1226-1237.

英"的影响系数为 0.220 且达显著,在 10％分位点、25％分位点、50％分位点、75％分位点和 90％分位点上的系数分别为 0.502、0.335、0.224、0.167、0.139,显著系数随着分位点提高而降低;除 10％分位点外其余均达显著。所得结果表明,中部地区的惠农政策存在"传统精英俘获",这一情况在惠农政策掌握条件分布的低端(10％分位点)不显著,但在中端非常明显。

再看"信息精英"的俘获情况。回归结果显示,"信息精英"对惠农政策掌握度的影响系数为 0.100 且达显著。信息精英每增加 1 个单位,惠农政策掌握相应提高 10.52％[exp(0.100)-1]。在分位数回归中,我们选取了 10％分位点、25％分位点、50％分位点、75％分位点和 90％分位点,"信息精英"对惠农政策不同分位数的影响系数分别为 0.413、0.224、0.108、0.061 和 0.054 且均达显著。这些都表明,中部地区的惠农政策传播的确正存在着"信息精英俘获"现象。进一步比较"信息精英"各分位点的系数大小,系数随着分位点的提高而逐步下降,说明"信息精英"对惠农政策掌握的条件分布的低端影响远大于对其中间和高端部分的影响。这表明在惠农政策掌握度不高的农村居民中,"信息精英"可凭借其素养优势快速把握惠农政策的利好,更可能出现"信息精英俘获"的情况。

最后看其他解释变量的影响。无论是表 7-2 和表 7-3 的回归结果都表明,年龄、教育水平、信息机构数量、进(原)扶贫群的系数都为正且显著,说明随着年龄的增加、教育水平的提高,受访者对惠农政策的掌握程度也相应提升,周边信息机构数量、是否加入(原)扶贫群等信息条件也能有效改善农村居民对惠农政策的掌握情况。比较这些指标在各分位点的系数后发现,上述优势在惠农政策掌握有限的受访者中更为明显。

表 7-2　传统精英对惠农政策掌握度影响的分位数回归(中部地区)

变　量	一般泊松回归	$\theta=0.1$	$\theta=0.25$	$\theta=0.5$	$\theta=0.75$	$\theta=0.9$
传统精英	0.220**	0.502	0.335**	0.224***	0.167***	0.139***
	(0.069)	(0.395)	(0.112)	(0.063)	(0.046)	(0.037)
女性[1]	-0.028	-0.056	-0.068	-0.055	-0.017	0.001
	(0.062)	(0.220)	(0.111)	(0.072)	(0.049)	(0.046)

（续表）

变　量	一般泊松回归	θ=0.1	θ=0.25	θ=0.5	θ=0.75	θ=0.9
年龄	0.010***	0.027**	0.017***	0.013***	0.008***	0.004
	(0.003)	(0.010)	(0.004)	(0.003)	(0.002)	(0.002)
教育水平	0.120***	0.193!	0.200**	0.129**	0.094***	0.094***
	(0.034)	(0.117)	(0.063)	(0.041)	(0.026)	(0.023)
信息机构数量	0.057**	0.133*	0.094***	0.062**	0.049**	0.041*
	(0.018)	(0.068)	(0.028)	(0.020)	(0.016)	(0.017)
进(原)扶贫群[2]	0.431***	0.775*	0.710***	0.555***	0.416***	0.202***
	(0.068)	(0.310)	(0.128)	(0.087)	(0.066)	(0.054)
截距项	−0.466*	−3.039***	−1.699***	−0.705**	−0.019	0.514**
	(0.207)	(0.723)	(0.337)	(0.245)	(0.169)	(0.191)
N	729	729	729	729	729	729

注：括号内的值为标准误差，! $p<0.1$，* $p<0.05$，** $p<0.01$，*** $p<0.001$，1 参考类别为"男性"，2 参考类别为"不进(原)扶贫群"。

表 7-3　信息精英对惠农政策掌握度影响的分位数回归(中部地区)

变量	一般泊松回归	θ=0.1	θ=0.25	θ=0.5	θ=0.75	θ=0.9
信息精英	0.100*	0.413**	0.224*	0.108*	0.061*	0.054!
	(0.042)	(0.139)	(0.089)	(0.049)	(0.031)	(0.028)
女性[1]	−0.001	−0.012	−0.010	−0.018	−0.003	0.026
	(0.063)	(0.242)	(0.113)	(0.068)	(0.058)	(0.055)
年龄	0.012***	0.028***	0.020***	0.014***	0.010***	0.006**
	(0.003)	(0.008)	(0.004)	(0.003)	(0.003)	(0.002)

（续表）

变量	一般泊松回归	$\theta=0.1$	$\theta=0.25$	$\theta=0.5$	$\theta=0.75$	$\theta=0.9$
教育水平	0.151***	0.212!	0.230***	0.169***	0.121***	0.120***
	(0.033)	(0.119)	(0.066)	(0.040)	(0.030)	(0.026)
信息机构数	0.047*	0.085	0.069*	0.048*	0.050**	0.031!
	(0.018)	(0.061)	(0.027)	(0.021)	(0.018)	(0.017)
进(原)扶贫群[2]	0.455***	0.785**	0.764***	0.616***	0.430***	0.205***
	(0.067)	(0.254)	(0.121)	(0.082)	(0.071)	(0.058)
截距项	−0.978***	−2.958**	−1.205*	−0.035	0.454	0.564*
	(0.251)	(0.967)	(0.540)	(0.345)	(0.308)	(0.231)
N	729	729	729	729	729	729

注：括号内的值为标准误差，! $p<0.1$，* $p<0.05$，** $p<0.01$，*** $p<0.001$，1 参考类别为"男性"，2 参考类别为"不进(原)扶贫群"。

二、西部地区惠农政策的"精英俘获"检验

西部地区的情况和中部有很大不同。一般泊松回归和分位数回归的结果均显示，"传统精英"对惠农政策的俘获情况不显著。从"传统精英"对惠农政策不同分位数的影响系数看，10%分位点和90%分位点系数为负。这说明西部地区尚不存在惠农政策的"传统精英俘获"现象。由于中央对于西部的关注以及精准扶贫政策的执行，国家惠农政策信息很可能绕过了村干部，直接抵达到惠农政策掌握程度较低和较高的农村居民手中。

继续看"信息精英"的影响。一般泊松回归的统计结果不显著，进一步的分位数回归后，也仅在50%分位数和75%分位数上在 0.1 的水平下达到显著水平。这些都表明，在西部地区农村，惠农政策的"信息精英俘获"现象不突出。

综合表 7-4 和表 7-5 发现，在个体特征和信息条件方面，除了教育水平在一般泊松回归和90%分位数回归中显著影响惠农政策掌握度，农村居民自

身的性别、年龄和周围的信息机构数量、是否进（原）扶贫群均不显著。这为我们理解西部地区的惠农政策传播提供了新视角：其一，教育的影响是不可忽视的，这一因素对于惠农政策掌握度较高的农村居民尤为重要；其二，西部地区的惠农政策虽然不存在"精英俘获"，体现出较好的公平性，但也反映出基层信息公共服务的相对乏力。也就是说，这种"公平"可能建立在普遍缺乏主观能动性的基础上。

表 7-4 传统精英对惠农政策掌握度影响的分位数回归（西部地区）

变量	一般泊松回归	$\theta=0.1$	$\theta=0.25$	$\theta=0.5$	$\theta=0.75$	$\theta=0.9$
传统精英	0.169	−0.574	0.286	0.283	0.127	−0.160
	(0.221)	(0.637)	(0.424)	(0.292)	(0.141)	(0.218)
女性[1]	0.034	0.143	0.218	0.033	0.004	0.049
	(0.088)	(0.236)	(0.204)	(0.124)	(0.102)	(0.121)
年龄	0.003	0.016	0.013	−0.004	−0.002	0.005
	(0.005)	(0.013)	(0.008)	(0.007)	(0.005)	(0.006)
教育水平	0.120*	0.152	0.146	0.089	0.112!	0.147**
	(0.052)	(0.169)	(0.107)	(0.071)	(0.060)	(0.056)
信息机构数	0.004	0.041	0.076	0.013	−0.014	−0.001
	(0.035)	(0.101)	(0.089)	(0.052)	(0.046)	(0.041)
进（原）扶贫群[2]	0.093	0.185	0.203	0.093	0.069	0.120
	(0.089)	(0.254)	(0.203)	(0.116)	(0.100)	(0.118)
截距项	−0.172	−2.675**	−1.743**	0.010	0.413	0.371
	(0.303)	(0.836)	(0.589)	(0.451)	(0.309)	(0.339)
N	555	555	555	555	555	555

注：括号内的值为标准误，! $p<0.1$，* $p<0.05$，** $p<0.01$，*** $p<0.001$，1 参考类别为"男性"，2 参考类别为"不进（原）扶贫群"。

表 7-5　信息精英对惠农政策掌握度影响的分位数回归(西部地区)

变量	一般泊松回归	$\theta=0.1$	$\theta=0.25$	$\theta=0.5$	$\theta=0.75$	$\theta=0.9$
信息精英	0.086	0.206	0.220!	0.148!	0.037	0.039
	(0.059)	(0.155)	(0.133)	(0.084)	(0.066)	(0.083)
女性[1]	0.008	0.002	0.117	0.038	−0.028	0.049
	(0.090)	(0.246)	(0.217)	(0.127)	(0.113)	(0.138)
年龄	0.004	0.020	0.014!	−0.001	−0.002	0.005
	(0.005)	(0.014)	(0.008)	(0.006)	(0.005)	(0.006)
教育水平	0.120*	0.182	0.135	0.101	0.106	0.133*
	(0.053)	(0.180)	(0.101)	(0.066)	(0.068)	(0.060)
信息机构数	0.013	0.049	0.055	0.018	0.004	0.010
	(0.035)	(0.102)	(0.081)	(0.048)	(0.051)	(0.037)
进(原)扶贫群[2]	0.080	0.129	0.150	0.082	0.077	0.104
	(0.090)	(0.264)	(0.195)	(0.110)	(0.111)	(0.129)
截距项	−0.236	−2.992**	−1.900*	−0.434	0.500	0.481
	(0.396)	(1.022)	(0.758)	(0.567)	(0.520)	(0.371)
N	555	555	555	555	555	555

注：括号内的值为标准误，! $p<0.1$，* $p<0.05$，** $p<0.01$，*** $p<0.001$,1 参考类别为"男性",2 参考类别为"不进(原)扶贫群"。

三、"精英俘获"对农村居民增收的影响

通过上述分析,我们对于中部和西部地区惠农政策的"精英俘获"是否存在、程度如何有了基本的了解。考虑到惠农政策制定的根本目的是提高农村居民收入、改善生活水平,进一步检验"精英俘获"对于农村居民增收的影响。由于被解释变量"家庭人均纯收入"为有序分类变量,采用有序 logit 回归模型,各

模型均通过了平行线假定。

模型1—3表明，"传统精英"对农村居民收入存在显著影响。但惠农政策掌握度和"传统精英"的交互项不显著，说明惠农政策的"传统精英俘获"尚未对农村居民收入水平提高形成影响。模型4—6表明，"信息精英"对农村居民收入的影响显著。分析惠农政策掌握度和"信息精英"的交互项后发现，交互项在10％的统计水平上显著且系数为正，表明惠农政策的"信息精英俘获"显著影响农村居民收入水平提高，信息精英水平越高，通过掌握各种惠农政策从而提高收入的可能性越大。

表7-6　惠农政策精英俘获对农村居民收入的影响

变　　量	模型1	模型2	模型3	模型4	模型5	模型6
惠农政策掌握度	−0.133	−0.146	−0.216	0.253***	0.199***	0.139**
	(0.179)	(0.185)	(0.196)	(0.045)	(0.048)	(0.051)
传统精英	0.780*	0.738*	0.448			
	(0.363)	(0.366)	(0.372)			
惠农政策 ∗ 传统精英	−0.060	−0.093	−0.077			
	(0.119)	(0.119)	(0.120)			
信息精英				0.341**	0.316**	0.243*
				(0.105)	(0.110)	(0.116)
惠农政策 ∗ 信息精英				0.103*	0.091!	0.096!
				(0.049)	(0.051)	(0.053)
个体特征变量		控制	控制		控制	控制
信息条件变量			控制			控制
N	1 284	1 284	1 284	1 284	1 284	1 284
$Prob > chi2$	***	***	***	***	***	***
pseudo R^2	0.032	0.046	0.050	0.018	0.035	0.038

注：括号内的值为标准误，! $p < 0.1$，* $p < 0.05$，** $p < 0.01$，*** $p < 0.001$。

第四节　结　论　与　讨　论

　　本章聚焦惠农政策的"最后一公里"，分层比较了中西部六省 11 县的"精英俘获"状况，并检验"传统精英俘获"和"信息精英俘获"对农村居民增收的影响。研究的主要发现如下：① 中部和西部在惠农政策的"精英俘获"差异明显。无论从"传统精英"还是"信息精英"层面考察，中部地区的惠农政策都存在明显的"精英俘获"现象；相反，西部地区的"精英俘获"尚不明显。② 通过分位数回归发现，农村居民对惠农政策掌握程度越低，中部地区惠农政策的"信息精英俘获"越明显，对"传统精英"的研究也大致支持了上述发现。③ 中部和西部在农村居民掌握惠农政策的影响因素方面存在巨大差异。无论是核心解释变量"传统/信息精英"还是其他解释变量，中部地区回归模型的拟合度良好，多数解释变量达到显著水平。这说明中部地区的惠农政策传播印证了以往多数的实证调查结果，①年龄越大、教育水平越高、周边信息数量越多、进（原）扶贫群的农村居民能掌握更多的国家惠农政策。但在西部地区的回归模型中，除教育水平以外的解释变量基本不显著。这说明本地的村干部、信息精英以及基层政府提供的信息机构和微信群不是当地农村居民掌握惠农信息的关键因素。一方面，这体现了国家对西部地区的政策信息普惠，广场式的大众传播与平台化的数字传播发挥了更大的作用；另一方面，这同时反映出西部地区农村基层自我治理、自我服务的客观困境。相较于中部省份，宁夏、贵州、西藏的农村地广人稀，产业基础与信息基础相对薄弱，呈现各民族"大杂居、小聚居"特点。实际走访和深度访谈发现，尽管接受问卷调查的受访者均为汉族，他们获取并掌握的惠农政策更多只能依靠中央派遣驻村工作队等"点对点"的滴灌方式。虽然现阶段不存在"精英俘获"情况，但相对优势的村中能人也没有发挥"领头雁"作用。④ 进一步研究发现，"信息精英俘获"对农村居民增收的影响显著。在惠农政

---

① 龚宏龄.农村政策纵向扩散中的"悬浮"问题[J].西北农林科技大学学报（社会科学版），2017，17（2）：51—57.
谢梅，赵顾.惠农政策的传播效果评估及策略思考——以河北省承德市两家乡调查为例[J].农村经济，2016，（7）：22—28.

策对农村居民收入提高的影响中，"信息精英"凭借其素养优势掌握的惠农政策一定程度上加剧了农村居民在收入提升方面的差异，进而影响了惠农政策的公平性，使得政策目标偏离。

基于上述结论和分析，结合数字乡村建设的时代背景，我们提出如下政策建议。

第一，重视惠农政策的信息普惠，建立面向农村的综合政策传播体系。以往学术界对于"精英俘获"的研究多聚焦于惠农贷款、生态补偿、互助保险等"资金"领域。事实上，伴随着21世纪以来农村信息化、数字中国等战略的持续推进，信息已经成为一种更加隐性的竞争性资源，"信息精英俘获"直接影响农村居民增收。在此背景下，有必要将公共政策的"精英俘获"研究扩展至"信息"领域，充分认识到"传播"作为政策设计和执行中枢的重要性。"十四五"规划指出："构建面向农业农村的综合信息服务体系，建立涉农信息普惠服务机制。"结合数字乡村的战略要求，地方政府需要将惠农政策的信息普惠视为公共资源分配的重要环节，结合现有的县域融媒体宣传渠道，构建更全面、更有效的综合政策传播体系。

第二，发挥好农村精英的带头作用，使"俘获"成为"共享"。改革开放以来，伴随着国家制度变迁与市场调整，东中西部的农村呈现不均衡发展趋势，如何激活中西部地区农村乡村振兴的内生动力是"十四五"阶段的重要任务之一。对于"传统精英俘获"和"信息精英俘获"现象同时存在的中部地区，应在渐进式改革的基础上打破对"能人政治"的想象，探索更合理的村民自治制度和资源分配格局。对于不存在"精英俘获"现象但更多依靠中央"点对点"滴灌的西部地区，在保证现有政策倾斜力度的基础上给予当地的"精英"一定激励，变"被动稳定"为"积极稳定"。充分发挥好农村精英的带头作用，将他们的优势从资源"俘获"变成"共享"，使其成为乡村振兴背景下惠农政策信息普惠的关键节点。

第三，充分考虑农村居民的异质性，打通惠农政策的"最后一公里"。惠农政策传播需要重视不同群体在信息意识、信息需求、信息获取和分享能力方面的差异。按照《数字乡村发展行动计划（2022—2025年）》，政府需要持续深化农村数字普惠服务。一般情况下，增加基层信息服务机构、建立线上微信群组被证实是有效促进农村居民惠农政策掌握的方式。但对于非常重要的惠农政策，除了传统的电视、广播等媒体渠道，还可以采取更接地气的形式，比如朗朗上口的口号、标语或生动有趣的短视频。针对残疾人、孤寡老人、留守儿童等最需惠农政策帮扶的群体,采取结对宣传、送政策上门等更有温度的形式。在这些举措的基础上,充分激活农村居民的"主人翁"意识,构建共建、共治、共享的乡村善治格局。

第八章
现有信息赋能乡村发展的模式比较

第四至七章,分别从传播主体、传播渠道、传播对象、信息传播中的"精英俘获"等方面,探讨了信息在农村地区的传播机制,为信息赋能乡村振兴的传播模式设计提供了基础。本章开始,进入第三部分"信息赋能乡村振兴的传播模式研究",即解决问题部分。这一章,结合文献与课题组实地调查材料,试图总结梳理现有信息赋能乡村发展的四种模式并提炼特征。第九章提出了"精准靶向互动传播模式",这是优化现有四种模式后,对目标人群更精准瞄准的模式。第十章基于该模式,详细讨论了信息赋能乡村振兴工作的具体对策建议。

第一节 现有信息赋能乡村发展模式及其动力机制

通过文献梳理、数据分析以及实地走访,课题组发现,与其他制度创新的逻辑相似,信息赋能乡村发展的实践体现出强烈的"供给主导型",即由政府作为"第一行动集团"主导是否帮扶、向谁帮扶、怎么帮扶。[1]

与此同时,中西部六省 11 县的问卷调查结果显示,农村社会仍存在信息源、信息渠道、信息获取等维度的信息不平等,信息赋能乡村发展的政府支持效应存在地区差异。因此,如果将之简单理解为国家政策的完全主导,无疑忽视了市场主体和农村社会基层的能动性,也无法解释地方与地方之间并非同质,

---

[1] 陈天祥.中国地方政府制度创新的利弊分析[J].天津社会科学,2002,(2):75—80.

甚至存在分歧的行为选择。

那么,现有信息赋能乡村发展的典型模式有哪些?如何在理解区域差异的基础上把握中国农村信息化发展的多元性和复杂性?针对这一新型的跨学科议题,政治学、经济学、社会学、信息学、新闻传播学的学者提供了丰富的理论分析框架。梳理发现,已有文献的视角与路径大体上是围绕着信息赋能乡村发展的动力机制展开的,即信息资源多大程度上被市场或政治原则支配,以及如何影响农村居民参与发展、共享发展、自主发展的能力。总体而言,这些研究可归纳为以下三个方面。

首先是地方主义视角,即行政体制改革进程中中央和地方关系的变迁。近代以来,中国农村经济发展长期处于落后状态,传统农业占国民经济总产值的比重高达 70%,广大农村地区几乎没有定期储蓄。[①] 以中央政府作为绝对支配地位的计划经济,是将成立之初的新中国迅速凝聚为一个"总体性社会"(totalitarian society),并借助国家行政力量实现重工业优先发展的赶超战略。[②] 但由于消费者的预算约束是硬的,生产者(国有企业)的预算约束是软的,信息的严重不对称导致国家实际上无法准确把握实际的生产经营状况,逐渐出现了"政策性负担、代理问题和政府干预的恶性循环"。[③] 因此,如何解决中央与地方之间的信息不对等并建立高效的管理监督链条,成为贯穿行政体制改革的重要线索。[④]

其次是法团主义视角,即政府、民营企业、社区团体之间的利益协商与共谋。根据施密特的定义,法团主义是一种利益代表制度,国家通过与数量有限、非竞争性、功能分化的垄断组织建立常规协商机制,将有组织的社会经济生产者团体整合起来,并实现社会动员。[⑤] 改革开放以后,国家缩小了对社会经济

[①] 胡书东.经济发展中的中央与地方关系:中国财政制度变迁研究[M].上海:上海人民出版社,2001:101.

[②] Friedrich C J, Curtis M, Benjamin R B. Totalitarian in Perspectives: Three Views[M]. New York: Praeger Publishers, 1969:64.

[③] Lin J Y, Tan G. Competition, Policy Burdens, and State-Owned Enterprise Reform[J]. American Economic Review, 1998, 88(2):422-427.

[④] 实际上不仅是建国之后,中央与地方信息不对等的问题也曾出现在封建时期。黄仁宇在分析万历十五年地方管理的积弊时写道:"一个庞大无比的组织,在中央控制下既没有重点,也没有弹性,更谈不上具有随着形势发展而作调整的能力。各种技术力量,诸如交通通信、分析统计、调查研究、控制金融、发展生产等则更为缺乏。一个必然的后果,即政府对民间的经济发展或衰退,往往感到隔膜。"

[⑤] Schmitter P C. Still the Century of Corporatism? [J]. The Review of Politics, 1974, 36(1):85-131.

生活的直接控制，小岛华津子等分析《中国民政统计年鉴》等资料发现，社会团体的数量自 1988 年以来呈稳步增长趋势，同时市场、交通、税收、流动人口管理等领域还出现了很多基层"协管员"。[①] 在中国乡镇基层，尤其是集体经济较为发达的苏南地区，地方政府官员就像大型企业内部的"厂商"，在隐形的政治回报和直观的经济利益刺激下有选择性地分配中央调拨的资源，动员辖区内的经济事业单位，将地方权力与稳定的利益集团紧密结合。[②] 这是一种既非市场也非政治组织、跨越体制内外的特殊制度形式。在这一分析框架下，信息流动是政府、民营企业和家族网络讨价还价、协商合作的枢纽。信息赋能既有可能因为这种"共存庇护"实现推动地方经济发展的政策目标，[③]也有可能因为过度的资源控制使普通群众仍然处于信息匮乏的排斥境遇。

最后是创新扩散视角，这里既包含了传播学经典的知识（信息）外溢，也涵盖了从试点、经验推广到再生产的政策扩散研究。相对于前两种行政取向的视角，创新扩散更关注微观的制度创新主体和社会内部自发形成秩序的过程。在传播效果研究中，罗杰斯发现在早期采用者的带动下，大众会基于克服本领恐慌的经济理性对于新的信息产生兴趣并考虑是否采纳。此外，扩散的速度受到创新性质、传播渠道、社会结构和规范、人际网络影响，不是所有创新都可以并能够被普及。[④] 在中国，作为采用者的农村居民生活在不同的基层市场体系之中，村落距离中心市场的远近、因职业/家庭因素产生的地域流动都会影响他们理解、采纳甚至再传播新信息的结果。而在更宏观的政策供给层面，地方政府有足够能力控制辖区内自然状态的信息，并基于地方利益最大化的目标采取多样化的再生产策略，使得政策的创新和扩散在时间、空间和路径上表现出不同的特征。[⑤] 斯特雷贝尔的研究为我们进一步理解信息赋能在各区域落地的差异提供了参考。她指出，创新信息的清晰度和事实性将带来积极的工具性采

① Kojima K, Choe J, Ohtomo T, Tsujinaka Y. The Corporatist System and Social Organizations in China[J]. Management and Organization Review, 2012, 8(3): 609-628.

② Andrew G W. Local Governments as Industrial Firms: An Organizational Analysis of China's Transitional Economy[J]. American Journal of Sociology, 1995, 101 (2): 263-301.

③ David W. The Institutional Process of Market Clientelism: Guanxi and Private Business in a South China City[J]. The China Quarterly, 1996, 147: 820-838.

④ Rogers E M. Communication and Development: The Passing of The Dominant Paradigm [J]. Communication Research, 1976, (3): 213-240.

⑤ 杨正喜.波浪式层级吸纳扩散模式：一个政策扩散模式解释框架——以安吉美丽中国政策扩散为例[J].中国行政管理,2019,(11): 97—103.

纳、调试的观念性采纳、复制的悬浮性采纳和无为的消极采纳等完全不同的结果。[1]

可以看出,这些研究正在走出"供给主导"取向的束缚,并从探讨信息赋能乡村发展模式的整体特征转向了更深层次的动力机制。同时,综合的跨学科视角和多元的理论模型虽然扩展了经验研究的视野,但也使得对中国农村信息赋能模式的分析只能采取"更加广泛而不确定"(more open-ended)的阐释框架。[2]

基于此,我们将信息赋能乡村发展视为交织政策供给意愿和信息主体需求意愿的双重秩序演化过程,尝试从"政策供给—市场驱动"两个维度构建信息赋能模式的分析框架。如图8-1所示,横坐标为政策供给水平,纵坐标为市场驱动水平,彼此交叉形成了"关系嵌入""公共服务""产业集聚"及"数字中台"四种类型。

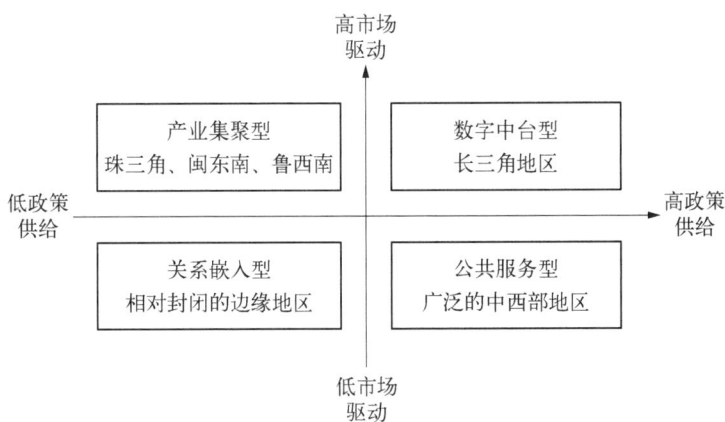

图8-1　信息赋能模式的四种类型

第二节　人情连接的"关系嵌入"模式

"关系嵌入"是一种通过嵌入地方人际关系和非正式的权力文化网络来推

---

[1] Strebel F W. Visibility and facticity in Policy Diffusion: Going Beyond the Prevailing Binarity[J]. Policy Sciences,2012, 45: 385-398.

[2] 托尼·赛奇,邵明阳.盲人摸象:中国地方政府分析[J].经济社会体制比较,2006,(4):96—104.

动农村信息发展的模式。这一模式主要应用于国家政策供给的效用有限、信息流动市场驱动较低的地区，比如一些相对封闭的边缘村落保留着"小世界"的固化圈。[①] "关系嵌入"模式明确区分了"小世界"的内部人和外部人。正如默顿在经典的知识社会学研究中指出的，任何群体的内部成员都有一套共同的文化规范，这些规范决定着社区成员对于信息的需求感知、价值判断和渠道选择，同时也制造出一些"屏障"，使内部人倾向于将与自己观念不一致的信息拒之门外。[②]

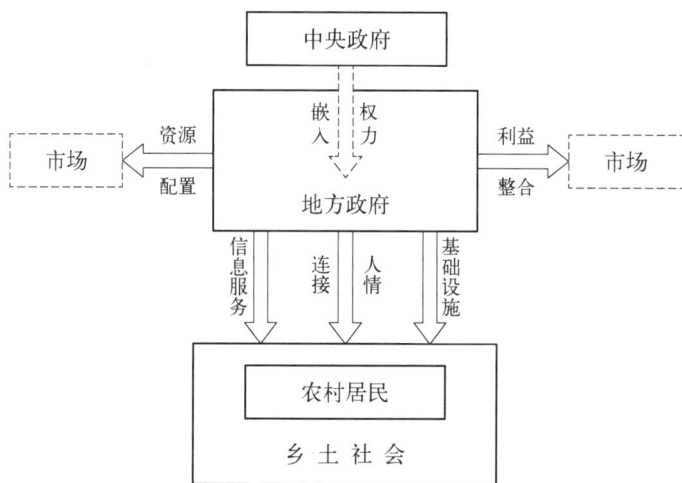

图 8 - 2 "关系嵌入"模式的治理逻辑

　　值得注意的是，传统中国农村的信息"小世界"比默顿、查特曼等学者探讨的弱势社群更复杂，其间往往遍布着五花八门的村际组织，如宗族、水会、商会等。组织与组织间存在部分重叠，有共同的合作中心，也有各自的管辖范围。[③] 改革开放以后，尽管中西部的青壮年劳动力大量流向经济更为发达的长三角、珠三角等地区，仍然存在像安顺屯堡这类相对封闭的村寨。屯堡村落布局以中央空坝为点，以巷道为线，户户紧挨构成了面，建筑保留徽派特色的同时增加了抵御外侵的设计。当地在饮食、服饰、腔调、生活方式上沿袭

① 郑素侠，张天娇."小世界"中的信息贫困与信息扶贫策略——基于国家级贫困县民权县的田野调查[J].当代传播，2019，(4)：49—53.

② Merton R K. Insiders and Outsiders：A Chapter in the Sociology of Knowledge[J]. American Journal of Sociology，1972，78(1)：9 - 47.

③ ［美］杜赞奇.文化、权力与国家[M].王福明，译.南京：江苏人民出版社，1996：78.

明代习俗,流行着"傩舞"和"嗔拳"地戏,形成了自成一体的信息"小世界"系统。由于社会的发展,总体上,目前这种模式数量相对较少,基本位于相对封闭的偏远农村。

一般而言,外部人很难真正成为内部人,突破信息屏障的方式主要有两点:使用硬性的制度或经济策略瓦解"小世界",或者通过柔性的人际关系融入"小世界"。硬性策略曾在农村经济社会发展的一些历史节点起到了转折性作用,比如户籍制度改革促进了农村居民的流动性,使得传统村落不仅在空间上城市化,在人际网络、组织结构和信息交流方式上也走向失序与重构。① 此外,"人情"在其中也发挥了重要的作用。陈柏峰认为在"生于斯、死于斯"的熟人社会中,"人情"既是人与人相处的基本思维方式,也是建立在"差序格局"基础上的秩序机制。② 作为外部人的行政力量想要将新兴信息通过"人情"输送到"小世界",成本最低的办法就是授权非正式官僚代表国家与基层社会打交道。比如清代各地州县设立了书吏、衙役,由当地有办事经验且人脉广泛的人员或利益集团担任经纪人或者代理人。③ 再如新中国成立以来的社会组织和基层群众性自治组织发展迅速,这类组织同时维系着行规民约的硬规范和人情伦理的软约束,往往承担外部信息供给与内部秩序协调的双重角色。

第三节　政策供给的"公共服务"模式

"公共服务"模式主要依托农村的公共图书室、农村合作社、农机推广站、便民服务站、益农信息社等机构以及融合报纸、广播、电视等大众传播功能的县域融媒体平台,打造条块交错的基层信息服务系统。这是我国农村信息化战略下政策供给主导的典型模式,广泛分布于市场驱动水平相对较低的中西部地区。

---

① 李培林.村落的终结:羊城村的故事[M].北京:商务印书馆,2004:110.
② 陈柏峰.熟人社会:村庄秩序机制的理想型探究[J].社会,2011,31(1):223—241.
③ 瞿同祖.清代地方政府[M].北京:法律出版社,2003:117.作为国家官方代表的知县将许多行政职能转交给地方上的个人或集团,以统治民众高达 30 万的县城。但在清代末期,由于缺乏必要的监督机制,下层吏役逐渐垄断了国家和社会沟通的信息渠道,以此攫取的好处超过了限度,逐渐演变为损公肥私的土豪劣绅。

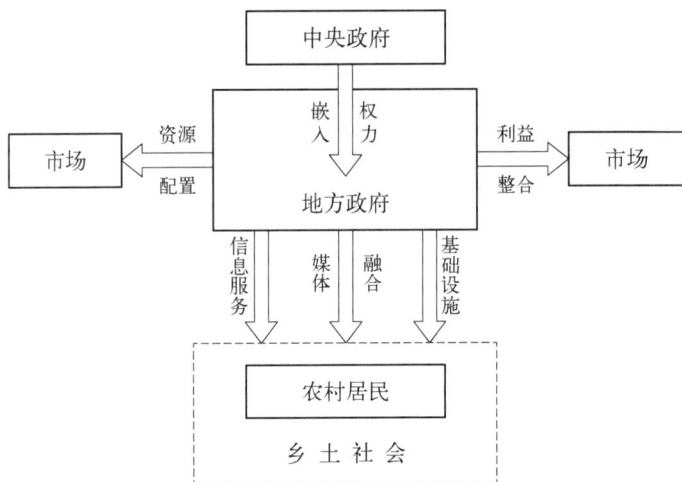

图 8 - 3　"公共服务"模式的治理逻辑

　　中华人民共和国成立以来,为进一步整合社会资源推动重工业优先发展的战略,我国自 1956 年开始建设农村信息基础设施,并以此为依托开展信息服务活动。《1956—1957 年的全国农业发展纲要》明确指出,需要按照各地情况,分别在 7—12 年内完成乡和大型合作社的电话网、普及农村广播网、建立健全包括文化站、图书室在内的农村文化组织。于良芝和谢海先考察发现,在新中国成立以来的所有历史阶段,农民的信息技术接入水平都滞后于城市居民。[①] 此外,由于信息通信产业的规模经济性,1994 年的电信改革虽然极大地刺激了城市信息化的发展,但同时也使得农民在信息资源配置中一度被边缘化,并导致中西部与东部之间、农村与城市之间的信息"鸿沟"不断拉大。[②] 相关研究显示,2003 年前后我国农村人口接近 9 亿,存在信息传播形式不适应、载体落后、传播主体与受体行动力障碍、信息信度与效度缺失、信息不对称和梯度转移等问题。[③]

　　为解决信息资源分配严重失衡的状况,国家陆续启动了"村村通""金农工程""三电合一"等信息化项目,向中西部欠发达地区倾斜政策资源。这些举措

---

① 于良芝,谢海先.当代中国农民的信息获取机会——结构分析及其局限[J].中国图书馆学报,2013,39(6):9—26.
② 王俊松,李诚.我国数字鸿沟的空间表现及原因分析[J].情报科学,2006,(11):1620—1625.
③ 李晓,向平,邱敦莲,罗中蓉.我国农村信息供需平衡障碍的理论及对策研究[J].软科学,2003,(6):77—80.

主要包含以下三个方面。第一,在社会主义新农村建设的号召下推动"电信普遍服务",采取分片包干的形式提升行政村的电话覆盖率和网络宽带覆盖率。第二,启动农村文化信息服务工程,建设农家书屋、全国农村党员干部远程教育接收点,"十一五"期间开始按照"五个一"(一处固定场所、一套信息设备、一名信息员、一套管理制度、一个长效机制)的标准建设综合信息服务站。第三,这也是最重要的一点。2018年之后,各地建立的县级融媒体中心,整合报纸、广播、电视等大众传播和组织传播资源,具有代表性的有"广电+报业"的中央厨房、以广播电视台为先导的传播矩阵、县域传媒集团以及借力省级媒体平台的"搭天线"模式等。[1]

总体而言,信息赋能乡村发展的政策供给思路基本围绕上述三个方面展开。具体落地到基层,各地的表现形式和具体效用并不一致。课题组调研的河南辉县是典型的"公共服务"模式。目前辉县已建成5G基站744个,实现乡镇以上5G网络连续覆盖。依托"辉县市乡村振兴农业专家服务团",通过11个区域站、100多名农业指导员开展农技推广服务活动;开展"科技壮苗"专项行动,依托基层农技推广体系改革建设补助项目和高素质农民培训计划,对基层农技人员和生产经营主体进行培训;在益农信息社体系上推进益农信息社企微政务版系统运用,高效、快捷地为农民提供"四大服务";对于运营商、服务商、益农信息社分级网格化管理。辉县以传统的县级媒体为原点,整合政务网站、微博、微信和App,向上"搭天线",实现报、播、视、网、端等传播渠道资源的全面打通。

"公共服务"模式整体上仍属于国家自上而下输送资源的"开发式扶贫",并没有真正将市场力量下沉到基层,政策执行效果参差不齐。以辉县为例,农村居民切身感受受益最大的是移动通信和网络,接受问卷调查的受访者中98.53%拥有1部及以上手机,94.42%家中安装了宽带。但像农技推广这类与农业生产密切相关的信息服务,存在着技术与生产实际脱节、农技人员业务水平参差不齐、信息服务平台自身信息化支撑能力不够等问题。[2] 而资源投入巨大的益农信息社和县级融媒体实际情况中更是作用有限。受制于整合能力和资金状况,以及农村居民的信息选择偏好,县级融媒体建设仍然面临内容定位

① 李彪.县级融媒体中心建设:发展模式、关键环节与路径选择[J].编辑之友,2019,(3):44—49.
② 张贝富,李好中.辉县市基层农技推广体系建设实践与思考[J].中国农技推广,2022,38(11):7—9.

失焦、用户黏性不强、流量变现困难、复合人才欠缺等"活得更好、做得更大"的可持续发展问题,这些都影响了信息在农村最基层地区的达到率、接触率。

第四节　市场驱动的"产业
集聚"模式

"产业集聚"是基于地方特色产业优势由生产要素、消费需求及企业竞争合作共同驱动的农村信息发展模式。相较"人情连接"和"公共服务"模式,"产业集聚"模式具有明显的市场化特征。政府更多扮演了信息资源的引导者、信息环境的营造者、信息流通秩序的监督者的角色,农村居民往往发挥了主体作用(见图8-4)。此类模式最早出现在民营经济最活跃的长三角、珠三角地区,后逐渐向电子商务逐渐成熟的闽东南、鲁西南地区延伸。

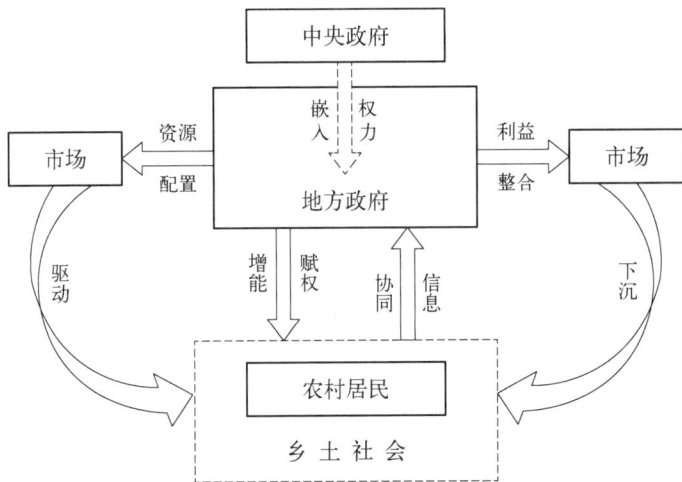

图 8-4　"产业集聚"模式的治理逻辑

相较于西方发达国家以资本为中心,工业化、城镇化、农业现代化与信息化的"串联"式发展,中国的市场化与信息化进程几乎是同步推进的。20世纪90年代以来,信息通信技术在全球化浪潮中迅速发展。我国以民营化力量驱动,让专业市场与产业集群相匹配的长三角和珠三角快速形成了经济体制落差的"势能",并将这种先发优势转换为市场指挥棒之下信息要素的"产业集聚"。

这一模式最大程度保留了地方政府在资源配置和利益整合上的自主性,将信息基础设施和公共服务的政策供给转换为对乡村社会"润物细无声"的赋权增能。一方面是专业市场的蓬勃发展。改革开放后,资金活跃的珠三角、长三角区域雨后春笋般冒出了各类专业化市场。这些专业市场以交易某一类商品为主,通常具有"集中交易、现货现发、辐射面广"的特点。如永康的五金市场、温州的灯具市场、吴江的羊毛衫市场,不仅降低了同一产业链条下中小微企业参与上下游交易的成本,且以此为基础促进了信息、技术、资本要素的流通;另一方面是劳动力的加速流动,典型的就是外省成千上万的劳动力涌入长三角、珠三角地区。信息以及能够提升信息传播效率的媒介,已成为农村居民自发的迫切需求。①

步入 Web2.0 时代以后,"产业集聚"模式出现了新的变化。以阿里巴巴为代表的互联网公司下沉农村市场,中西部地区的人力成本优势开始显现,电商集群的"淘宝村"开始由江浙沪向闽东南、鲁西南扩散。课题组在曹县调研发现,作为曾经的贫困县,曹县到 2019 年已经在少数能人的带动下成为演出服产业的最大集群地,汉服产业销售额占到全国同类市场的三分之一,电子商务交易额高达 158 亿元。② 由于演出服生产的技术门槛很低,原来作为消费单元的家庭逐渐变成了最小的生产单元,曹县大集镇下辖的 25 个行政村或多或少参与到演出服产业的集聚网络之中。依靠专业的分工、便捷的交通以及彼此熟悉的人际关系,企业与企业之间形成了一种"默契",使得曹县大集看上去就像一家信息管理严密、部门业务齐全的"超级公司"。

这种模式对于提升农村居民参与信息赋能的自主性显而易见。与传统市场体系相比,电子商务将农村熟人社会里依托于"礼物""亏欠"建立的人际关系嵌入数字平台,并促进了基于技术、效率和专业精神的商业文化出现。有学者据此提出了"乡土重构"的观点,即电子商务允许农村社会自我组织并发展自己的能力,并将商业的逻辑内化为农村居民获取信息、评价信息、交流信息的价值观念。③ 相比自上而下地输送资源,加入电商资本后的"产业集聚"模式能够快

---

① Qiu J L. The Accidental Accomplishment of Little Smart: Understanding the Emergence of a Working-Class ICT[J]. New Media & Society, 2007, 9(6): 903-923.
② 张剑.爆红之后　网红曹县模式何以持续?[EB/OL]. (2021-06-24)[2023-08-23]. https://finance.ifeng.com/c/87LPpneuzzy, 2021-06-24.
③ 陈然.地方自觉与乡土重构:"淘宝村"现象的社会学分析[J].华中农业大学学报(社会科学版),2016,(3):74—81.

速点燃农村社会"创新扩散"的星星之火,塑造出"强农户—弱资本"的市场契约关系。

第五节　信息协同的"数字中台"模式

"数字中台"是以数字技术为支撑,中央与地方纵向贯通、政府与市场横向打通、国家与农村社会协调有力的一体化信息发展模式。相较政策供给水平较弱的"产业集聚"模式,"数字中台"模式进一步激发了农村居民的参与动力,从国家到社会赋权增能的同时实现了从社会到国家的信息协同(见图8-5)。这一模式对于地方整体的数字发展水平要求非常高,目前主要分布于长三角的农村地区。

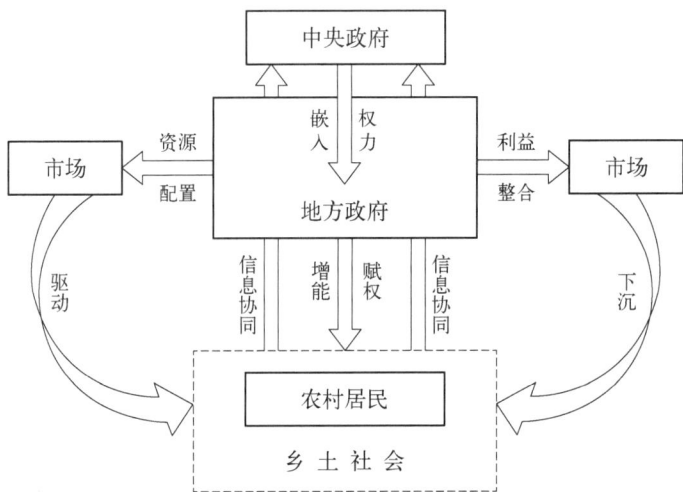

图 8-5　"数字中台"模式的治理逻辑

我们以浙江的"数字中台"模式进行说明。方民生梳理浙江的制度变迁和发展轨迹发现,1978 年浙江省的工业总产值仅 136.2 亿元,其中国有工业占比60.6%,是一个"半自给自足的自然经济社会"。[①] 工业基础薄弱、国有经济和集体经济弱小,意味着经济不能"等要靠",助推了基层老百姓创新创业的热潮。

---

① 方民生.浙江制度变迁与发展轨迹[M].杭州：浙江人民出版社,2000：35.

同时,对于地方政府而言,以保护者姿态服务"自主改革、自担风险、自强不息、自求发展"的民营经济,①与其说是工业资源严重匮乏下的不得已,不如说是一种成本低、效益高的灵活治理策略。地方政府就类似庞大工业组织的"厂商",主动打破了区域封锁的流通格局,驱动资本、技术、信息要素在城乡之间合理流动。②

　　相较外资占比大的珠三角,以温州为代表的浙江模式主要依靠内源性资本,在21世纪初就建立了产权明晰的企业制度,并出现了工业化重心由第二产业向第三产业移动、市场重心由区域贸易向国际贸易转移的趋势。③依托淘宝、抖音、拼多多等线上平台和四通八达的物流网络,农村的个体经营者可以使用最低成本从价值链的低附加值部分转移到高附加值部分。更大的分化体现在作为信息赋能主体的政府。长三角地区地方经济的新机遇赋予了政府类似"董事长"或者"厂商"这样盈亏自负、效率优先的责任感,④为浙江以整体政府理念探索"最多跑一次""协同办理"等数字政务模式,突破"放管服"改革的"效率困境"打下了坚实基础。课题组对浙江嘉善的调研发现,纵向层面,2013年嘉兴市率先启动行政审批层级一体化改革,向嘉善县级政府全面放权;横向层面,进行跨部门并联审批,通过行政审批电子服务平台实现事项"一次性"办结。硬件方面,搭建电子政务云计算中心,将原来各个部门分散建设的基础硬件转换为一体化的数据资源。业务方面,以效率优先为导向设计各项流程,不再按照部门职能顺序,而是按照任务本身的自然顺序进行规划。到"十四五"阶段,嘉善县数字政务平台融合省市平台下发数据、上海市青浦区和江苏省吴江区等各类政务数据,涵盖医疗、交通等27大类,实现长三角两区一县公共数据跨域有机融合,为技术赋能基层信息发展打造了坚实的"数字中台"。

　　"数字中台"推动传统手段向信息智能手段、点线连接向全维融合转变,汇集中央到省市县的多级资源。如针对老年人信息能力滞后开展的"银发跨越数字鸿沟"培训,累计覆盖326.6万人次,用户满意度达到93.6%。再如通过"千

① 赵伟.温州模式:作为区域工业化范式的一种理解[J].社会科学战线,2002,(1):15—22.
② Jean Oi. Rural China Takes off: Institutional Foundations of Economic Reform[M]. Berkeley: University of California Press, 1999:142.
③ 赵伟.温州模式:作为区域工业化范式的一种理解[J].社会科学战线,2002,(1):15—22.
④ Andrew G W. Local Governments as Industrial Firms: An Organizational Analysis of China's Transitional Economy[J]. The American Journal of Sociology, 1995, 101(2):263-301.

博助千企"数智平台建设中小企业需求库和青年博士科技人才信息库，促进高校、科研院所、政府和企业共同参与创新驱动信息发展。这些举措在农村社会、市场和政府之间形成了正向的信息要素循环，实现从信息赋能到信息振兴的转型。

第六节　信息赋能四种模式的特征

本章将信息赋能乡村发展的模式比较放在政策供给和市场驱动的分析框架之中，考察不同区域的信息资源多大程度上被市场或政治原则支配，以及如何影响农村居民参与发展、共享发展、自主发展的能力，在此基础上归纳了"关系嵌入""公共服务""产业集聚""数字中台"四种典型模式，现将四种模式的基本特征概括为表8-1。

表8-1　信息赋能模式的基本特征

模　　式	动力机制	区域分布	建 设 特 征	代表案例
关系嵌入	低政策供给 低市场驱动	相对封闭的边缘地区	人情连接（经纪人示范）＋地方文化＋基本信息服务	贵州安顺
公共服务	高政策供给 低市场驱动	广泛的中西部地区	信息基础设施＋信息服务机构＋县域融媒体建设	河南辉县
产业集聚	低政策供给 高市场驱动	珠三角、闽东南、鲁西南	特色产业＋电子商务企业＋中介组织＋基本信息服务	山东曹县
数字中台	高政策供给 高市场驱动	长三角	数据底座＋智能农业＋物联网＋产学研一体＋融媒体	浙江嘉善

四类模式中，低政策供给、低市场驱动的"关系嵌入"模式最传统、最特殊。这一模式最大程度上尊重了地方的乡村性特征，但政策效果也是不确定的。高政策供给、低市场驱动的"公共服务"模式设计最成熟、分布最广泛。

低政策供给、高市场驱动的"产业集聚"模式提升了公众参与信息发展的热情,有效助推信息在地方人际交往、经济发展和基层治理之间流动。相比较而言,目前以长三角为典型代表的"数字中台"模式或将成为未来乡村全面振兴更优选的范本。通过回顾长三角、珠三角、鲁西南改革开放后的市场化、信息化转型历程,我们发现当地政府对于微观主体的创新实践通常采取容忍、支持甚至保护态度。比如山东曹县流行网络的"宇宙中心"热梗,体现出草根自生自发、基层主动支持、地方政府清障铺路的特征。这意味着信息赋能不仅是持续的、单向的政策资源供给,还可以反向打通国家和社会之间的梗阻,形成多元主体的良性互动。

　　信息赋能乡村发展的本质是乡村社会结构与组织方式的现代化转型,农村居民的信息发展是一项长期的系统性工程。当前中国信息赋能的四种典型模式并非仅仅是静态的划分,在未来发展的过程中可能相互转化。因此,这种区域比较既是对课题组六省 11 县问卷调查统计结果的共时性阐释,也包含了"新乡村"(new countryside)将往何处去的历时性追问。① 更为重要的是,这些区域比较促使我们进一步思考:现代化本质上是人的现代化,以人为本,如何构建一种普惠的精准传播模式,从而弥合宏观国家层面和微观社会主体之间的结构张力? 这就是后面两章所要探讨的问题。

----

① Nelson, P. Rural Restructuring in the American West: Land Use, Family, and Class Discourses[J]. Journal of Rural Studies, 2001, 17(4): 395 - 407.

第九章
信息赋能乡村振兴的传播模式设计

第八章从政策供给和市场驱动的维度,对现有信息赋能乡村发展的四种模式进行了介绍。本章将在上述内容基础上,提出"信息赋能乡村振兴的精准传播模式"——具体命名为"精准靶向互动传播模式",并从理论支持、基本内容、多元主体、关键性实施环节、运行保障等方面,对该模式进行详细阐释。

第一节　理论支持：可行信息能力

学术界对贫困的认识,经历了从单维到多维的过程。这背后,是从传统的仅以经济(收入或消费)视角认定贫困的标准,扩展到通过经济、健康、安全、自由、个人发展等综合角度。其中,阿玛蒂亚·森认为,对贫困的认识,不仅要关注收入的提高,而且必须同时关注"可行能力"被剥夺问题,如接受教育、获得医疗服务、拥有住房等,贫困是一种权利和机会的被剥夺。[①] 此观点即为多维贫困视角,大大拓展了贫困理论,把贫困研究带入了一个新阶段。

在信息领域,学术界很早就注意到"信息贫困"和"信息分化"现象,围绕这个问题,提出了区分"信息富人"和"信息穷人"的若干标准。于良芝等梳理后发现,目前学界确指的"信息穷人"主要有两类:社会经济意义上的弱势群体与特定意义上的信息弱势群体。前者如斯威特兰(Sweetland)等认为,信息分化是由经济贫困导致的,低收入者、老龄人、残疾人等社会贫弱群体通常也是信息资

---

① [印]阿玛蒂亚·森.以自由看待发展[M].任赜,于真,译.北京:中国人民大学出版社,2002:85—88.

源占有上的穷人；①后者如范迪克(Van Dijk)将数字鸿沟中的落伍者表述为信息穷人。② 目前学界使用的测度主要围绕信息源、信息获取渠道的接入与利用展开。在这样的思路下，信息通信技术(ICT)接入和使用为主的"数字鸿沟"成为评价信息分化，治理信息贫困的关键性手段。

那么，造成信息贫困、剥夺个体信息获取机会主要就是 ICT 方面的原因吗？相关研究发现，尽管发展中国家与地区政府以极大的投入和关注度在数字接入领域，但数字鸿沟的弥合情况似乎并不令人乐观。③④ 2011 年，吉尔格(Gilger)对玻利维亚农村调查发现，ICT 技术只有将信息资源转换成人在经济、政治、社会、组织和文化发展的能力时，才能真正实现新的发展，缩小信息分化。⑤ 这个观点，可视为参照一般贫困研究领域从"单维"向"多维"的思路，进一步扩展运用于"信息贫困"研究，即信息贫困不仅仅是信息接入等 ICT 的缺乏，本质上是信息权利和机会的被剥夺。阿玛蒂亚·森提出的"多维贫困"理论中，"可行能力"是极其重要的核心概念：可行能力(capability approach)是个体可能实现的各种功能性活动组合，是一种实质自由，既包含物质方面，也包含各种社会成就。⑥ 受此启发，Gilger 衍生出"可行信息能力"(information capabilities)概念，指信息主体在特定信息实践中所表现出来的实质自由，而个体信息分化的本质正是可行能力的差异。⑦ 国内学者樊振佳等进一步分析后认为，可行信息能力是信息主体能够满足自身信息需求的实质自由，表现为信息主体在信息行为中所表现出的获取信息效用的行为能力。⑧

从"可行信息能力"出发重新认识"信息贫困"，对于信息赋能工作具有颠覆

① Sweetland J H. Information Poverty—Let Me Count the Ways[J]. Database，1993，16(4)：8-10.
② Van Dijk J. Universal Service from the Perspective of Consumers and Citizens，Report to the Information Society Forum[R]. Brussels：European Commission/ISPO，1997.
③ 韦路，张明新.第三道数字鸿沟：互联网上的知识沟[J].新闻与传播研究，2006，(4)：43—53.
④ 邱林川.新型网络社会的劳工问题[J].开放时代，2009，(12)：128—139.
⑤ Gigler B S. Informational Capabilities — The Missing Link for the Impact of ICT on Development[C]// Closing the Feedjack：Can Technology Bridge the Accountability Gap? Washington. DC：The World Bank. 2014：17-42.
⑥ ［印］阿玛蒂亚·森.以自由看待发展[M].任赜，于真，译.北京：中国人民大学出版社，2002：60—65.
⑦ Gigler B S. Informational Capabilities — The Missing Link for the Impact of ICT on Development[C]// Closing the feedjack：can teachnology bridge the accountability gap? Washington. DC：The World Bank. 2014：17-42.
⑧ 樊振佳，程乐天.可行信息能力：一个信息分化问题学术概念的构建与阐释[J].图书情报工作，2017，61(13)：19—30.

性的意义。我国关于对农传播和信息赋能的研究起步相对较晚,随着国家提出精准扶贫、乡村振兴等战略,信息在其中的作用、信息传播与农村脱贫减贫进而促进乡村振兴、如何缩小信息分化等问题才引起足够重视。现有研究提出的"信息赋能"模式,多数为"外源视角",即无论是政策供给还是市场驱动,主要从信息基础设施投入、信息环境建构、信息资金与技术人员支持等方面强化信息赋能工作,从而实现信息对精准扶贫、乡村振兴的支持与保障。具体实践看,早期采用的"救济式扶贫模式",政府投入大量资金进行信息基础设施建设,甚至个别地区直接向贫困人口赠送手机、安装宽带等,无一不是"外源视角"的体现。进入"开发式扶贫模式"后,仍然存在不少问题。一个突出表现是:扶贫对象参与度不高对扶贫效果产生了严重的不利影响。贫困群体技能不足、受教育程度低下,导致贫困群体获取和利用发展资源能力不足和无法有效参与扶贫。[①]

因此,原先的实践中均把政府、企业、社会组织等"外源性主体"放在首位,并没有真正重视帮扶对象的作用。信息赋能引入"可行信息能力"概念后,更加重视帮扶对象作为"人"的特点和差异,要求从不同个体的可行信息能力出发,设计更精准、更有针对性的帮扶方案。

根据"可行信息能力"的要求,在实施信息赋能乡村振兴时,首先要区分不同对象的信息分化情况。可行信息能力强调个体在信息行为过程中的实质能力与自由,不仅指"目前做了什么",也包括"可能做什么"和"想做什么"。本书设计的操作方案,从信息能力(做了什么和可能做什么)、信息意识(想做什么)两方面入手,以考察区域(村、乡镇等)内人群在上述两方面的得分中位数为界进行交叉分析,得出该区域内人群信息分化的四种类型:高意识高能力、高意识低能力、低意识高能力、低意识低能力,分别命名为"领先者""觉醒者""蛮干者""滞后者"。

我们参考了 Yu 等的《个人信息世界量表》[②]和苑春荟等的《农民信息素质量表》[③],分别设计了《农村居民信息能力评价指标体系》(见表 9-1)和《农村居民信息意识评价指标体系》(见表 9-2)。

---

① 田宪臣.开发式扶贫的难点与对策[J].黄河科技大学学报,2017,19(3): 33—37.

② Yu,L. Understanding Information Inequality: Making Sense of the Literature of the Information and Digital Divides[J]. Journal of Librarianship & Information Science, 2006, 38(4): 229-252.

③ 苑春荟,龚振炜,陈文晶,等.农民信息素质量表编制及其信效度检验[J].情报科学,2014,32(2): 26—30.

表 9-1　农村居民信息能力评价指标体系

指　　标		题　　项	解　释
信息搜集力	上网时间	你每天上网时间大概是：1＝0，2＝(0,2]，3＝(2,4]，4＝(4,6]，5＝(6，＋∞)	五点量表
	互联网信息搜集	我有能力通过互联网：看新闻、搜消息、上网课、看视频玩游戏、买东西	多选加总计分,1＝选0/1项,5＝选5项
信息判断力	务工情境	当我想外出务工时,我知道自己需要哪些信息	五点量表,1＝完全不同意,5＝完全同意
	销售情境	要卖农产品时,我知道自己需要哪些信息	
信息处理力	一般信息	我能从大量信息中整理出它们的主要意思	
	政策信息	我能理解"良种补贴"的具体内容	
信息传播力	技能传播	我曾经教会过别人某项技能(如养殖技术等)	
	传播效果	别人因为我提供的信息得到过好处	
信息创造力	互联网信息创造	我有能力通过互联网：转发信息、聊天交友、卖东西、投资炒股、网上办事	多选加总计分,1＝选0/1项,5＝选5项
	主动发布信息	你出售农产品的主要方式：1＝坐等收购,2＝做熟人生意,3＝通过政府组织,4＝直接去市场卖,5＝去网上卖	五点量表

　　信息能力属于信息行为层面,主要指向农村居民运用自身资源认知、获取、使用、共享信息的本领、素养和技能,具有由信息搜集力、信息判断力、信息处理力、信息传播力、信息创造力五方面构成。

表 9-2　农村居民信息意识评价指标体系

指　　标		题　　项
信息效益评价	信息利我性	各种信息可以让我过得更好
	信息利他性	相互交流信息可以帮助大家共同致富

（续表）

指　　标		题　　项
信息需求意愿	初级信息	决定种什么、养什么时，我的信息需求意愿
		决定去哪里打工时，我的信息需求意愿
	中级信息	生病了去哪里看病，我的信息需求意愿
		想知道孩子去哪里上学时，我的信息需求意愿
	高级信息	想投资理财时，我的信息需求意愿
		想开淘宝、微商等网店时，我的信息需求意愿
信息获取意志	心理努力	我很想得到有用的各种信息
		我很希望村里能开展信息技术培训
	经济努力	愿意花多少钱买自己需要的信息：1＝0，2＝(0，10]，3＝(10，50]，4＝(50，100]，5＝(100，+∞)
		如果花钱买信息，你最愿意买什么信息：1＝便民信息，2＝教育信息，3＝市场信息，4＝技术信息，5＝文化信息

　　信息意识属于信息心理层面，主要指向农村居民在信息相关事宜上的动机、需求、信心和意志，具体由信息效益评价、信息需求意愿、信息获取意志三个方面构成，题项为五点量表。

　　根据上述指标体系和方案，可以对考察区域内人群的信息分化情况进行相对精准区分。这种区分基于不同个体的可行信息能力差异，而可行信息能力的扩展将对信息主体的其他能力产生"乘数效应"，如"领先者"有意识有能力将信息转换为自身发展的资源，而"滞后者"因经济水平、教育水平、信息环境等限制而错失机遇。从可行信息能力出发的信息赋能理念，更加注重人的自身发展而非技术，直接体现了"信息脱贫"的内生动力，这一理念为之后信息赋能的精准传播模式设计，提供了较为清晰的理论视角与创新性支持。

第二节 "精准靶向互动传播
模式"的内涵

从"可行信息能力"这个理论视角出发,本书设计了"精准靶向互动传播模式",如图9-1所示。信息与传播的关系密不可分,信息是传播的"材料"和基础,传播是信息的"流动"。该模式以传播学经典的德福勒互动模式等为基础,是一个包含由信息赋能主体、信息赋能渠道、信息赋能内容、信息赋能对象、信息赋能环境、噪声与反馈等多种成分构成的相互关联、协同发展的循环网络。"精准靶向互动传播模式"中,信息赋能由帮扶主体评估不同对象信息需求后,通过适合的信息渠道,将具体的信息内容有效传播给赋能对象。同时,赋能对象在接收到相关信息后,通过各种渠道反馈给赋能主体,从而实现信息赋能的整体闭环和有机循环。在整个信息传播过程中,每个环节受到"噪声"的影响,也不能脱离乡村社会环境这个"外部因素"。"精准靶向互动传播模式"突破了

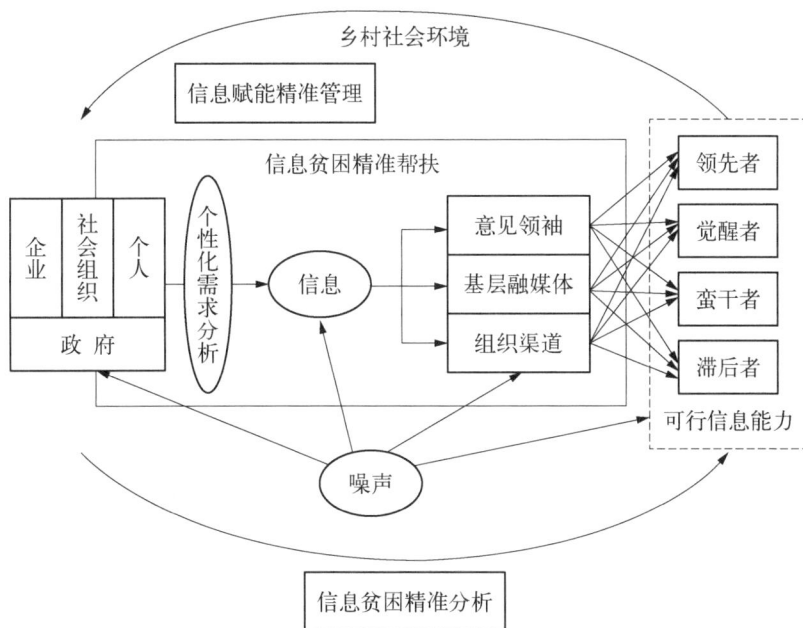

图9-1 精准靶向互动传播模式

线性传播的缺点，没有限定信息赋能的发起点，充分考虑了不同人群的信息需求，给予他们最大程度的主动性地位，克服了以往"外源性帮扶模式"的不足。

　　本模式中"精准"的含义，主要指在同一区域（村、乡镇等）的信息赋能活动中，分析不同个体的"可行信息能力"差异，将他们分为"领先者""觉醒者""蛮干者"和"滞后者"四种类型，继而实施不同的具体信息赋能措施与策略。依据"可行信息能力"将对象分为四种人群，有较大的优势：在现阶段已经普遍完成信息基础设施接入后，对"信息穷人"和"信息富人"有了进一步明确区分，解决了有效识别问题；《农村居民信息能力评价指标体系》（见表 9-1）和《农村居民信息意识评价指标体系》（见表 9-2）简单易行，识别出的四类人群，既有可操作性，又避免了复杂化；即使"领先者"也是相对的，并不说明他们不需要更精准有效的信息供给和引导；"滞后者"当然是信息赋能的重点对象，而"觉醒者"和"蛮干者"更要相关帮扶主体因人施策，具体分析各自薄弱环节。通过《农村居民信息能力评价指标体系》和《农村居民信息意识评价指标体系》的定量数据，能细致反映出不同农村居民的信息薄弱点，使精准帮扶和精准施策成为可能。

　　需要强调的是，本书中的"精准"模式，主要是指针对同一区域内不同信息人群的"精准施策"，重点以同一地区内的不同人为单位，而不是以"区域"（村、乡镇等）为单位做到"精准"。这样的考虑主要有以下原因：第一，现有被帮扶地区主要位于中西部，国家的宏观政策和支持力度比较一致，在不同县域层面实施具有相对统一规范的操作。第二，以原先的精准扶贫为例，主要针对对象的识别和瞄准。"资源投入和瞄准效率是影响扶贫效果的两大因素"，[①]但现实中仅以收入为标准的操作方式，侧重"经济识别"和"现象瞄准"，无法真正做到国际上所倡导的"个体需求评估"（individual assessment of need）。"精准靶向互动传播模式"则能有效克服上述不足，关注个体的信息差异，从个体需求出发制定精准的信息赋能措施，能够真正实现精准到人。第三，"精准靶向互动传播模式"的"精准"，包含了"精准分析""精准帮扶""精准管理"三个环节，每个环节都"精准"瞄准四类信息人群，因人施策。无论是政策覆盖对象，还是政策的落地性和瞄准性，都有全面提升。总之，以不同人群为标准的"精准"思路，使信息

---

① Fiszbein A，Kanbur R，Yemtsov R. Social Protection，Poverty and the Post-2015 Agenda[J]. Policy Research Working Papers，2013，378：155.

赋能乡村振兴中,对象识别、对象瞄准、原因分析、措施选择等,更加细致和精确。

"精准靶向互动传播模式"的命名突出了该模式鲜明的特点:"精准"要求在信息赋能乡村中做到精准分析、精准帮扶、精准管理;"靶向"要求区分四类不同的信息人群,根据各自特点设计更有瞄准性的信息赋能措施;"互动"要求把帮扶对象作为信息赋能工作多元主体的重要方,贯彻参与式理念和思路,让帮扶对象参与信息赋能工作的全过程,以使其获得发展能力为帮扶的核心目标。

第三节　"精准靶向互动传播模式"的多元主体

以往各种开发式帮扶模式中,政府以及由政府主导下的各类企业、社会组织和个人——即各种帮扶资源的提供者,构成了帮扶工作的主体。该模式具有资源调动能力强、高效、社会参与度高等优势,但也存在明显的不足:发展投入产生的帮扶效益存在明显递减,资源大量出现精英俘获,目标群众参与不足,资源流向针对性差等。更重要的是,扶贫对象作为工作的中心却不能对整个帮扶工作产生实质性影响,成为完全被动接受决策的对象。[①] 与此同时,被帮扶人群部分存在"等靠要"思想,各种技能不足、受教育程度低下、获取和利用发展资源能力不足、无法有效参与……因此,无论是实务界还是学术界,都越来越意识到应该由政府完全主导的开发式帮扶转向参与式帮扶。

本书提出的"精准靶向互动传播模式",本质上强调信息赋能乡村振兴过程中,以个体的"可行信息能力"为出发点,以提升"可行信息能力"为信息赋能的关键性目标,让帮扶对象前期充分参与信息赋能的决策和政策制定。当然,与西方情况不同,中国的模式是有自身特色的,必须符合中国国情。中国的乡村振兴事业中,各级政府一直处于主导地位。中国的参与式帮扶也绝不是否定政府的主导地位,而是在进一步发挥政府主导优势下,让被帮扶者充分全面参与项目的选择、实施、管理、监督、评估等全流程环节,政府通过政策引导和技术支

---

① 田宪臣.开发式扶贫的难点与对策[J].黄河科技大学学报,2017,19(3):33—37.

持，让双方在相互支持下，实现帮扶目标的一种新机制。

因此，"精准靶向互动传播模式"亦强调政府的主导作用。图 9 - 1 最左侧显示，在由政府、各类企业、社会组织和个人所构成的多元主体中，政府处于最基础、最核心的地位。政府是信息赋能乡村振兴的主要推动者和组织者，负责制定相关政策、规划和指导，提供必要的资金支持和技术保障，推动信息技术的应用、推广和普及。在政府的统一规划和领导下，企业、社会组织、个人等主体各司其职，发挥各自优势，推进信息赋能工作。企业包括各类传媒企业、电信运营商、互联网公司，以及一切能提供农村居民发展所需要的各种信息的关联企业，他们通过技术设备网络支持、项目支持、就业支持等，促进乡村地区经济发展。各类社会组织包括非政府组织、非营利性组织和社会公益机构等，他们通过组织志愿者服务、开展实地调研和公益培训等方式，提供信息服务，技术支持和帮助农村居民获得有效信息。个人既包括乡村地区的意见领袖、社会精英，也包括各类专家学者和关注乡村地区发展的各界人士，他们结合自身力量，为信息赋能提供各种理论支持、实践指导、资源导入和人财物智力等全方位帮扶。政府承担着对帮扶工作的顶层设计，在政策指导、资源配置、投入方向等方面，指导和引导企业、社会组织、个人等其他信息赋能主体，从而保证帮扶工作朝着正确的方向开展。

第四节 "精准靶向互动传播模式"关键性实施环节

如何精准识别、如何精准帮扶、如何精准管理，是信息赋能乡村振兴工作的三个关键性环节，直接影响帮扶效果。

一、信息贫困的精准识别

帮扶对象的识别是帮扶工作的第一步。在贫困研究领域，对贫困的认定已经从之前以收入或者消费能力为标准的"单维贫困"发展到包括收入和各种非货币福利因素的"多维贫困"，突出强调了贫困是对基本可行能力的剥夺，而不仅仅是收入或者财富的不足。

　　秉承上述理念,信息赋能乡村振兴中,首先要在对象识别方面的"精准"程度上进一步细化。为此,该模式提出通过两个步骤完成信息赋能对象的精准识别。

　　第一步,从可行信息能力视角出发,设计包含认知、能力、服务、硬件四个维度、12 个指标的农村居民信息多维贫困指标体系,采用阿尔基尔和福斯特提出的 A—F 多维贫困测量方法(也称双临界值法),计算各地在不同临界值 k 下的信息贫困发生率(H)、平均剥夺程度(A)和信息多维贫困指数(M_0)。在此基础上,进一步计算各指标贡献率,完成维度分解和地区分解。(具体步骤和实证应用详见第二章)通过这样的操作,能较为"精准"揭示不同地区(村、乡镇)在各指标上的信息贫困发生率,以及同一地区在不同临界值 k 下的信息贫困人群比例,以村(或乡镇等)为单位,从面上呈现信息贫困的基本情况。

　　第二步,聚焦信息贫困特定治理单元(村、乡镇等),通过《农村居民信息能力评价指标体系》(见表 9-1)和《农村居民信息意识评价指标体系》(见表 9-2)测评,识别出"领先者""觉醒者""蛮干者""滞后者"四种具体类型。通过这一步,把"精准"的对象真正落实到具体的人,完成对具体信息赋能对象的识别。

　　以往对帮扶对象的识别,通过一定的标准将"贫困户"挑选出来进行瞄准,后续给予各种政策和帮助。"贫困户"成为精准扶贫的工作重点和中心,"非贫困户"则不是关注和政策的重点。这样的认定,采用简单的"两分法",非此即彼。信息赋能乡村振兴"精准靶向互动传播模式"中的帮扶对象识别,采用了更为科学的"四分法",呈现了不同个体在信息分化方面从"信息穷人"到"信息富人"的连续分布,其背后的理念,不仅强调对"信息穷人"——"滞后者"的关注,也强调对"觉醒者"和"蛮干者"等中间状态人群的具体指导与帮扶,同时从发展的眼光看待"信息富人"——现阶段的"领先者",思考如何使他们保持信息优势进而形成更大的示范和带动作用。四种类型中的任何一种,都需要有针对性的支持政策和措施。上述理念,大大拓展了信息赋能的对象范围——"滞后者"固然是帮扶的重点,但其他人群也应该不同程度享受到政策和资源。这样的拓展,既突出了重点人群,又通过有层级有梯度的实施,最大程度实现了普惠性,兼顾了公平与效率。

二、信息贫困的精准帮扶

完成精准识别后,精准帮扶是关键。精准帮扶需要针对不同原因,采取有针对性的措施。"精准靶向互动传播模式"特别强调帮扶过程中的精准。为保证实现较好的帮扶效果,从信息服务的重点环节出发,要求做到信息需求精准搜集与分析、信息传播渠道精准选择、信息精准供给、信息精准反馈与跟踪。

1. 信息需求精准搜集与分析

通过问卷、走访等形式,全面了解农村居民的信息需求现状。六省 11 县的问卷调查显示,在所列的九类信息中,受访者相对最迫切的是"子女教育消息"(61.67％)、"健康医疗消息"(52.55％)和"农业生产/政策信息"(48.82％),一般迫切的是"技术培训消息"(34.59％)、"市场供求/价格消息"(29.14％)、"法律维权消息"(29.14％)及"外出务工消息"(20.99％)。现阶段农村居民对"投资理财消息"(15.63％)和"娱乐休闲消息"(5.66％)的需求相对较低。比照马斯洛的需求层次理论,当下农村居民的信息需求已经跨越了最基础的"生存需求",发展到"安全需求""社交需求"等"发展信息"阶段。不同人群的信息也有较大差异,比如,"滞后者"最需要的前三类信息序,分别是"子女教育信息"(62.16％)、"农业生产/政策信息"(48.65％)和"健康医疗消息"(48.65％),"领先者"则是"健康医疗信息"(58.73％)、"技术培训信息"(43.81％)和"法律维权信息"(43.73％)。比较而言,"滞后者"偏重"生存信息","领先者"偏重"发展信息"。了解并比较不同人群的信息需求情况后,还要对信息获取障碍进行分析,这些因素既包括环境闭塞、收入低、国家支持力度不够、费用高、网速慢、能得到的帮助少等"硬障碍",也包括个体找不到适合的信息、不相信信息、不知道去哪里找、无法分辨有用信息、信息需求低等"软障碍"。

为保证信息需求搜集与分析的精准,要特别注意以下几个方面:第一,制定精确的调查方案。采用问卷调查法、访谈法、焦点小组法、大数据监测法、参与式观察法等各种定量、定性的研究方法了解农村居民信息需求,同时结合政府部门、统计部门的年鉴年报等资料,进一步筛选与甄别。第二,制定精准的确认方案。尽量采用多数据来源的交叉分析,如信息消费情况,不仅看问卷填答数据,也要参考每月实际的手机支出金额。通过走访和访谈的形式,精准了解被调研者是否符合信息贫困的相关情况,必须下沉到被调研者实际的生活和生产场景中去。第三,制定精准的动态调整方案。以半年或年为周期,动态掌握农村居民的信息需求、信息障碍等最新情况,根据变化进行及时调整,以确保信息赋能内容的"精准瞄准"。

2. 信息传播渠道精准选择

不同的信息渠道适合于不同的信息内容,不同的用户有不同的信息渠道偏好。乡村传播中,存在着人际渠道(如亲朋好友)、组织传播(如村委村干部、各种信息公告栏、会议等)、大众传播(报纸广播电视)和网络传播(手机/网络)等多种形式。从六省 11 县的问卷调查看,目前农村居民获取信息仍然以人际、组织传播等为代表的传统渠道为主,但较多农民有向"数字型"发展的意愿(详见第六章)。针对这样的情况,要在加强数字技能普及和培训的基础上,充分发挥手机微信等数字化渠道的优势,可以采用设立专门针对重点人群的微信群、构建全国/区域性的农业生产和农产品交易网络社区、"滞后者"点对点重点信息帮扶、线上村民议事厅、村级微信公众号建设等多种方式,加强各种信息通过数字渠道的渗透力和影响力。同时,借助县级融媒体中心建设的契机,探索集纳报、台、网、微、端、屏的"六端一体"融合传播模式,使之成为既是精准帮扶的宣传报道平台,也是精准帮扶的媒介话语平台,更是乡村综合服务与乡村基层治理的信息平台,真正实现"新闻＋政务＋服务"功能。针对不同的信息分化人群,提供定制化、菜单化的个性服务,通过"融媒体＋"的形式,拓展县级融媒体中心的信息服务内容,力争使其在未来的乡村信息传播中处于枢纽地位。此外,也不能忽视人际传播、组织传播的作用。意见领袖、乡村精英、宣传公告栏、村民会议等传统方式,在政策传达与解释、社会动员、技术推广等方面,依然发挥着重要作用。总之,要针对不同的信息和受众偏好,有针对性地进行渠道选择和切换,逐步确立以县级融媒体中心为核心、人际传播和组织传播为两翼的立体化信息渠道。

3. 信息精准供给

明确了不同人的信息需求,甄别了不同信息最合适的传播渠道,接下来就是信息的精准供给。农村居民的信息需求多样,经济生产信息、文化教育信息、投资理财信息、法律维权信息、生活健康信息、休闲娱乐信息……随着人群差异和阶段差异,也呈现显著的变化。要在精准了解信息需求的基础上,形成完善的信息精准供给方案,激发农村居民信息搜寻的主动性(详见第七章)。结合信息产品的公共性特点和中国实际情况,要坚持政府在农村地区信息供给的主体地位,保持主导性优势。政府要进一步调研不同村镇、不同人群的信息需求和传播状况,推进各部门"两微一端"为主的宣传内容生产、分发和精准到达,注重推送的内容和形式创新,成立专门的信息服务员和宣传员队伍,负责内容推送。针对个性化的信息需求,可以在生产、教育等部分领域的部分内容试点"信息收费服务",逐步探索"公益为主、收费为辅"的农村信息精准供给模式。此外,政府还要带动和积极鼓励企业、社会组织、乡村精英等多元主体,结合自身实际,开展信息下乡服务,如进行各种法律讲座、投资理财讲座、创业就业信息分享、情感心理辅导等,提供有效信息服务。同时,鼓励企业、NGO 组织等搭建各种信息服务和商务平台,促进信息交流,真正打通和拓展农村信息渠道,把各种惠农富农信息精准投放到农户。

4. 信息精准反馈与跟踪

"精准靶向互动传播模式"中的"互动"强调了信息赋能过程中的及时跟踪反馈,确保通过对信息传播效果的监测评估,及时调整传播方案,更好地服务于信息用户。注重信息反馈跟踪,真正契合了"精准传播"的要求。是否做到了精准,多大程度上实现了精准,在哪些方面还需要完善……这些问题的回答,均有赖于高效的反馈跟踪机制。通过反馈跟踪,信息传播得以修正和再利用,形成一个有机的循环。可以采用入户调查、个别访谈、焦点小组等多种形式,获取全面的反馈材料,对这些材料汇总整理,形成较为完整的存档材料,便于后期查阅,也便于不同地区的经验交流。结合不同农村居民的"可行信息能力",了解"领先者""觉醒者""蛮干者""滞后者"四类人群的信息需求与信息需求匹配程度,进一步挖掘他们的潜在信息意识与需求,为后续设计更完善的信息赋能方案提供基础。在信息精准反馈与跟进环节,特别要注意不是"内部反馈",要努力做到面向用户的反馈,即信息的共享、共商、共有、共用机制,以开放的心态,鼓励信息用户真正参与到反馈跟踪工作中来,通过反馈继而促进更有效精准的信息供给,形成良性循环。

三、信息赋能的精准管理

精准管理需要在信息赋能乡村振兴过程中根据实际情况不断调整优化实施方案,不断修正更新管理模式。"精"要求简洁明了,"准"要求直击目标,精准管理必须贯穿于信息赋能的传播全过程。首先,信息赋能的精准传播主体管理。结合各地实际情况，坚持政府主导的前提下，尝试引入企业、社会组织、个人等多元信息服务商，政府牵头制定相关准入标准、约束性条款、激励性措施和退出机制，对各信息服务商进行周期性考核，逐步形成较为完善的奖惩机制。

其次，信息赋能的精准传播对象管理。通过有效识别，区分信息"领先者""觉醒者""蛮干者"和"滞后者"，在此基础上详细了解不同人群的信息需求、信息渠道偏好、信息搜寻行为主动性，重点对"滞后者"进行人员、资源、资金、政策等帮扶倾斜。同时，建立"滞后者"退出机制。经过一段时间的重点帮扶，通过对"滞后者"从信息意识、信息能力、信息硬件等多方面评估后，达到相关标准的，及时转换帮扶思路，按照"觉醒者""蛮干者"甚至"领先者"的相关措施，进行后续管理。

再次，信息赋能的精准传播渠道管理。渠道是信息传播中的关键性环节，要区分"传统型""过渡型""数字型"信息渠道偏好的现状，分析农村居民未来信息渠道的使用意愿。鉴于农村居民的信息渠道使用是一个动态复杂的过程，在渠道管理中一定要重视各种影响因素，通过加大资金投入、提供专项补贴、增加各种线下信息机构等加快基础设施等硬件建设，帮助农村居民克服畏难情绪、提高互联网使用技能、提升信息质量的甄别能力等"软障碍"，实现农村居民尤其是信息贫困人群以"数字化渠道为主、其他传统渠道为辅"的全方位受信格局。

最后，信息赋能的精准传播关键节点管理，打通"最后一公里"。农村地区扶贫开发、乡村振兴等战略的落实，与各种优惠政策密不可分，政策本身就是信息。但从实证情况看，各种优惠政策信息落地过程中，多多少少存在着"精英俘获"现象（详见第七章）。少数地方精英如基层扶贫干部、村干部、乡村能人等凭借自身先赋地位或各种优势，以多种方式俘获、占有、支配和分割包括优惠政策信息在内的各种资源使用权，垄断了大部分收益，侵犯了真正需要帮扶群体的利益，严重影响了国家政策的实施。因此，必须重视信息赋能中的"精英俘获"。这种现象的存在，恰恰成为影响基层信息治理和信息赋能工作的"最后一公里"。事实上，农村中的意见领袖，往往就是"精英"。在信息赋能工作中，一方面，要更好地发挥农村意见领袖的带头作用，将他们的优势从"俘获"变成"共享"；另一方面，要增加各种信息服务机构，完善微信群、公众号、网站、微博等信息来源，多方入手避免信息"垄断"。

第五节　"精准靶向互动传播模式"的运行保障

任何项目的实施，都离不开运行保障。"精准靶向互动传播模式"的运行保障，包括政策保障、组织保障、资金保障、信息基础设施保障、技术支持、人员支持等诸多方面。

政策保障方面，充分认识到信息在乡村振兴建设中的重要性，制定信息赋能相关政策法规，明确信息赋能的目标、任务、主体、具体实施方式、责任和权利等关键性内容。同时，政府牵头，联合相关企业和社会组织等，成立信息赋能专项资金，用于信息赋能项目的投资、建设、运营、维护。对于积极参与信息赋能的企业、机构，提供税收优惠政策，鼓励更多社会力量参与到信息赋能工作。对县级融媒体中心等发挥基层信息赋能核心作用的机构，在专项人员招聘、专项资金安排、专项内容提供、信息基础设施建设等方面，进行专门的政策倾斜。

在组织保障方面，在县、乡镇、村等不同层面，组建信息赋能工作专班，具体负责信息赋能的开展，形成"政府主导、多方参与"的工作机制。政府部门负责顶层设计，制定信息赋能政策、提供财政支持、组织协调，确保信息赋能工作的连续性、稳定性和有效性。信息赋能工作需要积极吸纳专业的信息机构和团队共同参与，由他们负责具体的项目运营和实施，政府部门负责对专业机构进行资格审核、运行监督和效果评估。此外，还要依靠 NGO、慈善机构等各类社会组织的力量，以及愿意参与到信息赋能工作中的相关企业，鼓励他们通过资金、技术、人才等，实质性参与信息赋能工作。

在资金保障方面，以政府投入为主，积极拓宽各种资金渠道。政府通过财政预算、专项资金，做好年度性规划，用于支持信息赋能项目的建设、运行和维护。同时，鼓励银行等金融机构向信息基础设施建设、信息赋能乡村振兴具体项目提供贷款，向重点帮扶对象提供小额信用贷款，用于项目的运行和实施。此外，鼓励社会机构以技术、资金入股项目，鼓励有条件的人群自筹部分资金等形式多方筹措资金。

在信息基础设施保障方面，加快农村宽带、移动通信、有线电视等覆盖率，鼓励相关厂商生产专门针对农村市场,尤其是农村弱势人群的手机、电脑等终端设备,给予相应的补贴。加强信息化服务体系建设,积极发展乡村图书室、农村综合信息服务站、良种推广站、农产品销售协会、农民合作社等多种信息服务机构,提供农业技术、就业信息、医疗救助、教育资源等综合性便民信息服务。积极拓展农村信息资源,在发挥好传统的人际传播、公告栏和会议等组织传播优势基础上,增加县级融媒体 app 在普通农户中的下载量、安装量、打开量,发挥农村电商带头人的信息资源示范效应。

在技术支持方面,以村为单位,建立信息平台,提供数据分析、监测、评估等服务,增加帮扶工作的科学性和有效性。平台的信息监测,以"户"为单位,重点关注已脱贫人员的经济、生产、生活状况,提前研判预警,防止规模性返贫。利用大数据挖掘对重点人群的经济、健康、教育、信息设备等方面进行精准分析,与通过问卷调查获得的《农村居民信息能力评价指标体系》和《农村居民信息意识评价指标体系》数据进行相互验证,更好地识别信息"领先者""觉醒者""蛮干者""滞后者"四类人群。加强信息基础设施建设,开发专门针对不同信息需求人群的信息服务平台,通过算法技术提供更精准的信息。运用人工智能技术,为重点人群提供便捷的信息服务和有针对性的帮助。在农业信息化方面,利用生物识别技术、种植与病虫害预测技术等,对农业生产进行全面监测管理,以技术保障增收。对"滞后者""蛮干者"等信息弱势群体,通过在线辅导、专人帮扶等措施,提升他们的信息素养和信息能力。

在人员支持方面,政府的乡村振兴办、信息产业部等是信息赋能的主要实施者,负责政策制定、项目推进、问题解决、效果评估等。同时,对各级村干部、乡村精英、社区工作者等进行培训,努力实现"意见领袖、技术领袖、致富领袖"三者合一的效果,使其真正成为信息赋能工作在基层的落实者、执行者。积极吸纳各类信息技术人员、乡村教师、大学生等作为志愿者,参与信息赋能的宣传、教育、辅导、实施工作。注重"接近性"和"示范性",鼓励"领先者""觉醒者"等具备相对信息优势的人员,与"蛮干者""滞后者"结对,形成相对稳定的帮扶关系。

第十章
信息赋能乡村振兴的具体对策建议

上一章提出了"精准靶向互动传播模式",并从理论支持、基本内容、多元主体、关键性实施环节、运行保障等方面进行了详细阐释。本章将从顶层设计、中层谋划、基层操作三个层面,把"精准靶向互动传播模式"落到实处,提出信息赋能乡村振兴的具体对策建议,旨在尽可能消除农村居民在信息意识、搜寻、使用、分享等方面的障碍,多管齐下治理信息贫困,为乡村振兴、数字乡村建设提供新的思路和启发。

第一节　顶　层　设　计

一、完善相关法律法规

尽管 2021 年 6 月 1 日国家层面实施的《中华人民共和国乡村振兴促进法》中有"国家健全乡村便民服务体系,提升乡村公共服务数字化智能化水平,支持完善村级综合服务设施和综合信息平台"的相关表述,但对信息在乡村振兴工作中的重要性认识、鼓励和保障相关信息主体参与信息赋能、确保整个乡村振兴工作中的信息公开等方面的具体法律性规定较少。在条件成熟的时候,可以制定国家层面的《信息弱势群体保障法》,旨在消除信息贫困、推动信息普惠,为所有人特别是农村弱势人群、城市低保人群、老年人、残障人士等特殊群体提供信息帮助。在《信息弱势群体保障法》中,需要明确立法的宗旨和原则、信息弱势群体的定义和范围、信息赋能的责任主体和资源配置方式、信息赋能的法律责任、监督评估机制等。

《信息弱势群体保障法》作为"远期工程",在完成立法与实施前,可以继续完善各地现有的措施。例如,农村欠发达地区往往因为交通闭塞、自然经济条件差、人口分散等原因,导致信息基础设施投资大、技术要求高、建设和投资回收周期长,严重影响企业的投资热情和开发意愿。需要在现有政策中,对政府的主导性作用和相关参与企业在财政、税收、投资、金融等方面的政策支持,有具体明确的规定。对电商直播、电商产业园等新兴信息行业和布局,在土地批租、税收政策、资金扶持、财政优惠、物流补贴、宣传推广、人才引进等方面制定一揽子扶持政策。对参与信息帮扶的个体,在教育培训、信息设备购置补贴、市场与产品开拓等方面,设计完善的帮扶鼓励措施。通过"政府牵头、外来带动、内部刺激、形成规模"的联动发展,促进农村地区内部信息产业发育,内外部合力推动信息化发展,逐步摆脱信息贫困。同时,加强信息赋能法律法规的宣传和普及。通过互联网、宣传栏、宣传折页、人际传播等各种渠道让广大农民和农村干部了解、遵守相关法律法规、确保整个帮扶工作中的信息公开和信息普惠,防止优惠政策信息的"精英俘获"。此外,还要加强相关法律法规的评估和改进,通过及时评估和动态修订,保障信息赋能工作实施。

二、进一步加强农村信息基础设施建设

根据《国家信息化发展战略纲要》,"到 2025 年,新一代信息通信技术得到及时应用,固定宽带家庭普及率接近国际先进水平,建成国际领先的移动通信网络,实现宽带网络无缝覆盖。"①2019 年 5 月由中共中央办公厅、国务院办公厅印发的《数字乡村发展战略纲要》提出了"到 2020 年全国行政村 4G 覆盖率超过 98％,到 2025 年乡村 4G 深化普及,5G 创新应用,城乡'数字鸿沟'明显缩小"等明确目标。② 但到目前为止,仍有少数中西部偏远农村的广播电视尚未实现全覆盖,农村互联网普及率落后于全国平均水平,信息基础设施与城镇地区相比仍有较大差距。

信息基础设施是信息活动开展的物质条件,也是造成农村居民信息贫

---

① 新华社.中共中央办公厅　国务院办公厅印发《国家信息化发展战略纲要》[EB/OL].(2016 - 07 - 27)[2025 - 02 - 15].　https://www.gov.cn/xinwen/2016 - 07/27/content_5095336.htm.

② 新华社.中共中央办公厅　国务院办公厅印发《数字乡村发展战略纲要》[EB/OL].(2019 - 05 - 16)[2025 - 02 - 15].　https://www.gov.cn/gongbao/content/2019/content_5395476.htm.

困、制约信息赋能工作效果的关键性因素之一。作为整个基础设施的一部分，信息基础设施建设首先离不开通畅的交通道路。近年来，"四好农村路"建设在全国各地成效显著，逐步实现了"村村通"，但乡村道路依然存在路面过窄、部分入户道路尚未硬化、后续养护困难等问题。这些都会成为制约农村居民信息获取的"最后一公里"，物流也是制约电商等以信息为核心产业发展的瓶颈性因素。因此，需要继续对农村道路进行改造更新，适应农村地区物流发展需求，及时拓宽道路，提升硬化标准，做好村内道路网的规划改造。除了道路，电网也是重要基础设施。尽管通电在全国绝大部分农村已经不是问题，但电压不稳定、经常停电等问题，依然制约农村经济发展，全国农村年平均停电时间仍有 15 小时左右。① 农村地区因地制宜，积极发展风电、光伏电、水电等多种形式使其成为扶贫举措，尤其是光伏发电，具有经济节能、维护成本低的优点，可大量利用农村建筑屋面"自发自用、多余上网"。但光伏发电的启动资金要求高、一次性投入大，需要政府和有关企业在贷款、补贴等方面给予农户更大支持。

进一步提升互联网、宽带、移动信号覆盖范围和网速等，则是农村地区信息基础设施建设的核心环节。面向未来，在农村地区加快布局 5G、人工智能、物联网等新型基础设施，加快光纤宽带、网络信号等通信基础设施向偏远农村地区覆盖延伸，重点保障脱贫户等"信息穷人"的信息基础设施接入。在农村地区加密基站，提升网速和稳定性；降低资费门槛，可以采用各种套餐优惠、赠送上网设备等，提高农村居民对互联网尤其是移动互联网的认知和接受度。适时推出定制化服务，针对农村地区人口分散、需求差异大的特点，依托基层融媒体，建设适应农村特点的电子商务平台、在线教育平台、智慧农业平台、信息购销平台等。有条件的地区，可以逐步建立农村居民基本信息库，统一汇总、管理、查询辖区内居民在生产、生活、学习等方面的基础信息，在信息安全前提下进行信息资源共享，使信息直接服务于政府决策。

三、大力培育农村居民信息意识和信息能力

人是一切工作的关键。"精准靶向互动传播模式"贯穿参与式帮扶理念，强

---

① 赵实,李哲.国家能源局：我国农村年平均停电时间已降低至 15 小时左右[EB/OL].(2020 - 10 - 19)[2025 - 02 - 15]. https://www.thepaper.cn/newsDetail_forward_9622335.

调帮扶对象也是重要主体，一切信息赋能的政策制定和具体实施，前期都应该充分考虑帮扶对象情况，发挥他们的积极性和主动性。

1. 加强农村居民的信息意识，可以从以下方面入手

首先，开展宣传教育。利用各种渠道，宣传信息对社会生产生活、个人家庭发展的重要性，提高农村居民对信息价值的认知和重视，激发他们的信息需求和欲望。通过典型介绍、人际传播、亲身讲述等更有关联度的形式，让农村居民觉得信息是真正有用的，也是可以通过自身努力实实在在获取的。

其次，进行积极引导。在农村居民种植养殖项目选择、农产品销售、病虫害防治、外出务工等日常生活情境中，政府和有关企业进一步强调信息重要性，增加信息渠道和信息供给，突出信息掌握的优势。

最后，开展信息专项培训活动。开发适合于农村居民的信息培训教材/讲义，通过文字、视频、音频等融合传播方式，让"信息有用、信息能用、信息善用"的观念入脑入心。

2. 激发了农村居民的信息意识后，需要扎实提升他们的信息能力

首先依赖于各种教育。对于适龄儿童和青少年，在校期间要重视信息类课程设置，设计与乡村日常生活更有关联性的课程内容，开发专门的课程模块，增强他们对周边中老年人群的信息技能指导、带动和帮扶能力。对于中老年人群，通过子女/孙辈信息能力反哺、志愿者帮扶、农村信息服务站、信息使用手册、信息技能小贴士等多种灵活形式，增加"接触点管理"。

其次，增加各种信息培训。在持续推进现有的"全国农民手机应用技能培训"基础上，各地结合实际情况，开展如"农业信息搜寻与筛选""气象信息与农业生产""短视频运营与新媒体直播""网络欺诈信息识别与预防""个人信息安全与保护"等更有针对性的专题培训。

再次，采用农村信息化知识竞赛、有奖问答等活动，提高农村居民的信息化认识和理解，增强信息技能。

最后，进行重点人群的重点帮扶。针对信息"滞后者"，根据本书的《农村居民信息能力评价指标体系》（见表 9 - 1）和《农村居民信息意识评价指标体系》（见表 9 - 2）得分，逐项分析薄弱环节，采用"一对一"结对帮扶形式，制定有效的帮扶措施，并给予帮扶人在项目优先、荣誉等方面的鼓励表彰。

四、充分发挥各地的积极性和主动性

如第九章所述，"精准靶向互动传播模式"主要指针对同一区域内不同信息人群的"精准施策"，重点以同一地区内的不同人为单位。但中国地域广、人口基数大、地区差异大，因此必须重视因地制宜地制定信息赋能相关政策措施。西部地区在多数指标上的贫困发生率高于中部地区，尤其是在电脑、周边信息机构设置和宽带这三个指标上的贫困状况更为严重，说明西部地区更需要加强信息基础设施建设，如通过为农民购买电脑、接入宽带提供资金补贴来降低他们的消费壁垒。同时，西部地区还要进一步提高基层信息机构的信息服务能力，拓宽信息服务的覆盖面，让更多农民能受益于信息机构的支持与帮助。中部地区更易发生极端深度信息贫困。同时，除教育维度、信息基础设施维度的指标外，信息能力维度的指标对中部地区深度贫困的贡献率也很高。在中部地区，未来要加强对深度信息贫困人群的识别，采用更针对性的措施进行帮扶，不仅要重视"硬件"层面的信息基础设施建设，更要重视"软件"层面个人信息能力的提升，培育他们的信息技术能力和信息素养。

在国家层面，主要负责制定原则性、指导性政策，要将更多具体政策制定和执行的权力下放到各级地方政府，允许各地根据自身实际情况和需求出台详细的执行方案。国家层面要加强对地方政府政策制定执行的指导、协调、监督，确保各项信息赋能具体政策在兼顾差异的基础上，尽量做到全国层面的公平。各级地方政府要用好政策制定权，在充分调研基础上，针对"领先者""蛮干者""觉醒者""滞后者"等不同信息人群，充分考虑其信息需求、信息意识和能力，分析主要影响因素，制定差异化的信息赋能方案。

第二节　中　层　谋　划

一、对农村居民的信息状况精准识别与管理

本书"精准靶向互动传播模式"的贡献在于更加"精准"。以识别为例，通过多维贫困的理念，从可行信息能力出发，采用 A—F 法计算各地在不同临界值下的信息贫困发生率、平均剥夺程度和信息多维贫困指数，以村（或乡镇等）为

单位,"精准"揭示各地在不同指标上的信息贫困发生率。然后,对某个区域单位内人群从信息意识和信息能力两方面入手,精准识别出"领先者""觉醒者""蛮干者""滞后者"四类,制定不同的信息帮扶和管理措施。这样的两步识别法,既充分关注到不同地区关键性信息贫困点的差异,又针对同一区域内不同信息人群提出不同的治理措施,最大程度上做到了"精准瞄准"和"靶向干预"。

完成精准识别后,需要实施精准帮扶。精准帮扶包含信息需求精准搜集与分析、信息传播渠道精准选择、信息精准供给、信息精准反馈与跟踪等多个环节。各个环节的具体含义和要求,已经在第九章有过详细阐释,这里不再赘述。

需要强调的是,对农村居民的信息状况精准识别与管理中,要注意以下四个方面。

1. 数据的准确性与完整性

本书设计的 A—F 法 12 指标、《农村居民信息能力评价指标体系》和《农村居民信息意识评价指标体系》中的具体指标,应该说是当下针对中国农村居民的生产生活情况,兼顾可获得性、经济性、代表性等综合因素后的较优方案。但必须强调,这些指标中仍有一部分为主观指标,实际操作中,需要结合农村居民生产生活、信息接入与使用、通信费用等客观指标,对受访者的回答进行仔细甄别、交叉检验,最大程度确保所获数据的真实性、准确性。

2. 数据的共享与互联

农村基层治理是一个复杂的系统,涉及的部门众多。针对农村居民信息需求、信息渠道、信息行为的管理和帮扶,需要各职能部门以开放的姿态,充分进行数据信息共享,实现跨部门、跨领域的数据互联互通,提高数据利用效率。可以由各地农业农村局牵头,制定统一的农村居民数据库,各职能部门负责具体模块的数据采集与维护。同时,形成定期或不定期的"联席会议",加强数据相关职能部门的联系与沟通,从而确保通过数据互联共享,更全面地掌握农村居民信息情况,为信息赋能的精准传播提供支持。

3. 进行分类管理和动态调整

按照"领先者""觉醒者""蛮干者""滞后者"的分类,了解不同人群的信息需求和信息能力,分别制定不同的信息帮扶政策措施。通过走访、座谈、会议、客观数据检测等多种手段,及时掌握不同人群的信息使用状态和评价。以年或者半年为单位,对信息人群进行动态识别与调整,"可上可下",不断完善管理措施和方法,提高识别和管理水平。

4. 隐私和数据安全保护

在采集、处理、存储和使用农村居民相关数据信息时,要严格遵守国家法律法规,确保农村居民的隐私权得到有效保护,制定数据"边界",确保在合理合法范围内使用。同时,通过加密存储和传输、实施访问控制(身份验证、权限控制等)、建立备份机制、强化网络安全(防火墙、入侵监测系统、反病毒软件等)等技术措施,强化数据的安全保护。

二、大数据辅助信息赋能工作各环节

在信息赋能工作中,强调对农村居民相关数据的精准识别和管理,这个目标的实现,特别有赖于大数据技术。大数据技术能够综合不同农村地区的农业基本建设、人均收入、土地产出、水利设施、道路交通等外部环境因素以及帮扶人群生产和生活条件的内部动态信息进行数据处理和分析,让重点人群对号入座,为精准识别提供了依据。[①] 在数字化信息时代,精准赋能成效很大程度上取决于能否把数字技术等手段深度运用于帮扶实践,这既是帮扶技术、帮扶方式的转变,更是帮扶理念的创新。大数据技术在信息赋能工作中的运用,至少可以体现在以下几个方面。

1. 数据深度挖掘

经过一段时期的积累和建设,形成了相对完善的数据库后,可以通过挖掘大量的历史数据,进一步揭示信息等因素的影响,为精准帮扶各项决策提供支持。如,通过分析帮扶地区的地理、交通、气象、资源、人口等大数据,对当地产业进行评估定位,发现最适合本地的产业,为乡村振兴提供决策依据。通过大数据技术,分析和研判某产业在全国、全球市场的变化发展趋势,对当地是否要引进发展新技术,是否要扩张/收缩产业规模提供较好的决策支持。

2. 辅助精准识别

本书的"两步法"精准识别四类信息人群,主要采用问卷调查的方式。这种"自我报告式"数据,需要有其他途径进行验证。大数据技术对检验受访者回答情况的准确性提供了较好的支持。通过大数据和人工智能技术,可以对受访者

---

① 岳琳,闵阳.西部地区脱贫攻坚的信息精准传播研究[M].北京:中国社会科学出版社,2021:169.

的家庭人口、外出务工状况、收入和消费、信息使用等情况有准确了解,交叉验证其问卷所填写资料的真实性、准确性。

3. 辅助精准帮扶

借助大数据技术,可以做到目标人群的个性化服务,精准评估其信息意识、信息需求、信息能力,设计更有针对性的信息赋能方案。例如,针对因病的重点人群,可以提供求医问药、医疗保险救助等方面的帮扶;针对残疾人员,可以根据大数据评估其残疾等级和自理能力,联络相关公益组织进行重点帮扶,联络相关企业安排力所能及的工作岗位,鼓励他们自食其力;对于因交通地理位置、生态环境恶劣等不具备生存条件的人群,可以通过大数据技术对安置点的选址、规模、配套设施等进行优化,对搬迁后的人员就业信息等提前规划,提高搬迁的质量。在之前的精准扶贫中,已经有地区进行了相应尝试,取得了较好的效果。甘肃省利用大数据技术为贫困户精准"画像",综合分析各项指标的致贫原因,制定相应的帮扶手段,引导资源有效配置,实现一户一策的精准帮扶。① 广西农业信息中心 12316"三农"综合信息服务平台运用算法为贫困农民推送各种惠农信息、农技指导、农资打假投诉等全方位的农业信息服务,邀请农业专家进行现场咨询答疑。通过这个平台,可以清楚地了解贫困户的具体情况,政府部门能根据这些情况更有效地精准施策。②

4. 辅助精准管理

通过大数据技术,对信息赋能的过程进行实时监测和评估,确保帮扶资源合理使用和效果精准提升。例如,通过分析信息赋能资金的使用和项目实施效果,可以及时发现各种问题,并做出调整。信息四类人群的划分,也不是一成不变的。随着个性化帮扶方案的实施,"滞后者"肯定会越来越少,不断向"蛮干者""觉醒者"发展;原有"蛮干者""觉醒者"的信息需求也会发生变化;即使是"领先者",他们的信息意识、信息能力也会随着外部变化而调整,需要更细致、更高层次的信息服务,这些都需要依托大数据技术进行精准跟踪管理。

---

① 莫光辉,张玉雪.大数据背景下的精准扶贫模式创新路径——精准扶贫绩效提升机制系列研究之十[J].理论与改革,2017,(1):119—124.
② 农民日报.信息兴农春潮涌——广西农业信息化助力乡村振兴发展纪实[J].农业工程技术,2019,39(6):63—64.

5. 风险控制

大数据技术为信息赋能实施各环节的风险控制提供了可能。比如,利用人脸识别技术,可以准确识别重点帮扶人员的身份,确保帮扶资源精准到人。利用大数据技术,对重点帮扶对象的信用状况进行评估,分析其信用记录、资金使用记录、行为数据等,评估其信用等级,为小额信用贷款等金融产品提供风险控制记录。再比如,利用"农村居民数据库",可以开发"大数据防返贫监测平台",设立数据中心模块、智能查询模块、政策法规模块、监督考核模块、风险预警模块等,随时掌握各种情况,及时发现并消除风险隐患。实践中,如贵州的"扶贫云"平台依托大数据和云计算,通过关联返贫政策,及时做好防范预案,减少了返贫率。①

三、县级融媒体中心提供全方位信息服务

县级融媒体中心建设是近年来基层媒体改革、媒体参与基层社会治理的重要举措,其主要功能和作用是"主流舆论阵地、综合服务平台和社区信息枢纽",按照这个功能模式建构的县级融媒体中心,不再是分散的、功能单一的媒体机构。② 县级融媒体中心深深扎根于基层,是与广大农村居民距离最近、关系最密切的媒体机构。作为专业的信息提供单位,县级融媒体中心在信息赋能的精准传播中具有极其重要的地位和作用,承担了基层信息枢纽功能。

1. 主流舆论阵地

县级融媒体中心作为党的"喉舌",在当地乡村振兴工作中必须发挥好舆论引导功能,成为政策宣传者、典型案例发现者、成功经验的总结和传播者。县级融媒体中心可以通过以下方式发挥信息赋能主流舆论阵地的功能。第一,传播帮扶政策。县级融媒体中心及时准确地将中央与地方政府的各项政策传达到基层,进行深度信息加工和解释说明,提高整个帮扶工作的信息公开、透明,增强公信力。第二,推广帮扶经验。县级融媒体中心依靠自己广泛的当地网络,充分挖掘各种帮扶经验和产业发展案例,让目标人群了解致富的具体途径和方法,激发他们的发展信心和积极性。第三,精准提供帮扶信息。作为信息枢纽,

---

① 李学林,杨诗雨,周喜.贵州省运用大数据技术推进精准扶贫工作的现状、困境及对策[J].六盘水师范学院学报,2019,31(2):1—9.
② 宋建武,乔羽.建设县级融媒体中心 打造治国理政新平台[J].新闻战线,2018,(23):67—70.

县级融媒体中心发挥自身优势,提供各种就业信息、农技信息、培训信息、市场信息、灾害防治信息等。第四,传播成功经验。县级融媒体中心通过挖掘当地脱贫攻坚、乡村振兴中的先进典型人物和案例,总结提炼经验,大力宣传报道,引导积极进取的社会风气。第五,监督帮扶工作。对于工作中的各种不正之风和违规行为进行及时发现和曝光,做好舆论监督,以确保各项工作正确、健康发展,促进公正和公平。

2. 综合服务平台

县级融媒体中心突破了传统媒体的信息传播单一功能,是社会舆情集散中心、信息应急动员中心、经济情报辐射中心和文化传播发展中心的综合体。① 作为综合信息服务平台,县级融媒体中心在信息赋能中的优势和举措,主要有以下方面:第一,提供各类政务信息和服务。通过打通接口,数据接入,提供各种政务服务,包括但不限于社保、医疗、教育、就业、户政、工商等方面,方便包括重点人口在内的各类群众办事。第二,提供公共服务。县级融媒体中心整合各种公共服务资源,为困难群众提供包括交通、教育、文化、气象、卫生等方面的公共服务信息,开发个性化的定制和推送功能,方便群众生产生活。如宁夏青铜峡 App 内含就医助手、市长留言等栏目,广西横州市作为一个少数民族团结示范市,融媒体中心与民族中学、自然民族局对接等。② 第三,提供各种信息救助。依托自身优势,联合相关职能部门,县级融媒体中心可以通过平台提供各种救助信息和服务,例如政策查询、贷款申请、产品展示销售、公益活动、资源对接等。第四,信息宣教。为本地群众,尤其是"信息穷人"提供信息素养培训,激发他们的信息需求、提升信息能力、拓宽信息渠道,全面提升信息综合素质和信息转化能力。

3. 社区信息枢纽

信息功能是县级融媒体中心的传统优势,一定要把这一功能进一步发挥好。县级融媒体中心在这方面具有无可替代的优势:① 政策信息的传达,包括国家和地方各种帮扶措施、帮扶标准、帮扶流程、监督和管理机制等,帮助群众了解政策、掌握政策、运用政策。② 传播产业帮扶相关信息。县级融媒体中

---

① 岳琳,闫阳.西部地区脱贫攻坚的信息精准传播研究[M].北京:中国社会科学出版社,2021:221.
② 王忆锦.信息扶贫视野下的县级融媒体中心研究——基于 7 省 10 县实地调研[D].中央民族大学,2020:18.

心深入了解当地的产业优势,宣传推广产业帮扶项目,提供相关市场信息与技术支持。以特色产业为例,县级融媒体中心可以利用各种宣传报道,推广当地特色农产品,提高知名度,精心组织电商直播活动,报道农产品的生长过程、制作技巧、营养价值等内容以促进销售。如四川省阿坝州红原县、凉山州金阳县、泸州市古蔺县等地通过构建传统媒体＋网络直播＋互联网媒体的融媒体传播体系,将农特产业、互联网电商与媒体矩阵式传播融为一体,形成了一套行之有效的产业帮扶新生态。① ③ 发布供求信息。县级融媒体中心应该及时搜集整理发布帮扶人群在生产生活方面的供求信息,积极协助外部资源与内部需求的有效对接。④ 其他各类信息支持。如与农村居民密切相关的农业技术信息、就业招聘信息、生活健康信息、子女教育信息等,帮助农村居民及时掌握和获取各类实用信息。⑤ 对外推广。县级融媒体中心可以通过制作形象宣传片、报道旅游景点、举办推介活动、与更高级别媒体合作、与网络大 V 合作等多种方式,向社会公众大力宣传推广当地的自然风光、人文特色、民俗风情等,吸引更多游客,提升当地的知名度、美誉度,提高经济收入和经济效益。

四、各类公共文化机构的信息保障

公共文化机构是指由政府或社会力量兴办的,面向公众提供各种文化服务的机构。农村地区的公共文化机构,常见的有村级文化站、村级图书馆、村级广播电视站、农家书屋、公共阅报栏(屏)、综合性文化服务中心等。这些机构提供农村公共文化服务,满足农村居民对文化生活的需求,促进农村文化建设。在农村地区信息化发展过程中,公共文化机构因其职能多样性、地位权威性、延伸广泛性、传播人群全面性等,在信息赋能中具有重要的作用。

1. 提供丰富的文化资源服务

公共文化机构利用自身优势,可以向农村居民提供各种图书、期刊、影视、音乐等文化资源,这些资源有助于农村居民了解外部世界、提高文化素养、培养开放自信的心态、增强致富的动力。理想状态,可以在县级层面建立社区综合信息公共服务网络平台,整合公共图书馆、博物馆、科技馆、文化馆等机构资源,成为公共文化信息采集和发布、特色文化项目推广的平台。

---

① 刘禹辰,尹响."融媒体＋电商"在少数民族地区精准扶贫中的新作用——基于四川的案例分析[J].西南民族大学学报(人文社科版),2019,40(5):147—151.

2. 开展各种文化活动

公共文化机构扎根基层，了解农村居民的实际需求，可以编排组织各种形式的文化活动，如文艺演出、展览讲座、培训班等，把这些实实在在的活动送到农村一线。通过活动，提升农村居民的文化热情和参与积极性，增强文化审美能力，激发文化创造力，同时又能较好地促进当地文化的传承与发展。

3. 提供数字化文化服务

基层公共文化机构应该与时俱进，充分利用信息化、数字化技术，向农村尤其是偏远地区居民提供文化信息服务。数字化信息服务，突破了地域、时间、形式等限制，非常适合中国广大农村地区的实际情况。可以采取有组织的数字图书下乡、数字展览下乡、数字博物馆下乡等线上活动，提高现有资源的利用率，让农村居民更好地获取信息和知识，增进信息素养和文化素养。

4. 增加公共文化机构与农村居民的"接触点"

目前，各种公共文化机构在农村地区的覆盖、规模、内容等，均与理想状态有一定差距，导致其服务的效果不显著。究其原因，两者之间的直接联系还太少，关联度太低。为了解决这一问题，必须结合农村地区实际，加强各种"接触点"管理。接触点包括：村委村干部、信息化水平较高人士（信息精英）、农村信息员、村民中学历较高人士、文娱积极分子等。利用人际传播在农村地区的优势，采用"公共文化机构信息—各类接触点—普通农村居民"的"二级传播"形式，对农村居民尤其是目标人群进行具体指导，传播较为先进的信息需求、信息技术、信息观念，激发农村居民的信息内在动力。

五、动员和鼓励社会组织参与信息赋能工作

社会组织是指在民政部门登记的社会团体、基金会、社会服务机构等。以扶贫工作为例，早在 2017 年，国务院就下发了《关于广泛引导和动员社会组织参与脱贫攻坚的通知》，[①]动员和鼓励各类社会组织积极参与产业扶贫、教育扶贫、健康扶贫、易地扶贫搬迁、志愿扶贫等，强调社会组织要在承担公共服务、提供智力支持、实施帮扶项目、协助科学决策等方面主动作为。鼓励社会组织参与信

---

① 中华人民共和国民政部.国务院扶贫开发领导小组关于广泛引导和动员社会组织参与脱贫攻坚的通知[EB/OL].（2017 - 12 - 04）[2025 - 02 - 15]. https://www.mca.gov.cn/n152/n165/c37622/content.html.

息赋能,可以采取的具体措施有:第一,建立"信息超市"。通过统一平台,把各地不同人口的需求进行分类整理、归纳,向社会公开发布,便于社会组织搜寻和发现后,与帮扶对象自由组合,实现精准匹配,实施具体帮扶。第二,鼓励有实力的社会组织主动搭建帮扶平台。通过更专业化、细分的平台,实现各类信息垂直抵达。如福建省海峡电子商务营销管理研究院牵头成立了社交电商平台"益齐来",解决农产品销售难等问题。第三,建立专业的志愿者队伍。拓宽志愿者渠道,广泛吸收有专业能力和专业精神、乐于奉献的各界人士加入信息志愿者队伍,逐步建立起统一的志愿者招募和管理平台,定期举办志愿者培训,为社会组织和各界人士参与信息赋能提供指导、保障。第四,加大宣传鼓励力度。通过公益广告、社交网络、典型案例等形式多样的宣传教育活动,让更多人了解相关工作的意义和价值、社会组织的重要性和具体参与方式,提高各方参与意愿和积极性。

当然,整个过程中也要对社会组织参与信息赋能工作进一步规范。首先可以通过加强相关法律法规建设、建立明确的管理制度、设置活动边界、提高专业化水平、加强业务培训、建立评估机制、健全行政部门管理等,规范社会组织参与信息赋能工作,提高工作质量和效率。在规范的同时,也要落实各项保障。具体包括:要通过立法明确各类社会组织的权利义务,维护社会组织的合法权益,使其相关活动在法律的框架下有序进行。政府部门出台相关政策,如具体明确的财政资金支持、税收优惠等激励性措施,鼓励社会组织积极参与信息赋能工作。同时,建立政府部门和社会组织长效稳定的合作机制,通过合作,更好地调动整合各种资源,发挥"1+1>2"效果。

第三节　基　层　操　作

从顶层设计和中层谋划提出信息赋能乡村振兴的相关对策后,本部分将落实到"人"的层面,提出更具体的操作建议。本书从可行信息能力的理论视角出发,结合信息意识和信息能力的情况,把某个区域单位内的人群分为四类:信息滞后者、信息蛮干者、信息觉醒者、信息领先者。由于划分以当地人群信息意识、信息能力的得分中位数为界,四类人群都是相对的,也是动态变化的。在进行信息赋能的精准传播时,需要结合这种相对性、动态性,设计不同的帮扶措施,归根结底,要提升个体的可行信息能力,有效发挥信息赋能对象的主体性和主动性。

一、针对信息"滞后者"的全面帮扶

"滞后者"是需要信息赋能的主要群体。他们不仅信息意识低,信息能力也非常薄弱。因此,"滞后者"理应成为重点帮扶对象,在帮扶资源的配置和使用上,具有优先权,重点帮扶可以从以下方面展开。

1. 设立"信息帮扶联系人",一对一开展帮扶、责任到人

鉴于"滞后者"中有相当部分与建档立卡户有重叠,建档立卡户本来就有帮扶联系人。这种情况,拓展帮扶联系人的职责,增加对帮扶人信息素养、信息能力、手机互联网使用方面的指导与帮助。对于不属于建档立卡户但又是信息"滞后者"的人群,可以在村委村干部、本村掌握信息技术水平较高的年轻人等信息"领先者"中征集志愿者,落实帮扶关系。对信息帮扶联系人的工作职责进行明确的规定,如"四个一": 制定一个年度信息帮扶计划;开展每月不少于一次的上门走访或每半年采集一次信息使用数据并入库;每年评估一次帮扶效果。

2. 实施"信息赋能乡村振兴数字接入"工程

针对"滞后者",评估其经济情况后,以财政补贴或者引入第三方支持的形式,免费或者部分减免手机、电脑、宽带费用,进行户内无线路由器升级,对农村电网入户进行适当升级改造,对道路的"最后一公里"进行硬化,提高信息基础设施的覆盖率。现阶段实在没有入户条件的,可以依托村委会、农家书屋、信息服务站等机构设立"公共上网点"并配备专人进行指导,满足特殊人群的网络信息需求。

3. 认真分析"滞后"原因,精准施策

针对信息意识低下,进一步分析信息效益评价、信息需求意愿、信息获取意志等方面,发现具体的薄弱环节。如果是信息需求意愿不足,需要再仔细分析初级信息、中级信息、高级信息的意愿情况;如果是信息获取意志不强,需要再分析其在心理努力和经济努力方面的情况。针对信息能力薄弱,结合《农村居民信息能力评价指标体系》数据,分析在信息搜集力、信息判断力、信息处理力、信息传播力、信息创造力等各方面得分情况,发现最薄弱环节,制定有针对性的帮扶措施。

4. 组织专门的数字化信息化培训

针对"滞后者"的信息状况,设计入门级课程,浅显易懂介绍信息获取、互联网接入、手机上网、微信聊天、信息搜集和识别等基础内容。可以通过现场讲

授、在线培训、集体与单独学习相结合等多种形式开展。同时，不定期向"滞后者"配发相关图书资料等纸质材料。

5. 组建专门的"信息技能重点帮扶微信群"

通过定向邀请制，由当地的信息"领先者"担任群主和群志愿者，构建"信息穷人"和"信息富人"的共同网络空间，便于"滞后者"遇到各种情况能及时咨询并得到有效响应。"领先者"的各种有用信息和资源，也能及时在群内分享、传播。

6. 落实优惠政策的精准传达

鉴于"滞后者"在信息获取和使用方面的弱势，各种信息尤其是优惠政策信息在村民中传达时，除了通过微信群、会议、宣传栏等形式外，还需要针对"滞后者"的精准传达，发挥人际传播优势，具体可以由"信息帮扶联系人"完成。这些优惠信息包含但不限于种植养殖项目推广、就业指导、技能培训、创业扶持、金融服务等。

二、针对信息"蛮干者"的意识培养

信息"蛮干者"，即低信息意识高信息能力人群。造成这种情况的原因有多方面。首先是教育背景。有些人受过良好的教育，因为工作等需要，掌握大量的信息获取和信息处理技能，但并不清楚这些信息的意义和价值，纯粹是"工具性获取"。其次是专业领域限制。个体在某个领域具有较强的信息能力，但在其他领域可能缺乏足够的信息意识。如农村地区的种植养殖大户，在种植养殖领域具备很强的信息获取和分享能力，但往往也局限在这个领域，对子女教育、健康医疗、投资理财等方面缺乏足够的信息意识。最后是信息过载。在信息爆炸时代，大量信息过载，即使有能力获取和处理信息，也要付出更多的时间成本，这也会在一定程度上抑制信息意识。此外，信息意识的缺乏，还与社交圈子狭窄、信息需求层次低、经济条件限制等情况有关。

对信息"蛮干者"的信息赋能，重点是激发和唤醒他们的信息意识，针对不同的原因制定不同的策略。

1. 进行信息素养培训

信息素养是个体能够认识到何时需要信息，能够检索、评估和有效利用信息的综合能力，具体包括信息意识、信息知识、信息能力、信息道德四个方面。[①] 可

① American Library Association. Presidential Committee on Information Literacy: Final Report [EB/OL]. (1989 - 01 - 10)[2025 - 02 - 15]. http://www.ala.org/acrl/publications/whitepapers/presidential.

见,信息能力只是信息素养操作层面的问题,操作背后的意识、知识储备,操作中的道德规范等,同样也是信息素养的应有之义。通过相关培训和教育,帮助"蛮干者"真正了解信息价值,客观准确评估自身的信息需求和存在问题,激发潜在的信息意识,形成相对清晰的需求方向。

2. 精准分析"蛮干者"的信息需求、信息能力层次

基于马斯洛的需求层次理论,我们认为信息意识也是分层次的,不同层次信息意识的满足,需要相应层次的信息能力匹配。"蛮干者"在调查中呈现的信息能力较强,很可能是某个层次的信息能力较强,但在更高层次未必强。需要仔细分析不同个体现有信息状况,为其信息能力向更高层次提升制定针对性方案。比如,通过研判和帮扶,甄别出现有生产生活信息的"蛮干者",逐步培育健康保险、投资理财、法律维权等更高层次信息的需求和意识,教会其获取上述信息的技能。

3. 扩展信息领域,防止"信息偏食"

针对只聚焦于某些专业信息领域的"蛮干者",要大力宣传信息全面掌握、信息均衡获取与利用的意义和价值,拓宽信息关注领域。鼓励他们尝试接触自己不熟悉的领域和知识,熟练掌握如何通过信息搜索引擎、数据库等工具,寻找并筛选有价值的信息。同时,让他们多参加线上线下各种人际交流活动,听取不同人的观点意见。

4. 信息过载的有效干预

信息过载一定程度上也会抑制信息意识。针对这种情况,要帮助信息"过载者"设置明确的信息目标,进一步集中注意力。同时,提升"过载者"的信息识别和过滤能力,教会他们更好地使用搜索引擎的高阶功能,进一步筛选信息。还要鼓励他们除了运用互联网外,通过人际传播、组织传播等其他渠道获取更精准高效的信息。

5. 针对经济原因导致的信息意识薄弱,重点是结合乡村振兴的各项措施,千方百计提高他们的收入

同时,通过图书馆、信息服务站、农家书屋等公共文化机构,提供更多免费信息,各社会组织、政府机构也要为低收入人群的信息获取和使用,提供免费资源或相应保障。

6. 通过扩展社交圈子,提升个体信息意识

与不同的人群交流,可以接触更多的观点,扩宽视野,增强信息意识,提升

信息敏感度和判断力。"蛮干者"要采用多种方式扩大社交圈子,例如,积极参加会议、讲座等各种培训活动;加入各种团体,如农业专业技术协会、农产品销售协会、良种推广站、其他行业协会等,扩展人脉分享经验;通过微博、微信、知乎等社交媒体/平台,与更多人建立联系,关注不同用户和话题,了解不同领域的信息。

三、针对信息"觉醒者"的能力提升

与信息"蛮干者"相对应的是信息"觉醒者"——他们信息意识较高,能充分认识到信息的重要性,信息需求和获取意愿也较为强烈,但信息能力跟不上信息意识,最终限制其通过多样化的信息获取方式,实现个人和家庭的发展。从效果看,"觉醒者"由于缺乏实现获取信息使用的有效方式和手段,成为事实上仅略好于"滞后者"的第二类"信息穷人"。如果不加以积极干预的话,他们很容易滑向信息"滞后者"。

信息赋能的精准传播中,针对信息"觉醒者"的帮扶重点是,在保护现有信息意识和积极性的前提下,想方设法提高个体的信息技能。

1. 有针对性的信息技能培训

通过走访、调研等,精准掌握他们的信息需求和信息技能薄弱环节,提供相应的信息能力培训,如电脑基本使用、移动互联网使用、社交媒体使用、在线购物、线上娱乐、线上学习、线上理财、政务服务线上办理等,从低到高开发不同的进阶模块。针对农村地区大部分老年人文化基础差、理解能力弱、学习能力弱的现状,可以建立"老年人信息学院"等社会机构或开展公益性活动,通过线上线下结合方式,指导老年人上网。

2. 以实践促技能提升

通过培训使"觉醒者"初步掌握相应的信息能力后,还需要通过大量实践形成正向反馈。例如,在志愿者的协助下,完成政务服务办理、网上购物、朋友圈信息发布、抖音快手平台短视频制作与呈现等。这些内容与农村居民的日常生活息息相关,通过具体的"任务达成",使"觉醒者"实实在在享受到信息能力提升带来的收益,一方面保护信息意识和信息需求,另一方面激发进一步学习信息技能的欲望。

3. 建立交流平台,形成信息指导机制

针对信息能力提升中的各种问题,建立线上线下交流平台,通过这个平台,

分享信息使用经验和心得、互相启发学习,不仅提升信息技能,同时也增加人际感情与关系联络。线下可以组建学习小组或者建立配对学习制度,以邻居对口帮扶的形式,通过人际传播和面对面指导交流,帮助"觉醒者"掌握更多信息技能。

4. 提供各种学习资源

鼓励"觉醒者"自主学习并提供良好的学习条件。提供电子图书、纸质图书、在线课程、教育视频等多种学习资源,通过积分奖励、学习进度排名、学习评优等多种形式,激发"觉醒者"的学习热情,营造良好的学习氛围。

5. 在提升能力的同时,注意保护"觉醒者"的信息意识

从信息效益评价、信息需求意愿、信息获取意志等方面分析信息意识的高分指标和低分指标,对低分指标进行预警。通过典型人物宣传、榜样宣传、成功案例宣传、公益宣传等形式,进一步巩固"觉醒者"的信息重要性认知,激发从点到面、从单维到多维、从低层次到高层次不断发展的信息提升型认知。

四、针对信息"领先者"的巩固扩优

还有一类人群是高信息意识和高信息能力的"领先者"。按照一般思路,既然已经是"领先者",为什么这部分人群仍然是信息赋能的对象呢? 正如前文所述,本书划定的信息四类人群,只是在一定区域范围内比较而言的相对概念。一个信息发展水平普遍较低村子里的"领先者",如果放到其他信息发展水平较高的村庄,很可能就是"觉醒者""蛮干者"甚至是"滞后者"。另外,"信息穷人"和"信息富人"也是相对概念,会随着社会生活、信息技术的发展而不断变化。在纸媒时代,经常去图书馆的人很可能是"领先者",但进入互联网时代,如果只是去图书馆获取信息而不擅长使用互联网,往往就沦为信息"滞后者"。因此,非常有必要把"领先者"也纳入"精准靶向互动传播模式"的对象范围,并提出确保其继续领先、同时带动其他三类信息人群发展的对策建议。

1. 精准识别"领先者"中的意识和能力得分薄弱项,制定提升方案

"领先者"不可能在所有指标上都得高分,要逐项检查评价指标情况,发现薄弱环节。比如,有些领先者在信息搜集力、信息判断力方面情况较好,但信息传播力尤其是信息创造力方面一般,这样就需要制定提升信息传播力和创造力的具体方案——让他们掌握更多信息分享技巧,有意识地把这些人作为群主或

授予群管理员权限,为他们提供高阶的信息知识技能培训等。针对信息意识中的相对薄弱项,如对信息利他性认识不足,可以通过宣传教育、促膝谈心等方式加强认知。

2. 千方百计满足"领先者"的信息需求,进行重点供给

鉴于"领先者"相对较好的信息意识和信息能力,他们潜在的信息需求和信息欲望也更加旺盛。因此,在某种程度上,要像重视"滞后者"一样重视"领先者"。某个区域的信息赋能工作,要通过帮扶"滞后者"实现"抬底",也要通过重视"领先者"实现"扩优"。可以借助问卷调查、座谈会、焦点小组、深度访谈等方法,精准掌握"领先者"的信息需求趋势,目前存在的问题和难点,以及需要重点支持的方面。通过组织赴先进地区交流学习、邀请专家学者专题讲座、群体内部研讨、与信息赋能多元主体对话讨论等形式,为"领先者"提供更好的信息服务。

3. 注重"个性化"服务

"领先者"往往需要个性化的信息服务。可以引入第三方组织了解其信息需求和兴趣,或者利用大数据技术分析和挖掘其信息行为偏好,精准把握信息需求。在此基础上,为"领先者"设计和提供定制化的信息服务方案,如个性化的信息推荐服务、定制化的信息搜索服务等。"个性化"服务还表现在信息服务方式上,如提供多种接入,包括 PC 端、移动端等多种设备,以及不同的服务平台、渠道和场景,便于他们选择最便捷的信息获取方式。这些个性化服务可以在试用的基础上,适当收费。

4. 进一步发挥"领先者"的示范带动作用

在信息赋能的精准传播中,与政府、企业、公益组织等外部帮扶力量相比,同为村民的信息"领先者"具有"身边人示范"优势。为了发挥好这一优势,需要努力做到四点。第一,通过结对等形式,让"领先者"与其他三类人群尤其是"滞后者"建立稳定紧密的联系。具体联系方式既可以是面对面交流,也可以是在线交流,以同村、同组结对为主要标准,增强可操作性。第二,鼓励"领先者"整理自己的心得体会,形成经验和方法,在村民中进行交流示范,提供现场问答的机会。第三,一定程度上开放"领先者"群体内部的信息交流活动,让其余三类信息人群适当参与,直接了解"领先者"的观点、方法、技能。第四,根据实际情况开放部分信息资源。作为信息富人的"领先者",往往有很多信息资源,如数

据库、网络资源、付费资源等，条件允许的情况下，以结对帮扶的形式，鼓励由帮扶者向被帮扶者适当提供上述信息资源，加快"信息穷人"的信息意识和能力提升。

5. 重视"领先者"的反馈情况

在信息赋能的精准传播模式中，"领先者"具有双重角色。一方面，他们也是"被帮扶对象"，另一方面，由于其具有信息相对优势，往往是其他三类信息人群的帮扶者。同样身为村民，他们最了解所在村庄村民的信息需求。因此，政府、企业、社会组织、基层融媒体等"外部力量"，在整个信息赋能过程中要特别重视"领先者"的反馈。这些反馈具体包括精准识别的人群认定反馈、不同信息人群的信息需求和信息能力动态变化反馈、精准帮扶的措施落实反馈、帮扶成效评估反馈等。根据反馈，及时调整现有信息赋能方案，确保信息赋能"精准靶向互动传播模式"的健康运行。

第四节　未来研究展望

本书关注农村地区信息贫困、信息赋能问题，依托实证材料，在分析信息贫困现状和表征的基础上，从农村地区信息赋能的传播主体、传播渠道、传播对象、精英俘获等方面探讨了传播的关键性环节，比较了现有信息赋能乡村发展的四种模式，从可行信息能力理论视角出发，最终设计了"精准靶向互动传播模式"，并从顶层设计、中层谋划、基层操作三方面对信息赋能乡村发展的精准实施提出对策建议。但是，受研究条件、研究资源、研究者自身水平等的限制，本书不可避免地存在一些不足，希望后续的研究能在现有工作的基础上，进一步完善。

第一，本书中实证分析采用的农村居民调查数据是课题组 2019 年 8 月至 2020 年 1 月在中西部六省 11 县获得的。与城市调查相比，农村调查无论在成本、样本选择、具体实施，还是受访者配合度、样本有效性等方面，都存在着巨大的不同。受制于研究资源、个人能力等客观条件限制，尤其是 2020 年初突如其来的疫情中断了原本计划对其他农村地区进一步开展的数据采集工作，目前六省 11 县调查所获得的 1 284 份有效问卷，已经是课题组在项目规定时间内竭尽所能获得的。今后如果有更充足的经费、更充分的人力资源和研究时间，应该在更大范围内进行抽样调查。

第二，本书目前主要采用截面数据，信息分化是一个动态变化的过程，若能采用追踪数据分析更为合适。对农村居民信息贫困及治理有动态考察能更全面客观地呈现"信息贫困"的治理过程。

第三，研究进一步细化。比如，可以对有代表性的信息（如生产信息、医疗信息、政策信息、娱乐信息……）进行差异化考察，分析不同地区不同类型农村居民的信息贫困和治理情况。

第四，信息赋能的成效评估。成效评估是一个长期过程，受制于课题研究时间的限制与要求，目前暂时无法对"精准靶向互动传播模式"的实施成效进行评估。今后如果条件允许，可在更长周期内通过实证材料对本书提出的相关政策建议具体效果进行评估，完善方案。

上述问题的完善，都有待于对相关领域研究的继续深入，也需要研究者在理论储备、研究方法、解释视角等方面与时俱进，不断创新。

参考文献

一、中文著作

[1] [印] 阿马蒂亚·森.贫困与饥荒：论权利与剥夺[M].王宇,王文玉,译.北京：商务印书馆,2001.

[2] [印] 阿玛蒂亚·森.以自由看待发展[M].任赜,于真,译.北京：中国人民大学出版社,2002.

[3] 仇学英.社会主义新农村发展传播模式论[M].北京：中国传媒大学出版社,2011.

[4] [美] 杜赞奇.文化、权力与国家：1900—1942年的华北农村[M].王福明,译.南京：江苏人民出版社,1996.

[5] 方民生.浙江制度变迁与发展轨迹[M].杭州：浙江人民出版社,2000.

[6] 方晓红.大众传媒与农村[M].北京：中华书局,2002.

[7] 胡书东.经济发展中的中央与地方关系：中国财政制度变迁研究[M].上海：上海人民出版社,2001.

[8] 胡兴东,杨林.中国扶贫模式研究[M].北京：人民出版社,2018.

[9] 蒋旭峰.农村社区化服务体系创新研究：基于传播学的视角[M].杭州：浙江大学出版社,2017.

[10] [美] 赖特·米尔斯.权力精英[M].许荣,王崑,译.南京：南京大学出版社,2004.

[11] 李红艳.乡村传播学[M].北京：北京大学出版社,2014.

[12] 李静,等.秦巴山区公共信息扶贫联动机制研究[M].北京：中国社会科学出版社,2023.

[13] 李培林.村落的终结：羊城村的故事[M].北京：商务印书馆,2004.

[14]［德］马克斯·韦伯.经济与社会[M].阎克文,译.上海：上海人民出版社,2019.

[15] 彭继权.新型城镇化背景下农民工多维贫困动态性研究[M].北京：中国财政经济出版社,2021.

[16] 瞿同祖.清代地方政府[M].北京：法律出版社,2003.

[17] 邵建功.工会法全书[M].北京：经济日报出版社,1995.

[18] 谭英.中国乡村传播实证研究[M].北京：社会科学文献出版社,2007.

[19] 汤爱民.大整合：21世纪中国综合发展战略建言[M].北京：中国经济出版社,2000.

[20] 王存同.进阶回归分析[M].北京：高等教育出版社,2017.

[21] 王雨林.中国农村贫困与反贫困问题研究[M].杭州：浙江大学出版社,2008.

[22]［意］维尔弗雷多·帕累托.普通社会学纲要[M].田时纲,译.上海：生活·读书·新知三联书店,2001.

[23] 岳琳,闵阳.西部地区脱贫攻坚的信息精准传播研究[M].北京：中国社会科学出版社,2021.

[24] 张继泽.贵州信息年鉴2006[M].贵阳：贵州科技出版社,2006.

[25] 郑欣.对农传播：基于受众的实证分析与对策探讨[M].杭州：浙江大学出版社,2011.

[26] 庄天慧,杨浩,蓝红星.多维贫困与贫困治理论[M].长沙：湖南人民出版社,2018.

二、中文期刊论文

[1]《中国农村贫困标准》课题组.中国农村贫困标准研究[J].统计研究,1990,(6)：37—42.

[2] 操瑞青.近十年来农村新媒体传播研究述评[J].重庆社会科学,2014,(3)：100—107.

[3] 曾亿武,郭红东.农产品淘宝村形成机理：一个多案例研究[J].农业经济问题,2016,37(4)：39—48.

[4] 陈柏峰.熟人社会：村庄秩序机制的理想型探究[J].社会,2011,31(1)：

223—241.

［5］陈娉婷,罗治情,官波等.湖北省交互式农业信息服务模式研究[J].安徽农业科学,2015,43(20)：372—375.

［6］陈然.地方自觉与乡土重构:"淘宝村"现象的社会学分析[J].华中农业大学学报(社会科学版),2016,(3)：74—81.

［7］陈天祥.中国地方政府制度创新的利弊分析[J].天津社会科学,2002,(2)：75—80.

［8］陈伟,周宏.信息渠道利用、安全施药认知与农药使用行为研究:基于结构方程模型的实证检验[J].农业经济,2019,(4)：6—8.

［9］陈晓宇,付少雄,邓胜利.社会化问答用户信息搜寻的影响因素研究:一种混合方法的视角[J].图书情报工作,2018,62(20)：102—111.

［10］陈信凌.江西苏区标语的传播学分析[J].新闻与传播研究,2005(4)：35—39.

［11］崔凯,冯献.供需视角下的农村信息传播:国内外研究述评与展望[J].中国农村观察,2017,(1)：127—139.

［12］邓胜利,付少雄,刘瑾.任务情境下青年人网络健康信息资源选择的群体差异研究[J].图书情报工作,2017,61(22)：98—106.

［13］迪莉娅.我国信息扶贫政策问题及对策研究[J].兰台世界,2010,(10)：30—31.

［14］丁建军,赵奇钊.农村信息贫困的成因与减贫对策:以武陵山片区为例[J].图书情报工作,2014,58(2)：75—78.

［15］董丽荣,许金普,王伟然.农业科技信息传播效果的影响因素探析[J].陕西农业科学,2014,60(4)：85—87.

［16］董晓林,石晓磊.信息渠道、金融素养与城乡家庭互联网金融产品的接受意愿[J].南京农业大学学报(社会科学版),2018,18(4)：109—118.

［17］段京肃,段雪雯.乡村媒介、媒介乡村和社会发展:关于大众传播媒介与中国乡村的几个概念的理解[J].现代传播(中国传媒大学学报),2010,(8)：22—27.

［18］段忠贤.农村科技信息传播模式及传播效果评价[J].社会科学家,2013,(5)：66—68.

[19] 樊振佳,程乐天.可行信息能力：一个信息分化问题学术概念的构建与阐释[J].图书情报工作,2017,61(13)：19—30.

[20] 樊振佳李纯.我国返乡创业信息资源的"精英俘获"现象[J].图书馆论坛,2020,(6)：77—93.

[21] 费爱华.乡村社会日常人际传播及其社会功能[J].湖南农业大学学报(社会科学版),2016,17(4)：35—41.

[22] 冯广圣.互嵌与协同：社会结构变迁语境下乡村传播结构演变及其影响[J].南京林业大学学报(人文社会科学版),2020,20(2)：91—101.

[23] 冯献,李瑾,崔凯,等.基于信息生态视角的乡村居民公共数字文化服务采纳意愿影响因素分析[J].图书馆建设,2021,(4)：1—14.

[24] 冯献,李瑾,郭美荣."互联网＋"背景下农村信息服务模式创新与效果评价[J].图书情报知识,2016,(6)：4—15.

[25] 傅海.中国农民对大众媒介的接触、评价和期待[J].新闻与传播研究,2011,18(6)：25—35.

[26] 龚宏龄.农村政策纵向扩散中的"悬浮"问题[J].西北农林科技大学学报(社会科学版),2017,17(2)：51—57.

[27] 顾炜程,朱娇娇.社会转型中农村的传播媒介与观念变迁、交往格局的关系研究：以青浦农村家庭调查为例[J].新闻大学,2007,(2)：70—74.

[28] 郭建鑫,赵清华,赵继春.农民互联网应用采纳决策及应用强度影响因素研究：基于北京郊区 712 名农民的调查数据[J].华中农业大学学报(社会科学版),2017,(5)：56—62.

[29] 郭明.虚拟型公共空间与乡村共同体再造[J].华南农业大学学报(社会科学版),2019,18(6)：130—138.

[30] 郭如良,刘子玉,肖嘉琳等.社会资本、政策认知与农民职业化意愿：基于江西省"一村一名大学生工程"调查数据的实证[J].农林经济管理学报,2019,18(3)：337—346.

[31] 韩正彪,林延胜.农民日常生活信息搜寻行为调查研究：以江苏省为例[J].国家图书馆学刊,2016,(3)：41—51.

[32] 何欣,朱可涵.农户信息水平、精英俘获与农村低保瞄准[J].经济研究,2019,54(12)：150—164.

[33] 何阳,汤志伟.互联网驱动的"三治合一"乡村治理体系网络化建设[J].中国行政管理,2019,(11):69—74.

[34] 何毅,江立华.产业扶贫场域内精英俘获的两重向度[J].农村经济,2019,(11):78—85.

[35] 侯向娟,申潞玲,任红燕.山西省农民职业化意愿影响因素及对策建议[J].中国农学通报,2015,31(32):284—290.

[36] 侯迎忠,玉昌林.媒介共治:媒介化治理的学理脉络、本土演进与研究空间[J].现代传播(中国传媒大学学报),2024,(1):84—91.

[37] 胡鞍钢,童旭光,诸丹丹.四类贫困的测量:以青海省减贫为例(1978—2007)[J].湖南社会科学,2009,(5):45—52.

[38] 胡军,王继新.有效需求视角下的农民"信息贫困"问题[J].甘肃社会科学,2014,(5):19—22.

[39] 胡联,卢杨,张小雨,等.贫困治理中精英俘获研究综述[J].山西农业大学学报(社会科学版),2019,18(5):34—39.

[40] 黄承伟,覃志敏.论精准扶贫与国家扶贫治理体系建构[J].中国延安干部学院学报,2015,8(1):131—136.

[41] 黄丹.农村信息传播有效性评估模型:农民视角[J].理论与改革,2013,(3):112—114.

[42] 蒋旭峰.乡村治理中的精英传播及其模式探讨[J].理论探讨,2012,(4):159—163.

[43] 蒋永福,刘鑫.论信息公平[J].图书与情报,2005,(6):2—5.

[44] 金帅岐,李贺,沈旺,等.用户健康信息搜寻行为的影响因素研究:基于社会认知理论三元交互模型[J].情报科学,2020,38(6):53—61.

[45] 赖浩锋.农村传播生态失衡研究:"江西省农民致富与传播状况"调查后的思考[J].当代传播,2005,(1):75—77.

[46] 雷香花.信息扶贫浅谈[J].中国图书馆学报,2003,(1):97—98.

[47] 李彪.县级融媒体中心建设:发展模式、关键环节与路径选择[J].编辑之友,2019,(3):44—49.

[48] 李钢,乔海程.扶贫背景下农村贫困地区信息贫困度测评指标体系研究[J].农业技术经济,2017,(5):120—128.

[49] 李红艳,牛畅,汪璐蒙.网络时代农民的信息获取与信息实践:基于对北京市郊区农民培训的调研[J].新闻与传播研究,2019,26(4):45—61.

[50] 李红艳,冉学平.乡村社会的另一种"凸显":基于抖音短视频的思考[J].新闻大学,2020,(2):94—101.

[51] 李红艳,左停.乡村传播意义下的农村发展[J].新闻界,2007,(6):38—40.

[52] 李红艳,韩芸.以"一"贯之:社会化媒体视野下乡村治理秩序的重构[J].现代传播(中国传媒大学学报),2020,(3):52—58.

[53] 李红艳.如何建设媒介扶贫信息传播的新话语[J].中国记者,2016,(4):75—76.

[54] 李华锋,段加乐,孙晓宁.基于元分析的用户在线信息搜寻意愿影响因素研究[J].图书情报工作,2021,65(19):84—95.

[55] 李锦.数字鸿沟与信息扶贫[J].现代情报,2006,(3):36—38.

[56] 李晶晶,吴坤.基于主成分分析法对农民数字贫困的研究:以江苏省徐州市为例[J].甘肃农业,2022,(1):68—71.

[57] 李静.贫困地区对农信息传播有效性研究:对贵州国家级贫困县的调查[J].图书馆论坛,2016,36(11):1—9.

[58] 李练军.互联网嵌入、资源获取与新农人创业成长绩效[J].华南农业大学学报(社会科学版),2024,(1):76—87.

[59] 李林.高职高专院校图书馆参与信息扶贫的现状与发展[J].科技创新与生产力,2021,(8):63—66.

[60] 李孟涛,林让.我国农产品流通信息渠道满意度及感知价值测评[J].信息资源管理学报,2015,(4):75—80.

[61] 李树,王胤琦.乡村振兴中数字媒介技术实践价值与路径[J].中国出版,2022,(24):33—37.

[62] 李晓,向平,邱敦莲,罗中蓉.我国农村信息供需平衡障碍的理论及对策研究[J].软科学,2003,(6):77—80.

[63] 李学林,杨诗雨,周喜.贵州省运用大数据技术推进精准扶贫工作的现状、困境及对策[J].六盘水师范学院学报,2019,31(2):1—9.

[64] 李祖佩,曹晋.精英俘获与基层治理:基于我国中部某村的实证考察[J].探索,2012,(5):187—192.

[65] 梁剑峰,李静."精英俘获":农民专业合作社成长之困[J].宏观经济研究, 2015,(3):58—62.

[66] 梁景禹.非政府组织(NGO)在扶贫中的作用:基于贵州省的视角[J].西部 发展评论,2008,(1):203—212.

[67] 廖云路,肖尧中.社会资本视野下的乡村传播结构研究:基于拉萨市曲水 县 R 村的调查[J].新闻界,2017,(8):53—59.

[68] 凌燕,李发庆.当代中国中、东部农民与媒介接触使用情况实证研究[J].广 告研究(理论版),2006,(4):42—50.

[69] 刘博.农民信息贫困的"脆弱性"研究:黑龙江农村地区信息需求与消费状 态调查[J].图书馆理论与实践,2017,(2):5—10.

[70] 刘济群,闫慧.农村女性居民信息搜寻行为研究:甘皖津三地的田野发现 [J].图书情报知识,2015,(1):4—13.

[71] 刘锦程,王渝志.新媒体赋权与城乡分化的重塑:基于尚村"快手下乡"的 个案分析[J].新闻与传播评论,2020,(5):46—54.

[72] 刘晶,陈世华.城乡传播新关系:发展传播学的视角[J].南昌大学学报(人 文社会科学版),2015,46(2):112—117.

[73] 刘丽.农村居民信息需求与信息服务现状研究:以安徽亳州 Y 村田野调 查为基础[J].图书馆论坛,2015,35(4):62—68.

[74] 刘丽.土地流转后农村居民信息需求结构变动及聚类研究[J].图书馆论 坛,2020,(1):117—125.

[75] 刘敏,邓益成,何静,等.农村居民信息需求现状及对策研究:以湖南省农 村居民信息需求现状调查为例[J].图书馆杂志,2011,(5):44—48.

[76] 刘清华.农村实用人才和普通农民技术培训现状与意愿分析:基于重庆山 区 1259 位农户的问卷调查[J].调研世界,2015,(4):35—40.

[77] 刘庆华,吕艳丹.疫情期间乡村媒介动员的双重结构:中部 A 村的田野考 察[J].现代传播(中国传媒大学学报),2020,42(7):73—77.

[78] 刘若熙,齐丹.基于灰色关联理想解法的农民信息素养评价模型[J].情报 探索,2016,(10):29—32.

[79] 刘世洪,许世卫.中国农村信息化测评方法研究[J].中国农业科学,2008, 41(4):1012—1022.

[80] 刘天元,王志章.稀缺、数字赋权与农村文化生活新秩序：基于农民热衷观看短视频的田野调查[J].中国农村观察,2021,(3)：114—127.

[81] 刘宇,杨志萍,陈漪红,等.我国科技信息多维贫困测度指标与实证研究[J].图书情报工作,2021,65(4)：3—12.

[82] 刘禹辰,尹响."融媒体＋电商"在少数民族地区精准扶贫中的新作用：基于四川的案例分析[J].西南民族大学学报(人文社科版),2019,40(5)：147—151.

[83] 栾轶玫,苏悦."热呈现"与"冷遮蔽"：短视频中的中国新时代"三农"形象[J].编辑之友,2019,(10)：38—48.

[84] 罗阳富,崔庆鹤.农村信息贫困成因及对策研究[J].人民论坛,2013,(32)：128—130.

[85] 吕普生.数字乡村与信息赋能[J].中国高校社会科学,2020,(2)：69—79.

[86] 吕永洁.直播助农初级模式及其升级路径探析[J].当代电视,2021,(9)：26—29.

[87] 马新文.阿玛蒂亚·森的权利贫困理论与方法述评[J].国外社会科学,2008,(2)：69—74.

[88] 马艳萍.农村居民科技文化知识和信息服务需求研究：以广东省为例[J].图书馆学刊,2017,(8)：40—46.

[89] 孟君.一个波峰和两种传统：中国乡村电影的空间书写[J].现代传播(中国传媒大学学报),2016,38(4)：81—86.

[90] 苗冠军,张庆霞,刘艳华.宁夏中南部贫困村农民科技信息需求分析：基于45个贫困村325位农民的调查[J].农业科学研究,2016,(3)：79—82.

[91] 闵阳.西部农村政策信息传播有效性的影响因素分析[J].新闻界,2014,(11)：17—21.

[92] 莫光辉,张玉雪.大数据背景下的精准扶贫模式创新路径：精准扶贫绩效提升机制系列研究之十[J].理论与改革,2017,(1)：119—124.

[93] 牛耀红.媒介化协商共治：一种成长中的全过程人民民主实践路径[J].新闻与传播研究,2023,(11)：5—22.

[94] 彭爱东,姚娟.基于有序Probit模型的农村信息资源配置满意度影响因素研究：以江苏省为例[J].图书情报工作,2014,58(6)：58—63.

[95] 彭魏倬加.信息渠道如何影响商业养老保险决策：来自 CGSS 的微观证据[J].中南大学学报(社会科学版),2020,26(6)：119—129.

[96] 漆亚林,仲呈祥.中国电视剧农村女性形象的框架研究：以 1983—2015 年获"飞天奖"农村题材剧为研究对象[J].现代传播(中国传媒大学学报),2016,38(9)：76—81.

[97] 乔丹,陆迁,徐涛.社会网络、信息获取与农户节水灌溉技术采用：以甘肃省民勤县为例[J].南京农业大学学报（社会科学版）,2017,（4）：147—155.

[98] 邱林川.新型网络社会的劳工问题[J].开放时代,2009(12)：128—139.

[99] 冉明仙,潘昊杨.返乡创业农民微信使用特征、问题及对策分析：基于广西平果县的田野考察[J].现代传播（中国传媒大学学报）,2019,41(7)：155—158.

[100] 冉明仙.关联：农村实用信息扶贫效果提升的支点[J].现代传播(中国传媒大学学报),2014,36(1)：57—60.

[101] 阮荣平,周佩,郑风田."互联网＋"背景下的新型农业经营主体信息化发展状况及对策建议：基于全国 1 394 个新型农业经营主体调查数据[J].管理世界,2017,(7)：50—64.

[102] 沙垚.可沟通关系：化解乡村振兴多元主体关系的内在张力：基于 A 县的田野观察[J].新闻与传播研究,2023,(8)：80—95.

[103] 尚燕,熊涛.所为非所想？农户风险管理意愿与行为的悖离分析[J].华中农业大学学报(社会科学版),2020,(5)：19—28.

[104] 舒丽瑰.公共政策视野下惠农资源领域的"精英俘获"现象[J].农村经济,2019,(6)：107—113.

[105] 司瑞石,陆迁,谭永风.信息资本对农户水土流失治理投入意愿的影响研究：基于黄土高原区 1 048 户农户的数据[J].干旱区资源与环境,2018,(11)：41—46.

[106] 宋凤仙,齐文娥,黎璇.农户获取农业信息渠道行为及其影响因素分析：基于广东、广西、海南三省区荔枝种植户的实证分析[J].广东农业科学,2018,(12)：137—142.

[107] 宋建武,乔羽.建设县级融媒体中心打造治国理政新平台[J].新闻战线,

2018,(23)：67—70.

[108] 宋小康,徐孝婷,朱庆华.基于关键事件技术的消费者日常在线健康信息搜寻需求与障碍研究[J].现代情报,2021,41(5)：50—58.

[109] 苏海,向德平.社会扶贫的行动特点与路径创新[J].中南民族大学学报(人文社会科学版),2015,35(3)：144—148.

[110] 孙贵珍,王栓军.基于农村信息贫困的河北农民信息素质调查分析[J].中国农学通报,2009,25(24)：588—591.

[111] 孙红蕾,钱鹏,郑建明.信息生态视域下新市民信息贫困成因及应对策略[J].图书与情报,2016,(1)：23—28.

[112] 孙信茹,王东林.微信对歌中的互动、交往与意义生成：对石龙村微信山歌群的田野考察[J].现代传播(中国传媒大学学报),2019,41(10)：19—25.

[113] 谭华.大众传播与少数民族社区的文化建构：对现代媒介影响下的村落变迁的反思[J].湖北民族学院学报(哲学社会科学版),2007,(1)：107—112.

[114] 谭华.大众传媒在少数民族地区农村政治生活中的作用[J].东南传播,2007,(10)：34—36.

[115] 谭英,王德海,谢咏才.贫困地区农户信息获取渠道与倾向性研究：中西部地区不同类型农户媒介接触行为调查报告[J].农业技术经济,2004,(2)：28—33.

[116] 唐立强,周静.社会资本、信息获取与农户电商行为[J].华南农业大学学报(社会科学版),2018,(3)：73—82.

[117] 唐霈雯,张钊蔚,孙子雯等.精准扶贫背景下信息扶贫研究及模型构建[J].文献与数据学报,2020,2(3)：85—98.

[118] 陶建杰,林晶珂,尹子伊.信息穷人还是信息富人：可行能力视角下农村居民信息分化及政府支持的效应研究[J].国际新闻界,2022,44(2)：78—97.

[119] 田宪臣.开发式扶贫的难点与对策[J].黄河科技大学学报,2017,19(3)：33—37.

[120] 童兵.新闻学：在建设与服务"三农"中发展[J].新闻与写作,2019,(5)：

61—63.

[121] 托尼·赛奇,邵明阳.盲人摸象：中国地方政府分析[J].经济社会体制比较,2006,(4)：96—104.

[122] 汪明峰.互联网使用与中国城市化："数字鸿沟"的空间层面[J].社会学研究,2005,(6)：112—135.

[123] 汪向东,王昕天.电子商务与信息扶贫：互联网时代扶贫工作的新特点[J].西北农林科技大学学报(社会科学版),2015,15(4)：98—104.

[124] 王冬放.我国中西部地区信息贫困现状与对策[J].工业经济论坛,2015,(2)：145—154.

[125] 王华.农村"高音喇叭"的权力隐喻[J].南京农业大学学报(社会科学版),2013,(4)：31—38.

[126] 王建,赵静,王玉平.西部农村的信息贫困及农民信息权利维护[J].图书情报工作,2007,51(10)：84—87.

[127] 王俊松,李诚.我国数字鸿沟的空间表现及原因分析[J].情报科学,2006,(11)：1620—1625.

[128] 王玲宁,张国良.我国农村受众媒介接触行为调查分析[J].新闻记者,2003,(11)：52—54.

[129] 王鸣捷,白汶龙.乡村体育文化的新媒体传播与治理：基于"村超"的田野考察[J].现代传播(中国传媒大学学报),2024,(1)：161—168.

[130] 王栓军,孙贵珍.基于农民视角的河北省农村信息供给调查分析[J].中国农学通报,2010,26(22)：393—398.

[131] 王越,费爱华.从组织传播到大众传播：国家治理乡村社会的策略演进[J].南京社会科学,2012,(4)：117—123.

[132] 韦惠兰,祁应军.基于分位数和OLS回归的农户家庭收入的影响因素分析[J].农林经济管理学报,2017,16(1)：40—47.

[133] 韦路,张明新.第三道数字鸿沟：互联网上的知识沟[J].新闻与传播研究,2006,13(4)：43—53.

[134] 魏学宏,朱立芸.西北地区农户信息需求的表现及再选择：以甘肃景泰县调查为例[J].开发研究,2015,(1)：53—56.

[135] 温涛,朱炯,王小华.中国农贷的"精英俘获"机制：贫困县与非贫困县的

分层比较[J].经济研究,2016,51(2)：111—125.

[136]温铁军,杨帅.中国农村社会结构变化背景下的乡村治理与农村发展[J].理论探讨,2012,169(6)：76—80.

[137]吴炯丽,张磊磊,王新哲.基于农村信息贫困的反贫困难点与对策研究[J].农业网络信息,2015,(5)：9—11.

[138]吴雪莲,张俊飚,丰军辉.农户绿色农业技术认知影响因素及其层级结构分解：基于 Probit—ISM 模型[J].华中农业大学学报(社会科学版),2017,(5)：36—45.

[139]吴志强.信息资本涵义探[J].图书情报工作,2003,(10)：50—54.

[140]吴中全,杨志红,王志章.生态补偿、精英俘获与农村居民收入：基于重庆市酉阳县 11 个易地扶贫搬迁安置点的微观数据[J].西南大学学报(社会科学版),2020,46(1)：69—78.

[141]夏佳贝,邓朝华,吴泰来.职业女性网络健康信息搜寻行为影响因素及社会支持的调节效应研究[J].图书情报工作,2020,64(23)：53—62.

[142]相丽玲,牛丽慧.基于阿马蒂亚·森权利方法的信息贫困成因分析[J].情报科学,2016,34(8)：47—51.

[143]谢会昌.国内信息贫困研究述评[J].安徽农业科学,2018,46(34)：186—189.

[144]谢俊贵.社会信息化过程中的信息分化与信息扶贫[J].情报科学,2003,(11)：1138—1141.

[145]谢俊贵.信息分化：一个信息社会学新概念的界定[J].求索,2006,(1)：53—55.

[146]谢梅,赵颀.惠农政策的传播效果评估及策略思考：以河北省承德市两家乡调查为例[J].农村经济,2016,(7)：22—28.

[147]谢笑.信息弱势群体：信息权利、信息消费和信息扶贫[J].大学图书情报学刊,2015,33(3)：16—22.

[148]谢阳群,汪传雷.数字鸿沟与信息扶贫[J].情报理论与实践,2001,(6)：426—430.

[149]邢成举,李小云.精英俘获与财政扶贫项目目标偏离的研究[J].中国行政管理,2013,(9)：109—113.

[150] 邢春政,唐冰开,钟哲.大数据背景下东北地区信息扶贫绩效评价与对策研究[J].情报科学,2020,38(12):116—121.

[151] 熊顺聪.乡村人际传播中的村干部形象[J].新闻界,2003,(4):30—34.

[152] 熊欣语,张亮.深圳市流动人口与户籍人口网络健康信息搜寻行为差异及其影响因素[J].医学与社会,2021,34(5):5—9.

[153] 熊雪,聂凤英,毕洁颖等.精准扶贫视角下的信息扶贫:以"腾讯为村"为例[J].农业图书情报学刊,2017,29(5):5—8.

[154] 徐险峰.湘鄂渝黔欠发达地区农村信息需求研究[J].图书情报工作,2012,(1):90—93.

[155] 徐勇.中国式基层治理现代化的方位与路向[J].政治学研究,2023,(1):3—12.

[156] 许黎莉,朱雅雯,乌云花."担保支农"增加了谁的信贷可得?:基于信息甄别视角的机制检验[J].华中农业大学学报(社会科学版),2023,(2):57—68.

[157] 闫慧,洪萍蟑.社会资本对少数民族地区农村居民数字化脱贫的影响:湘西土家族苗族自治州里耶镇的田野研究报告[J].情报资料工作,2014,(3):89—93.

[158] 闫慧,刘济群.农村数字化贫困群体的ICT接受行为研究:中国六省市田野调查报告[J].中国图书馆学报,2016,42(3):74—90.

[159] 闫慧.农民数字化贫困的结构性成因分析[J].中国图书馆学报,2017,43(2):24—29.

[160] 颜德如,张玉强.脱贫攻坚与乡村振兴的逻辑关系及其衔接[J].社会科学战线,2021,(8):167—175.

[161] 杨秀平.农村公共信息服务与农民信息素养培育问题研究:以西北农村调查为例[J].农业图书情报学刊,2016,28(9):5—8.

[162] 杨正喜.波浪式层级吸纳扩散模式:一个政策扩散模式解释框架:以安吉美丽中国政策扩散为例[J].中国行政管理,2019,(11):97—103.

[163] 叶明睿.互联网在农村地区的人际扩散:基于认同理论的实证研究[J].当代传播,2015,(4):87—89.

[164] 尹敬媛,苏林森.组织传播与大众传播的区别与联系[J].现代传播(中国

传媒大学学报),2007,(1)：160—162.

[165] 于良芝,谢海先.当代中国农民的信息获取机会：结构分析及其局限[J].
中国图书馆学报,2013,(6)：9—26.

[166] 于良芝,张瑶.农村信息需求与服务研究：国内外相关文献综述[J].图书
馆建设,2007,(4)：79—84.

[167] 于良芝,周文杰.信息穷人与信息富人：个人层次的信息不平等测度述评
[J].图书与情报,2015,(1)：53—60.

[168] 于良芝.“个人信息世界”：一个信息不平等概念的发现及阐释[J].中国
图书馆学报,2013,(1)：4—12.

[169] 于良芝.理解信息资源的贫富分化：国外“信息分化”与“数字鸿沟”研究
综述[J].图书馆杂志,2005,(12)：6—18.

[170] 余章馗,闫慧,张鑫灿,等.傈僳族乡村居民信息搜寻行为模式研究[J].文
献与数据学报,2019,1(4)：24—35.

[171] 员立亭.基于农民需求视角下的农业信息供给问题研究[J].现代情报,
2015,35(10)：27—31.

[172] 袁野,曾剑秋,赵鸿运等.农村信息化服务模式研究：以云南省“数字乡
村”为例[J].北京邮电大学学报(社会科学版),2014,16(1)：73—78.

[173] 原小玲,贾君枝,朱丹.山西省农民信息需求调查研究[J].情报科学,
2009,27(8)：1194—1198.

[174] 苑春荟,龚振炜,陈文晶等.农民信息素质量表编制及其信效度检验[J].
情报科学,2014,32(2)：26—30.

[175] 岳琳.新媒体环境下提升农村信息传播有效性的途径与策略研究：基于
8省区的实证调查[J].学习与实践,2012,(9)：88—94.

[176] 张贝富,李好中.辉县市基层农技推广体系建设实践与思考[J].中国农技
推广,2022,38(11)：7—9.

[177] 张辰姊,温继文,李道亮,等.基于对应分析与聚类分析的农户信息渠道
选择研究[J].情报科学,2015,33(12)：90—93.

[178] 张贵兰,王健,王剑,等.农户信息渠道选择及其影响因素的探索性研究：
以河北省南宫市大寺王村村民为例[J].现代情报,2016,(5)：88—93.

[179] 张桂新,张淑霞.动物疫情风险下养殖户防控行为影响因素分析[J].农村

经济,2013,(2)：105—108.

[180] 张敏敏,王文生,郭雷风等.农业信息扶贫的发展思路研究[J].江西农业学报,2017,29(12)：132—136.

[181] 张全红,周强.中国农村多维贫困的动态变化：1991—2011[J].财贸研究,2015,26(6)：22—29.

[182] 张淑华.政策网络视角下我国农村政策传播的效能问题研究[J].现代传播(中国传媒大学学报),2020,42(1)：47—52.

[183] 张小倩,张月琴,杨峰.国内外信息贫困研究进展：内涵阐释、研究设计及内容综述[J].图书馆论坛,2018,38(8)：24—32.

[184] 张小有,王绮雯,万梦书.生态文明视角信息渠道与规模农户低碳技术应用选择：基于江西的调研数据[J].江苏农业科学,2019,47(6)：315—320.

[185] 张新红,于凤霞,唐斯斯.中国农村信息化需求调查研究报告[J].电子政务,2013,(2)：2—25.

[186] 张岩松.以促进农民增收为目标　调整和完善农业财政支持政策[J].中国财政,2002,(7)：6—8.

[187] 赵昌文,郭晓鸣.贫困地区扶贫模式：比较与选择[J].中国农村观察,2000,(6)：65—71.

[188] 赵奇钊,董坚峰,周彤.信息贫困视野下的偏远山区农业信息平台搭建研究[J].图书情报工作,2009,53(23)：81—85.

[189] 赵奇钊,彭耿.武陵山片区信息化发展水平评价与信息贫困研究[J].图书馆,2016,(1)：65—68.

[190] 赵伟.温州模式：作为区域工业化范式的一种理解[J].社会科学战线,2002,(1)：15—22.

[191] 赵肖柯,周波.种稻大户对农业新技术认知的影响因素分析：基于江西省1 077户农户的调查[J].中国农村观察,2012,(4)：29—36.

[192] 郑素侠,宋杨.空间视野下我国信息贫困的分布特征与政策启示[J].现代传播(中国传媒大学学报),2019,(7)：21—27.

[193] 郑素侠,杨家明.云端的连接：信息传播技术与乡村社会的"重新部落化"[J].现代传播(中国传媒大学学报),2021,(5)：20—26.

[194] 郑素侠,张天娇."小世界"中的信息贫困与信息扶贫策略：基于国家级贫困县民权县的田野调查[J].当代传播,2019,(4)：49—53.

[195] 郑素侠.反贫困语境下农村地区的信息贫困：致贫机理与信息援助对策[J].郑州大学学报：哲学社会科学版,2018,51(2)：154—157.

[196] 仲菊,万学道.多元模式在济南市农业信息服务中的应用研究[J].湖北农业科学,2013,52(8)：1950—1952.

[197] 周荣柱,贾伟.农户市场预判能力及其影响因素分析：基于8省1 047个农户样本调查[J].农村经济,2016,(5)：68—73.

[198] 周向红.从数字鸿沟到数字贫困：基本概念和研究框架[J].学海,2016,(4)：154—157.

[199] 朱庆莹,陈银蓉,胡伟艳等.社会资本、耕地价值认知与农户耕地保护支付意愿：基于一个有调节的中介效应模型的实证[J].中国人口·资源与环境,2019,29(11)：120—131.

三、中文学位论文

[1] 李都."信息扶贫"视域下的数字乡村传播与新媒介赋权研究[D].陕西师范大学,2020.

[2] 马玉莹.基于贫困人口信息需求的信息扶贫模式研究[D].郑州大学,2020.

[3] 潘佼佼.乡村变革中的信息与文化技术：中国农村广播网的历史研究[D].北京大学,2019.

[4] 乔海程.农村贫困地区信息扶贫问题研究[D].北京邮电大学,2017.

[5] 孙贵珍.河北省农村信息贫困问题研究[D].河北农业大学,2010.

[6] 王忆锦.信息扶贫视野下的县级融媒体中心研究：基于7省10县实地调研[D].中央民族大学,2020.

[7] 邢成举.乡村扶贫资源分配中的精英俘获[D].中国农业大学,2014.

[8] 熊凌.贵州省黔东南州台江县信息贫困现状与信息扶贫策略研究[D].云南大学,2020.

[9] 张琼.基于"银发网红"经济的东三省信息扶贫模式创新扩散研究[D].吉林财经大学,2022.

四、中文网络文章

［1］阿里研究院.2022 年"淘宝村"名单正式发布［EB/OL］.（2022 - 10 - 31）
［2023 - 07 - 25］. https://business.sohu.com/a/601427762_384789.

［2］北青网.截至 2021 年底,全国希望工程累计接受捐款 194.2 亿元［EB/
OL］.（2022 - 04 - 21）［2023 - 07 - 23］. https://t.ynet.cn/baijia/32643448.
html.

［3］陈晨.2020 年中央财政专项扶贫资金达 1 461 亿元［EB/OL］.（2020 - 12 -
03）［2023 - 08 - 23］. https://www.gov.cn/xinwen/2020-12/03/content_
5566565.htm.

［4］陈晓晟.信息化应用助发展　精准扶贫更给力：福建电信信息化扶贫纪实
［EB/OL］.（2020 - 09 - 18）［2023 - 07 - 17］. https://www.sohu.com/a/
419196973_482239.

［5］国家统计局.农村经济持续发展　乡村振兴迈出大步：新中国成立 70 周
年经济社会发展成就系列报告之十三［EB/OL］.（2019 - 08 - 07）［2022 -
07 - 23］. http://www.stats.gov.cn/sj/zxfb/202302/t20230203_1900407.
html.

［6］李静,李胜福.2019 年广西将建 14 000 个益农信息社,培育信息员 1.4 万
人以上［EB/OL］.（2019 - 02 - 25）［2023 - 08 - 23］. https://www.sohu.
com/a/297471091_120047291.

［7］刘佳.数说十年·乡村振兴|教育部直属高校十年来累计投入和引进帮扶
资金 44.35 亿元［EB/OL］.（2022 - 07 - 26）［2023 - 08 - 23］. http://www.
moe.gov.cn/fbh/live/2022/54688/mtbd/202207/t20220726_648995.html.

［8］罗正华.四川农业大学定点帮扶雷波县"乡村振兴大讲堂"正式启动［EB/
OL］.（2023 - 07 - 12）［2023 - 07 - 20］. https://nfy.sicau.edu.cn/info/
1051/3283.htm.

［9］人民邮电报.助力打赢脱贫攻坚战|河南移动精准扶贫书写精彩答卷［EB/
OL］.（2020 - 11 - 27）［2023 - 07 - 16］. https://tech.sina.com.cn/roll/
2020-11-27/doc-iiznezxs4020930.shtml.

［10］上游新闻.通信行业发展成果喜人,大数据智能化精彩可期［EB/OL］.
（2018 - 03 - 13）［2023 - 08 - 23］. https://www.cqcb.com/hot/2018-03-

12/723732_pc.html.

[11] 向家莹.中国人保定点帮扶有力度更有温度[EB/OL].(2020 - 10 - 22)
　　[2023 - 07 - 17]. https：//baijiahao. baidu. com/s? id = 1681214256280
　　173435&wfr＝spider&for＝pc.

[12] 新华日报.我省实现灾害信息员"村村有"　3.3万名信息员负责灾害监测
　　预警[EB/OL].(2022 - 05 - 12)[2023 - 08 - 20]. http：//www.jiangsu.
　　gov.cn/art/2022/5/12/art_60085_10446551.html.

[13] 新华社.习近平庄严宣告：我国脱贫攻坚战取得了全面胜利[EB/OL].
　　(2020 - 02 - 25)[2022 - 12 - 23]. https：//www.gov.cn/xinwen/2021-02/
　　25/content_5588768.htm?ivk_sa＝1023197a.

[14] 新华社.中共中央办公厅、国务院办公厅印发《数字乡村发展战略纲要》
　　[EB/OL]. (2019 - 05 - 16)[2023 - 08 - 22]. https：//www. gov. cn/
　　gongbao/content/2019/content_5395476.htm.

[15] 新华社.中共中央办公厅、国务院办公厅印发《国家信息化发展战略纲要》
　　[EB/OL]. (2016 - 07 - 27)[2023 - 08 - 22]. https：//www. gov. cn/
　　xinwen/2016-07/27/content_5095336.htm.

[16] 新华社.中华人民共和国国民经济和社会发展第十四个五年规划和2035
　　年远景目标纲要[EB/OL].(2021 - 03 - 13)[2021 - 06 - 25]. http：//
　　www.xinhuanet.com/2021-03/13/c_1127205564.htm.

[17] 张剑.爆红之后,网红曹县模式何以持续？[EB/OL].(2021 - 06 - 24)
　　[2023 - 08 - 23]. https：//finance.ifeng.com/c/87LPpneuzzy,2021-06-24.

[18] 赵实,李哲.国家能源局：我国农村年平均停电时间已降低至15小时左右
　　[EB/OL].(2020 - 10 - 19)[2023 - 08 - 22]. https：//www.thepaper.cn/
　　newsDetail_forward_9622335.

[19] 中国互联网络信息中心.第51次《中国互联网络发展状况统计报告》[EB/
　　OL]. (2023 - 03 - 02)[2023 - 07 - 22]. https：//www. cnnic. cn/
　　NMediaFile/2023/0807/MAIN169137187130308PEDV637M.pdf.

[20] 中国农家书屋网.农家书屋工程提前三年完成建设任务　李长春回良玉
　　刘云山刘延东作出重要批示[EB/OL].(2012 - 10 - 18)[2023 - 08 - 23].
　　https：//www. zgnjsw. gov. cn/booksnetworks/contents/406/135590.

shtml.

[21] 中国农家书屋网.为乡村阅读高质量发展插上数字"翅膀"[EB/OL].
　　　(2023 - 05 - 29)[2023 - 08 - 23]. https://www.zgnjsw.gov.cn/booksne
　　　tworks/contents/12748/341081.shtml.

[22] 中华人民共和国民政部.国务院扶贫开发领导小组关于广泛引导和动员
　　　社会组织参与脱贫攻坚的通知[EB/OL].(2017 - 11 - 22)[2023 - 08 -
　　　22]. https://www.mca.gov.cn/n152/n165/c37622/content.html.

[23] 中华人民共和国农业农村部.农业农村部　中央网络安全和信息化委员
　　　会办公室关于印发《数字农业农村发展规划（2019—2025 年）》的通知
　　　[EB/OL].(2020 - 01 - 20)[2021 - 04 - 22]. http://www.moa.gov.cn/
　　　govpublic/FZJHS/202001/t20200120_6336316.htm.

五、英文著作

[1] Childers T. The Information Poor in America[M]. Metuchen，New
　　Jersey：Scarecrow Press，1975.

[2] Friedrich C J，Curtis M，Benjamin R B. Totalitarian in Perspectives：
　　Three Views [M]. New York：Praeger Publishers，1969.

[3] Jean Oi. Rural China Takes off：Institutional Foundations of
　　Economic Reform [M]. Berkeley：University of California Press，1999.

[4] Rowntree B S. Poverty：A Study of Town Life [M]. London：
　　Macmillan，1902.

[5] Townsend P. Poverty in the United Kingdom：A Survey of Household
　　Resources and Standards of Living [M]. Berkley，California：University
　　of California Press，1979.

六、英文论文

[1] Abdul-Muhsin H，Tyson M，Raghu S，et al. The Informed Patient：An
　　Analysis of Information Seeking Behavior and Surgical Outcomes
　　Among Men With Benign Prostatic Hyperplasia. [J]. American Journal
　　of Mens Health，2017，11(1)：147 - 153.

［2］Akhtar S, Melesse M. Africa, Information and Development: IDRC's Experience[J]. Journal of Information Science, 1994, 20(5): 314 - 322.

［3］Alkire S, Foster J. Counting and Multidimensional Poverty Measurement [J]. Journal of Public Economics, 2007, 95 (7 - 8): 476 - 487.

［4］Amusat A S, Ademola A O. Information Needs of Kenaf Farmers in Ogbomoso Zone of Oyo State, Nigeria [J]. American Journal of Experimental Agriculture, 2014, 4(12): 1625 - 1636.

［5］Andrew G W. Local Governments as Industrial Firms: An Organizational Analysis of China's Transitional Economy[J]. American Sociological Review, 1995, 101(2): 263 - 301.

［6］Anker A E, Reinhart A M, Feeley T H. Health Information Seeking: A Review of Measures and Methods[J]. Patient Education and Counseling, 2011, 82(3): 346 - 354.

［7］Aonngernthayakorn K, Pongquan S. Determinants of Rice Farmers Utilization of Agricultural Information in Central Thailand[J]. Journal of Agricultural & Food Information, 2017, 18(1): 1 - 19.

［8］Babu S C, Glendenning C J, Okyere K A, et al. Farmers' Information Needs and Search Behaviors: Case Study in Tamil Nadu, India[C] // 2012 Conference, August 18 - 24, 2012, Foz do Iguacu, Brazil. International Association of Agricultural Economists, 2012.

［9］Barja G, Gigler B S. The Concept of Information Poverty and How to Measure It in the Latin American Context[C]. Hernan G, Judith M. Digital Poverty: Latin American and Caribbean Perspectives. Rugby, UK: Practical Action Publishing, 2007: 11 - 28.

［10］Beeghley L. Individual and Structural Explanations of Poverty [J]. Population Research and Policy Review, 1988, 7(3): 201 - 222.

［11］Besley T, Pande R, Rao V. Participatory Democracy in Action: Survey Evidence from South India [J]. Journal of European Economic Association, 2005, 3(2 - 3): 648 - 657.

［12］Brhane G，Mammo Y，Negusse G. Sources of Information And Information Seeking Behavior of Smallholder Farmers of Tanqa Abergelle Wereda，Central Zone of Tigray，Ethiopia［J］. Journal of Agricultural Extension and Rural Development，2017，9(4)：47-52.

［13］Britz J J. To Know or Not to Know：A Moral Reflection on Information Poverty［J］. Journal of information science，2004，30(3)：192-204.

［14］Burns R B T. Relative Deprivation and Social Justice：A Study of Attitudes to Social Inequality in Twentieth-Century England by W. G. Runciman［J］. British Journal of Sociology，1966，17(4)：430-434.

［15］Cáceres R B. Digital Poverty：Concept and Measurement，with an Application to Peru［J］. Institute of Peruvian Studies Working Paper，2007，337.

［16］Chatman E A. The Impoverished Life-World of Outsiders［J］. Journal of the Association for Information Science & Technology，2010，47(3)：193-206.

［17］Chatman E A. Theory of Life in The Round［J］. Journal of the American Society for Information Science，1999，50(3)：207-217.

［18］Couldry N. Digital Divide or Discursive Design? On the Emerging Ethics of Information Space［J］. Ethics and Information Technology，2003，5(2)：89-97.

［19］Dasgupta A，Beard V A. Community Driven Development，Collective Action and Elite Capture in Indonesia［J］. Development and Change，2007，38：229-249.

［20］David W. The Institutional Process of Market Clientelism：Guanxi and Private Business in a South China City［J］. The China Quarterly，1996，147：820-838.

［21］Diekmann F，Loibl C，Batte M T. The Economics of Agricultural Information：Factors Affecting Commercial Farmers' Information Strategies in Ohio［J］. Applied Economic Perspectives and Policy，2009，31(4)：853-872.

[22] Emenogu V，Omehia A P，Okwu E D. Information Needs and Seeking Behaviour of Researchers at African Regional Aquaculture Centre(Arac) in Rivers State. [J]. Library Philosophy and Practice，2021：1－21.

[23] Fiszbein A，Kanbur R，Yemtsov R. Social Protection，Poverty and the Post-2015 Agenda[J]. Policy Research Working Papers，2013，378：155.

[24] Gabe T M，Abel J R. Deployment of Advanced Telecommunications Infrastructure in Rural America：Measuring the Digital Divide[J]. American Journal of Agricultural Economics，2002，84(5)：1246－1252.

[25] Galasso E，Ravaillon M. Decentralized Targeting of an Antipoverty Program[J]. Journal of Public Economics，2005，89(4)：705－727.

[26] Gigler B S. Informational Capabilities — The Missing Link for the Impact of ICT on Development[J]. SSRN Electronic Journal，2011.

[27] He J，Li O，Cai M. The Research and Analysis of Rural Information Poverty in Guizhou[C] // 2015 International Conference on Social Science & Higher Education . 2015：110－114.

[28] Heppell S. Digital Divide[J]. The Times Educational Supplement，1989，24(57).

[29] Hersberger J A. Are the Economically Poor Information Poor? Does the Digital Divide Affect the Homeless and Access to Information? [J]. Canadian Journal of Information and Library Science. 2003. 27（3）：45－63.

[30] Jessa，Lingel，Danah，et al. "Keep It Secret，Keep It Safe"：Information Poverty，Information Norms，and Stigma[J]. Journal of the American Society for Information Science and Technology，2013，64(5)：981－991.

[31] Johnson C. Social Capital and the Search for Information：Examining the Role of Social Capital in Information Seeking Behavior in Mongolia[J]. Journal of the American Society for Information Science and Technology，2014，58(6)：883－894.

[32] Jung M C, Park S, Lee J Y. Information Network Villages: A Community-Focused Digital Divide Reduction Policy in Rural Korea[J]. Journal of Telecommunications and the Digital Economy, 2014, 2(1): 1 - 16.

[33] Kagan, A. The Growing Gap between the Information Rich and the Information, Poor Both within Countries and between Countries—A Composite Policy Paper[J]. IFLA Journal, 2000, 26(1): 28 - 33.

[34] Knight, David, W., et al. Information Dissemination-diffusion and Marine Protected Area Approval in the Philippines[J]. Ocean & Coastal Management, 2015, 113(8): 38 - 46.

[35] Kojima K, Choe J, Ohtomo T, Tsujinaka Y. The Corporatist System and Social Organizations in China [J]. Management and Organization Review, 2012, 8(3): 609 - 628.

[36] Kumar S. Does "Participation" in Common Pool Resource Management Help the Poor? A Social Cost-Benefit Analysis of Joint Forest Management in Jharkhand, India [J]. World Development, 2002, 30(5): 763 - 782.

[37] Lagoe C, D Atkin. Health Anxiety in the Digital Age: An Exploration of Psychological Determinants of Online Health Information Seeking[J]. Computers in Human Behavior, 2015, 52(11): 484 - 491.

[38] Lin J Y, Tan G. Competition, Policy Burdens, and State-Owned Enterprise Reform[J]. American Economic Review, 1998, 88(2): 422 - 427.

[39] Machado J A F, Silva J M C S. Quantiles for Counts[J]. Journal of the American Statistical Association, 2005, 100(472): 1226 - 1237.

[40] Masud A S, Shamim H M, Moktadir K, et al. Conventional or Interpersonal Communication: Which Works Best in Disseminating Malaria Information in an Endemic Rural Bangladeshi Community? [J]. Plos One, 2014, 9(6): e90711.

[41] Mazzoleni G, Schulz W. "Mediatization" of politics: A challenge for

democracy? [J]. Political Communication, 1999, (3): 247 - 261.

[42] Mehmet M, Roberts R, Nayeem T. Using digital and social media for health promotion: A social marketing approach for addressing comorbid physical and mental health[J]. Australian Journal of Rural Health, 2020, (2): 149 - 158.

[43] Merton R K. Insiders and Outsiders: A Chapter in the Sociology of Knowledge[J]. American Journal of Sociology, 1972, 78(1): 9 - 47.

[44] Mills B F, Whitacre B E. Understanding the Non-Metropolitan-Metropolitan Digital Divide[J]. Growth and Change, 2003, 34 (2): 219 - 243.

[45] Mittal S, Mehar M. Socio-economic Factors Affecting Adoption of Modern Information and Communication Technology by Farmers in India: Analysis Using Multivariate Probit Model [J]. Journal of Agricultural Education & Extension, 2015, 22(2): 450 - 454.

[46] Nadzir, Maslinda M, Juhana S. Information Seeking Behaviour Factors: A Measurement Model[C] // 3rd International Conference On Research & Innovation In Information Systems, 2013: 168 - 173.

[47] Nelson, P. Rural Restructuring in the American West: Land Use, Family, and Class Discourses[J]. Journal of Rural Studies, 2001, 17(4): 395 - 407.

[48] Ochiai Y, Yamazaki K. Impact of Information and Communication Technology on Crop Prices in India [J]. Journal of Economics & Business Administration, 2013, 207(6): 35 - 51.

[49] Orshansky M. Counting the Poor: Another Look at the Poverty Profile [J]. Social Security Bulletin, 1988, 51(10): 25 - 51.

[50] Pigg K E, Crank L D. Do Information Communication Technologies Promote Rural Economic Development? [J]. Journal of the Community Development Society, 2005, 36(1): 65 - 76.

[51] Platteau J P, Somville V, Wahhaj Z. Elite Capture Through Information Distortion: A Theoretical Essay [J]. Journal of Development

Economics，2014，106：250 - 263.

[52] Qiu J L. The Accidental Accomplishment of Little Smart: Understanding the Emergence of a Working-Class ICT[J]. New Media & Society，2007，9(6)：903 - 923.

[53] Rahman T，Ara S，Khan N A. Agro-information Service and Information-seeking Behaviour of Small-scale Farmers in Rural Bangladesh[J]. Asia-Pacific Journal of Rural Development，2020，30(1 - 2)：175 - 194.

[54] Regassa N，Rajan D S，Ketsela K. Access to，and Utilization of Information on Sanitation and Hygiene by Rural Households in Alaba Special District，Southern Ethiopia[J]. Journal of Human Ecology (Delhi，India)，2011，33(2)：101 - 112.

[55] Reynolds J P，Stautz K，Pilling M，et al. Communicating the Effectiveness and Ineffectiveness of Government Policies and Their Impact on Public Support: A Systematic Review with Meta-Analysis[J]. Royal Society Open Science，2020，7(1)：190522.

[56] Robert J，Griffin，et al. After the Flood: Anger，Attribution，and the Seeking of Information[J]. Science Communication，2008，29(3)：285 - 315.

[57] Rogers E M. Communication and Development: The Passing of The Dominant Paradigm[J]. Communication Research，1976，3：213 - 240.

[58] Thompson J. Watching together: Local media and rural civic engagement[J]. Rural Sociology，2021，(4)：938 - 967.

[59] Schmitter P C. Still the Century of Corporatism? [J]. The Review of Politics，1974，36(1)：85 - 131.

[60] Senthilkumar S，Chander M，Pandian A S S，et al. Factors Associated with Utilization Of ICT Enabled Village Information Centres By The Dairy Farmers in India: the Case of Tamil Nadu[J]. Computers and Electronics in Agriculture，2013，98：81 - 84.

[61] Shen L. Out of Information Poverty: Library Services for Urban

Marginalized Immigrants[J]. Urban Library Journal, 2013, 19 (1): 1 - 12.

[62] Starasts A. 'Unearthing Farmers' Information Seeking Contexts and Challenges in Digital, Local and Industry Environments' - ScienceDirect [J]. Library & Information Science Research, 2015, 37(2): 156 - 163.

[63] Stouffer S A, Suchman E A, Devinney L C, et al. The American Soldier: Adjustment During Army Life[J]. Social Service Review, 1949,(30): 154.

[64] Strebel F W. Visibility and facticity in Policy Diffusion: Going Beyond the Prevailing Binarity[J]. Policy Sciences, 2012,(45): 385 - 398.

[65] Surabhi, Mittal, Mamta, et al. Socio-economic Factors Affecting Adoption of Modern Information and Communication Technology by Farmers in India: Analysis Using Multivariate Probit Model[J]. The Journal of Agricultural Education & Extension, 2014, 22(2): 199 - 212.

[66] Sweetland J H. Information Poverty—Let Me Count the Ways[J]. Database, 1993, 16(4): 8 - 10.

[67] Tambotoh J J C, Manuputty A D, Banunaek F E. Socio-economics Factors and Information Technology Adoption in Rural Area[J]. Procedia Computer Science, 2015, 72: 178 - 185.

[68] Temba B A, Kajuna F K, Pango G S, et al. Accessibility and Use of Information and Communication Tools among Farmers for Improving Chicken Production in Morogoro Municipality, Tanzania[J]. Livestock Research for Rural Development, 2016, 28(1): Article #11.

[69] Thompson J. Watching together: Local media and rural civic engagement[J]. Rural Sociology, 2021, (4): 938 - 967.

[70] Tiepoh M G N, Reimer B. Social Capital, Information Flows, and Income Creation in Rural Canada: A Cross-Community Analysis[J]. Journal of Socio-Economics, 2004, 33(4): 427 - 448.

[71] Van Dijk J. Universal Service from the Perspective of Consumers and Citizens, Report to the Information Society Forum[R]. Brussels:

European Commission/ISPO，1997.

[72] Villamil M B，Alexander M，Silvis A H，et al. Producer Perceptions and Information Needs Regarding Their Adoption of Bioenergy Crops [J]. Renewable and Sustainable Energy Reviews，2012，16(6)：3604 - 3612.

[73] Weaver，J B，Nancy J. T，Stephanie S W，Gary L H. Healthcare Non-Adherence Decisions and Internet Health Information[J]. Computers in Human Behavior，2009，25(6)：1373 - 1380.

[74] Williams R. Generalized Ordered Logit/Partial Proportional Odds Models for Ordinal Dependent Variables[J]. Stata Journal，2006，6(1)：58 - 82.

[75] Wilson T D. Human Information Behavior[J]. The International Journal of An Emerging Transdiscipline，2000，3(2)：49 - 56.

[76] Wilson T D. Information Behaviour：An Interdisciplinary Perspective [J]. Information Processing & Management，1997，33(4)：551 - 572.

[77] Yan Y，Davison R M. Exploring Behavioral Transfer from Knowledge Seeking to Knowledge Contributing：The Mediating Role of Intrinsic Motivation[J]. Journal of the Association for Information Science & Technology，2013，64(6)：1144 - 1157.

[78] Yang，Fan，Chen，et al. Information Empowers Vegetable Supply Chain：A Study of Information Needs and Sharing Strategies among Farmers and Vendors[J]. Computers & Electronics in Agriculture，2015,(117)：81 - 90.

[79] Yu L. How Poor Informationally are the Information Poor?：Evidence from an Empirical Study of Daily and Regular Information Practices of Individuals[J]. Journal of Documentation，2010，66(6)：906 - 933.

[80] Yu，L. Understanding Information Inequality：Making Sense of the Literature of the Information and Digital Divides [J]. Journal of Librarianship & Information Science，2006，38(4)：229 - 252.

[81] Zhao，Yuezhi. Caught in the Web：the Public Interest and the Battle for

Control of China's Information Superhighway[J]. Info，2000，2（1）：41-66.

[82] Zhong B，Yang F，Chen Y L. Information Empowers Vegetable Supply Chain: A Study of Information Needs and Sharing Strategies among Farmers and Vendors[J]. Computers and Electronics in Agriculture，2015，117：81-90.

七、英文网络文章

United Nations Development Programme. Human Development Report 2010—The Real Wealth of Nations: Pathways to Human Development [EB/OL]. （2010-05-01）[2022-12-02]. http://hdr.undp.org/en/content/human-development-report-2010.

后 记

　　这本小书,既是我在自己多年深耕的发展传播、乡村传播研究领域的进一步深入,也见证了我培养第一批博士生的历程,是尹子伊、林晶珂两位博士在中山大学求学期间成长的最好见证,更是我们师徒三人深厚情谊的体现。我为这本书的出版,感到由衷地高兴。

　　回顾我的学术生涯,发展传播、乡村传播研究始终占据了重要位置。我不是一个喜欢"追热点、赶时髦"的学者,我只喜欢做我自己认为有意义、有价值的事情。多年前,当我将目光投向中国广阔的乡村时,就被乡村发展中信息传播的复杂性与重要性所吸引。对这个领域的兴趣,最早起源于 2002 年我在硕士期间和团队成员对上海地区农民工的调查;2004 年,我在此基础上,完成了硕士论文《城市农民工信息传播研究——以上海为例》,并获"上海市研究生优秀成果(学位论文)"。此后的 20 多年,我做的关于农民、农民工的研究,涉及他们的生存状况、管理模式、信息传播机制、信息分化等多个方面。我曾聚焦于农民工群体的信息获取与传播研究。在我主持的第一个国家社科基金项目(10CXW030)成果《中国新生代农民工研究:信息获取与传播的角度》一书中,我剖析了这一群体在城市与乡村之间信息流动的独特模式,发现信息对于他们融入城市以及反哺乡村有着不可忽视的作用。这些研究经历,使我深刻认识到信息传播在城乡二元结构中的纽带价值,也为我后续投身乡村传播研究奠定了基础。

　　近年来随着研究的深入,我越发意识到在乡村振兴战略背景下,信息传播在乡村产业发展、乡村治理以及乡村文化传承等多方面的关键作用。针对这些问题,我和团队成员始终有着浓厚的探索兴趣,也申请到我主持的第二个国家社科基金项目(18BXW063)。在项目实施过程中,我们对自己感兴趣的问题进行了认真的分析。例如，在探讨农村居民政策认知这一问题时，我们通过对中西部六省 11 县农村居民的问卷调查，运用广义有序 Logit 模型等方法，对农村居民的政策认知水平进行了量化测量与差异比较。我们发现，农村居民的政策知晓度和掌握度有较大提升空间，基层组织传播行为对农村居民政策认知有着显著影响。这些研究发现，为基层政府和村级自治组织提升对农政策信息服务能力提供了实证依据。

我最喜欢做和人才培养有关的事情。这个研究，我最大的收获还是人才培养。尹子伊、林晶珂两位同学，分别是我指导的第一、第二位博士生，且都是硕博连读的好学生，对我有特殊的意义。她们两人非常聪明好学，人品端正，价值观与我高度契合，我们三人有着深厚的师生情谊和各种密切的交流讨论。

我清楚地记得，2018 年 9 月 17 日，尹子伊冒着台风、克服交通瘫痪等困难，从香港雅思考试的现场赶回广州，在中山大学学人馆咖啡厅与我第一次单独深入交流，表达了想跟我读博士的愿望。我相信我的直觉，确定我俩是"一路人"后，欣然答应。随后的事实证明，我的直觉是准的：子伊同学在博士生阶段，认真刻苦，成长迅速。具体到本项目，她投入了大量时间精力，如在研究农村政策传播时，她深入田野，收集大量一手资料。面对复杂的数据，她耐心整理、分析，从最初对研究方法的生疏，到能够熟练运用多种统计模型进行数据分析，这一过程见证了她的努力与成长。

我选学生非常挑剔，这个我自己知道。2018 年 9 月 4 日下午，在中山大学传播与设计学院 410 办公室，我和晶珂第一次见面，她向我介绍了本科期间校园媒体记者、赣南农村调查等经历，尤其是她对"三农问题"所表现的浓厚兴趣，我的直觉又告诉我，她就是"有缘人"。就这样，晶珂成为我 2018 级的硕士生，2019 年硕博连读又成了我的第二位博士生。在博士阶段学习中，晶珂喜欢做质性研究，对各种材料非常敏锐，我们三人组内部甚至给她自创的田野资料记录法命名为"林氏融合媒介式资料整理法"，简称"林法"（Lin's Method）。这种敏锐，为书中大量材料的提炼、总结及新观点的提出，带来了很好的思路与启发。

子伊、晶珂在博士生阶段深度参与了本项目，本书正是我们三人合作的成果。在项目设计及后续实施中的各个环节，我们"铁三角"频繁开展线上线下交流，进行了大量争论与讨论。我们互为老师，大到研究设计的总体框架、小到一条统计命令的学习,都会充分表达自己的观点。我经常跟她俩说,我们追求知识、追求进步,我们的讨论应该也必须是真诚的,不留情面,不用顾忌其他东西。只有这样,我们才能真正获得最大的进步!

这种毫无保留的交流,最终凝聚成我们师徒三人的深厚情谊及这本小书,且这种情谊不会随着她们毕业而消失。更令我高兴的是,子伊、晶珂均受这个项目启发,结合自己的研究兴趣,进行了后续的选题扩展和更多资料补充,最终独立完成了各自的博士论文,并以优异的成绩通过答辩。如今,她们两人分别在广东外语外贸大学和苏州大学从事教学研究工作,依然在发展传播、乡村传播领域执着深耕,取得了一定的成绩。

除了子伊、晶珂两名博士生外,我在中大期间的许多学生,都为这个项目的顺利实施做出了各种贡献,她们是:徐恭瑜、吴采倩、黎燕萍、戴榕伶、冯珊珊、宋姝颖、余兰、杨锦曦、孙仪静、郭东颖等。她们或作为访谈员,参与了六省 11 县的调查,或为项目顺利实施介绍各种资源,提供研究的便利;或积极参加与项目有关的各种讨论,提出各种建设性意见;或在数据采集结束后,认真地将数据一个个录入电脑……总之,这个项目的完成,是我和同学们共同努力的结果,在此向亲爱的同学们表示深深的感谢!需要特别说明的是,本书的第六章"信息赋能中农村居民的信息行为主动性",初稿由中山大学 2022 届硕士生戴榕伶完成。

但凡亲自做过农村调查和农村研究的人都知道,这是个吃力不讨好的活,工作量极大,且非常辛苦,成果产出又慢。这些年来,我非常认真地对待我主持的每一项研究,尤其是基础数据的获取。这些研究数据,每一个都是我们课题组团队亲自采集的,每一个都是用纸质问卷收集后由团队成员亲自录入电脑的,只有这样,我才安心。研究的背后,凝聚了团队成员大量的心血,也得到了很多人的支持与帮助,在此要特别感谢我那些在祖国各地的朋友们:湖南衡阳的尹熙明和胡梦麟、湖南常德的郭少华、宁夏固原的马晓乾、河南鄢陵的陈喜芳和陈哲、河南方城的武建华、安徽金寨的彭洪炎和张英宏、曾经在贵州遵义支教的李立阳、安徽歙县的汪红英、安徽青阳的胡敏章……他们都为项目的顺利实施,提供了各种关键性的实质帮助。我还要特别感谢我在上海大学期间的学生陈静、姚沁文、张卓,她们是我在《传媒新观察》的亲密战友。她们本科毕业后均在外校就读硕士,2019 年暑假,当我急召她们加入数据采集小组时,都毫不犹豫地答应了，体现了深厚的"江湖情谊"。我们四人有缘"重访金寨"，留下了又一段美好的回忆。

坦率地说，整个项目实施中，我们遇到了诸多困难，尤其是随着国家最新政策和要求的相继出台，研究中的一些具体表述和提法也需要不断进行相应调整，这也持续挑战着我们的能力。此外，我们所进行的学术工作和选题，在很多地方干部眼里，是非常"敏感"的。我还记得在安徽某地进行问卷调查时，因被当地乡镇主要领导认为"问题敏感"，我们不得不中断工作，紧急撤离。我也记得在重庆巫山某镇进行项目预调研时，当地卫生院领导误把我们当成中央派下来的"暗访干部"，一方面让人稳住我们，另一方面去上级各部门求证，紧张得不得了，令人哭笑不得……这样的困难，在项目实施过程中还有很多很多，但我们都一一克服了。回头想想，正是这些难忘的经历，让我们看到了更真实的中国，让我们更坚定了这个研究的意义和价值。

我的导师孟建教授，多年来一直关心、关注我的成长。在本项目实施及书稿写作的过程中，很多学术问题，我都会第一时间向孟老师请教，每次孟老师都会耐心指导帮助。本书完成后，孟老师又欣然作序，这既是对我这个学生的肯定，又是进一步的鞭策。

感谢我的家人，2004 年我从复旦硕士毕业后到广州正式参加工作开始的 20 多年中，我从广州到上海再到广州再回上海，像钟摆似的，在上海、广州两个城市之间游走，他们都默默支持我的决定，对我有足够的信任。

感谢我曾经供职的中山大学传播与设计学院，感谢 2017—2022 年在中大近 6 年难忘的工作经历，以及因此而结识的诸多朋友们，你们是我一生中宝贵的财富。

感谢我的母校复旦大学和新闻学院。从学生时代开始，我的点滴成长，都离不开复旦大学和新闻学院所提供的宽松、自由的氛围。2022 年底，我有幸回到新闻学院工作，开始了人生新的起点。本项目的后期实施、书稿写作及顺利出版，均得到了复旦大学新闻学院领导、专家、各位师长的大力支持。在国家社科基金结项过程中，复旦大学文科处严明老师、新闻学院科研秘书王婷婷老师给予了特别的帮助，在此一并致谢！

本书的前期成果，曾以多篇小论文的形式先后在《国际新闻界》《华南农业大学学报（社会科学版）》《新媒体公共传播》《未来传播》《云南农业大学学报（社会科学版)《新闻知识》《*Telematics and informatics*》等期刊发表,感谢期刊编辑与匿名审稿人提出的宝贵意见,对本书在正式出版时的完善具有极大的启发与帮助。

　　本书是"国家社科基金一般项目(18BXW063)""复旦大学新闻学院科研创新项目"成果,能够顺利出版,得到了复旦大学新闻学院高峰学科建设经费的资助。同时,向上海交通大学出版社黄强强、李夕冉两位编辑致以诚挚感谢!

　　希望本书能够为乡村振兴战略实施、乡村传播理论与实践,提供一些小小的参考,助力乡村在信息时代实现高质量发展。发展传播、乡村传播,是我长期的研究兴趣。未来研究中,我将继续带领团队深入乡村,把"研究和论文深深扎根中国大地",为乡村发展贡献自己的力量。

陶建杰

2025 年 7 月 8 日

于复旦大学新闻学院